河北师范大学学术著作出版基金

河北师范大学家政学院出版基金资助

河北省社会科学基金项目"河北乡村社区旅游开发的民生功效研究（HB15GL063）"最终研究成果。

河北省专业学位教学案例（库）立项建设项目"河北省全域旅游典型片区开发的社区影响"（KCJSZ2021037）阶段性成果。

｜光明学术文库｜经济与管理书系｜

乡村旅游社区发展观的民生尺度研究

沈和江｜著

光明日报出版社

图书在版编目（CIP）数据

乡村旅游社区发展观的民生尺度研究 / 沈和江著
. -- 北京：光明日报出版社，2022.10
ISBN 978 - 7 - 5194 - 6538 - 4

Ⅰ.①乡… Ⅱ.①沈… Ⅲ.①乡村旅游—旅游业发展
—研究—中国 Ⅳ.①F592.3

中国版本图书馆 CIP 数据核字（2022）第 058197 号

乡村旅游社区发展观的民生尺度研究
XIANGCUN LÜYOU SHEQU FAZHANGUAN DE MINSHENG CHIDU YANJIU

著　者：沈和江			
责任编辑：李　倩		责任校对：阮书平	
封面设计：中联华文		责任印制：曹　净	

出版发行：光明日报出版社

地　　址：北京市西城区永安路 106 号，100050

电　　话：010 - 63169890（咨询），010 - 63131930（邮购）

传　　真：010 - 63131930

网　　址：http：// book. gmw. cn

E - mail：gmrbcbs@ gmw. cn

法律顾问：北京市兰台律师事务所龚柳方律师

印　　刷：三河市华东印刷有限公司

装　　订：三河市华东印刷有限公司

本书如有破损、缺页、装订错误，请与本社联系调换，电话：010-63131930

开　　本：170mm×240mm

字　　数：230 千字　　　　　　印　　张：16

版　　次：2023 年 1 月第 1 版　　印　　次：2023 年 1 月第 1 次印刷

书　　号：ISBN 978 - 7 - 5194 - 6538 - 4

定　　价：95.00 元

前　言

　　我国历史悠久、城乡分布广阔、自然村落众多，蕴含着丰富的人文和自然旅游资源，发展旅游业具有先天的优势。同时，随着人们生活水平的不断提高，旅游市场规模不断扩大，出游人数不断增多。对占国土面积 70% 以上的广大乡村而言，由于历史传统、村落景观、自然山水风貌及地理区位等方面的资源赋存条件，发展旅游业具有提高收入、缩小城乡差距、助力脱贫致富等多种民生功效。有关统计显示，具有一定历史和风貌的传统村落，我国就有 1.2 万个，截至 2020 年年底，有 6819 个纳入传统村落保护名录，这些传统村落，大多位于贫困地带，但均具备发展旅游业的优势条件。因此，立足旅游发展的民生观，具体探讨乡村旅游社区发展问题，具有很强的针对性与应用性。但是，我国旅游发展的大数据显示，多年来，旅游扶贫与民生改善，虽有制度安排，但体现旅游发展的民生功效，不仅统计数据严重缺失，而且缺乏具体的民生尺度、指标体系与统计方法，旅游发展仍停留在单一的产业经济和片面的部门经济层面，严重滞后国家发展战略的要求。因此，系统探讨乡村旅游社区发展问题，不仅能对全面提升旅游发展的质量、发挥旅游的精准扶贫功能，提供认识论与方法论视角，且对全面建成小康社会后的"十四五"规划实施，更具战略意义。

　　事实上，国外学界较早关注到了旅游发展中的复兴农村、社区福利、居民生活质量等社区民生问题，如居民态度、女性参与、社区就业等。加尔布莱斯（GALBRAITH J. K）（1980）提出了经济和文化价值的标准是公民生活质量的重要观点，彼得·墨菲（MURPHY P. E.）（1985）首次将旅游作为社区发展的一种方法，系统研究了社区旅游发展中居民参与的利益关系。20世纪80年代末期以来，研究领域不断拓展深化，且注重实证研究。内容涉及旅游发展对社区女性的社会地位、结婚生育年龄以及在家庭中的权力变化的影响；旅游发展在政府税收、居民就业、服务价格以及收支平衡等方面的民生作用；旅游发展对提高当地居民福利、增加妇女就业等方面的民生改善；旅游发展对社区居民获取幸福生活的推力作用；社区居民在参与旅游的决议过程和利益分配中的就业机会；以及旅游收入对社区居民的倾斜程度；等等。如，曼奴（MANU, et al）（2012）等人采用随机抽样法和立意抽样法，走访调查非洲加纳西里古（SIRIGU, GHANA）生态旅游社区参与绘制墙画、编竹篮和制陶等旅游项目的440位村民。研究发现，官方、个人和非政府组织在内的各类型旅游利益相关者最为关注与社区旅游发展有关的政策问题，社区妇女参与旅游的人数和其收入增长效果显著，社区旅游发展的民生改善效果体现在基础设施建设，包括建立民宿、地方工艺品互动展示室、特色棚屋、厕所、图书馆和学校等，社区居民积极参与旅游决议过程和旅游利益分配，以确保旅游发展项目与社区文化、信仰和需求相一致，应向社区居民提供导游、店员、司机、厨师等工作机会。

但同时，国外学界也关注到了旅游发展中的民生缺失给社区居民福利带来的负面影响，进而探讨旅游发展民生功效的评估方法。其中，乌尔塔松（URTASUN A., et al）（2006）等人，利用与旅游地社会、经济、文化、环境相关的12个不完全指标和1个完全指标，具体研究了旅游规模、旅游收入的不均衡分配及当地经济发展水平对当地社区居民福利产生的重要影响；贾米森（JAMIESON W, et al）（2004）等人运用民生分析方法系统分析旅游扶贫效果，认为要达到民生利益的最大化需要充分理解居民的需求，并将民生分析方法细化为包括金融资本、人力资本、自然和文化资本、实物资本和社会资本等方面在内的框架，民生改善包括居民收入增长、就业机会增多、生活稳定、食物安全、基础设施改造（公路、饮用水、学校）、健康医疗条件改善，以及对地区文化的再评价等多方面。

总体而言，国外有关旅游发展促民生的功效研究，仍偏重宏观探讨与个案分析，缺乏系统的理论与指标体系，也未能形成有指导性、可操作性的机制方法。即使一些发达国家研制的"旅游卫星账户"统计体系，总体结构仍属于国民经济核算体系范畴，仅能将国民经济账户中涉及的旅游产出内容分离出来，而反映旅游发展的民生功效指数，仍不成体系。

21世纪以来，随着旅游扶贫开发战略的实施，国内学者开始广泛关注旅游的民生功能与作用。其中，高舜礼（1997）、周歆红（2002）、延向平（2012）、陈友华（2013）等人，对旅游扶贫的核心、旅游促进社区发展、旅游改善生活质量等问题进行了创新研究；肖飞（2010）具体针对旅游发展对提高居民的就业率以及改善当地社区民生环境质量的关系进行了分析；朱金林（2011）从政治经济和社会文化等角度，探讨了旅游民生产业的内涵与价值；黄平芳（2014）通过对若干村落的研究，提出了乡村社区旅游发展以村民需求与意愿为核心的民生建设要求。

实践证明，乡村旅游的快速发展，带来的不仅是乡村社区的经济发展，更为重要的是引发了乡村社区生产方式、生活方式和社区职能的变化。原因很简单，传统乡村社区依托自身的资源、交通、生态等环境优势，大力发展旅游业，由此给社区社会、经济、文化、环境、产业等带来的诸多变化，使得乡村社区原有的职能开始向旅游服务业转型，整个乡村社区连同边缘区域都成了吸引旅游者的产品供给地，传统乡村社区发育演变成了一个满足旅游者需求的社区，这就是乡村旅游社区。

对此，在研究的框架上，首先从理论上着眼乡村旅游社区及其发展的民生功效与尺度问题，具体从八个方面进行了研究和探讨，一是乡村旅游社区研究的立意范畴、社会基础、内容目标、价值取向，二是乡村旅游与乡村旅游社区间的关系，三是乡村旅游社区的形成条件与机制，四是乡村旅游社区系统结构要素，五是乡村特色产业旅游化的民生尺度与要素重组，六是乡村旅游社区的利益分配机制，七是两山理论与乡村旅游社区生态环境优化，八是乡村旅游特色商品开发的民生价值。这些问题，无疑都是乡村社区转型发展进程中值得关注的重要问题。其次，从实践发展角度，从两个层面对乡村旅游社区发展的民生问题进行实证探讨，一方面，从宏观上全面分析了我国旅游发展民生观的演进，另一方面，结合"十三五"以来我国全域旅游发展模式的转型要求，对河北省全域旅游促民生的典型片区、石家庄县域旅游消费环境优化的民生取向策略等问题，进行了系统探讨。

旅游发展的功效表明，旅游具有"国计"与"民生"的双重功能，发展旅游不仅有利国计，更利民生。因此，立足旅游发展的民生观与方法论，充分认识旅游产业的民生功效，站在旅游业作为国家战略性支柱产业的高度去认识，研究乡村旅游社区发展的民生效应，探索衡量旅游发展促民生的尺度标准，构建以民生取向为核心的旅游发展功效的指标体系与测度方法，形成旅游"国计"与"民生"的协同发展格局，是助推我国美丽乡村建设、全面振兴乡村战略实施的有效路径。

本书的研究成果，是著者近十年来围绕乡村社区旅游发展影响问题进行的思考、探究与总结，在研究过程中，一方面梳理学界相关研究的成果，借鉴学界研究思想，以阶段性的专题研究为主，逐渐构建起了乡村旅游社区的理论体系；另一方面，带领硕士研究生围绕乡村与旅游、旅游与扶贫、旅游与民生、县域旅游消费等问题，通过学术研讨、实地调研等活动，对乡村旅游社区的民生问题开展具体研究。其中，第五章的初稿内容由研究生李翠传和张阳撰写，第六章的初稿内容由研究生贾菲璠和张阳撰写；第十章第五节的内容，是通过多次到西部长青景区考察交流后形成初稿，并经赵海燕副总经理提供部分资料、图例、修改与审定；第十一章的初稿内容由研究生张阳撰写，最后，经过修改、补充、完善并统稿后，构成了该章节的定稿内容。对大家的辛勤付出，在此表示真诚的感谢。

在研究过程中，不仅借鉴了学界已有的研究成果，也吸收了笔者已发表成果的理论观点和方法，还充分利用了行业资讯、网络资讯、统计文献等资料，在此表示真诚的感谢。同时，也恳请学界、行业的专家学者及广大读者在框架体系、思路脉络、内容拓展及方法创新等方面给予学术指导与批评斧正。

沈和江

2020 年冬于石家庄旭城花园旭华园

目　录
CONTENTS

第一章 绪 论

多年来，社区研究一直是社会学研究的重要领域，在快速发展的乡村旅游驱动下，众多乡村社区衍生出了满足旅游者乡村休闲旅游需求的社会功能，即社区的"旅游服务"功能，从而成为当前我国社区发展中一种新兴的社区类型——旅游社区。作为旅游社区，由于社会功能的增加，无疑从很大程度上改变了社区原有的生产、生活方式。因此，研究乡村社区的旅游业发展，探讨乡村作为旅游社区的开发条件、构成要素、社区角色、民生尺度、社区利益等基本问题，具有重要的学术价值。

第一节 乡村旅游社区的研究立意

一、乡村旅游社区研究的出发点

乡村旅游社区研究的核心是以乡村社区主导为前提，以可持续发展为目标，以旅游业开发为手段，将城市以外广大乡村区域范围内的行政村落或自然村落社区（community）作为一个整体，通过旅游的开发与管理，探讨乡村社区主导旅游社区开发的群体意识、行动规划、业态类型、旅游定位、产业推动、社区参与、居民利益、实现路径等；借鉴国内外经验，分析乡村社区主导旅游社区的管理模式、发展理念、调控手段及持续发展保障体系，以揭示乡村社会由传统农业到"旅游社区"（tourism community）形态的转型路径及对乡村社会的影响。因此，选择乡村旅游社区作为研究对象，须对这一主题立意进行必要的说明。从构词结构看，乡村旅游社区包括两个关键词，一是乡村，二是旅游社区，也称为"乡村社区+旅游社区"，而不是"乡村旅游"和"社区"；从研究的立意层次看，主要体现在以下三个层面。

首先，一个社区或社会组织的单元，即以一定的地域为基础、由特定人群组成、有一定的管理机构、有共同的认同心理而构成的社会生活共同体。

其次，一个乡村社区，即以农业生产、生活方式为主的社区，如以农耕为主的社区、以渔业为主的社区、以林业为主的社区、以牧业为主的社区，也包括以集镇为中心的城镇社区，而非城市社区或其他类型的社区。

最后，既是本书研究的着眼点，又是本书研究的落脚点，同时，还是本书立意的核心，即旅游社区（tourism community）。也就是说，以农业、农村和农民的"三农"资源为核心，依托乡村社区特有的乡村生活、乡村意境、乡村文化、乡村风情、田园风光及乡村周边的生态自然风貌，将以自然村落为基础或规划形成的乡村社区，整体作为一个旅游社区去开发与管理，这样，便由一个乡村社区发展成一个乡村旅游社区（Tourism Community of Rural，TCR）。由此使传统的乡村社区，由单一的农业（农、林、牧、副、渔）向服务业转化，进而扩充了乡村产业的功能，即以农业、种植业为主的第一产业，通过提供满足旅游活动为重要取向的服务，而具备了大量第三产业的功能。作为传统第一产业的农业开始与以商贸服务业为核心的旅游业紧密结合在一起，形成"农旅联姻"的格局，乡村社区开始成为一个以吸引外来旅游者为目的地的旅游社区（tourism community），"旅游业"成为乡村社区发展中的一个重要业态类型。

另外，需要强调的是，乡村社区能够成为一个旅游社区，并不具有普遍性，也就是说，每一个乡村社区未必都能开发成为一个旅游社区。从这个意义上说，一个乡村社区能否成为一个旅游市场受欢迎的、有吸引力的旅游社区，是旅游市场多种因素共同作用、相互促进、彼此协调的结果。不仅需要独特的乡村旅游资源，还与该乡村社区的地理区位、与中心城市的距离、乡村产业基础、社区旅游开发模式等诸多因素相关联。

针对上述层次的认识，对乡村旅游社区研究的立意宗旨，乃是立足当前我国广大居民乡村休闲旅游活动需求不断增长的趋势，从旅游开发的社区基础出发，对乡村社区旅游开发的条件、动力机制、开发管理模式、经营理念、社区参与、可持续发展、安全保障与组织体系等问题进行探讨，并对当前典型乡村社区的旅游开发进行实证研究，以揭示旅游开发下的村落形态、乡村功能、社区居民生产方式以及社区管理模式的变迁与表现，进而探索我国传统的农业社会，到现代新农村社区，乡村社区旅游转型发展的民生尺度与功效。

二、乡村旅游社区相关概念的范畴

乡村旅游社区研究的着眼点是乡村社区（rural community），研究的核心是旅游社区（tourism community）。因此，若要明确乡村旅游社区研究范围，其前提是明确乡村旅游社区概念中"乡村"及"乡村社区"的范畴。

乡村既是一个地理学概念，又是一个社会学概念。作为地理学范畴下的乡村，是国家行政建制下城市以外的广大区域。因此，乡村就是城市以外的广大农村地域。

同时，乡村还是一个社会学概念，我国著名社会学家费孝通，在其从事乡村研究的过程中，研究对象大量针对的是"实际存在的职能单位——村庄"，通过实地调研走访和考察分析，以"了解人民的生活"。[1] 社会学家杨懋春强调乡村的社会性，并将"乡村社会"与"农村社会"等同。[2]

---

[1] 费孝通. 江村经济 [M]. 南京：江苏人民出版社，1986：10, 6.
[2] 杨懋春. 近代中国农村社会之演变 [M]. 台北：巨流图书公司，1980：49-58.

因此，乡村社区就是乡村社会，是"全社会社区的一个主要类型，是相对于城市社区而言的"①，具有特定的社会因素特征。

结合有关乡村、乡村社区一般意义上的范畴界定，依据乡村居民与城市居民在生产方式和生活方式上的差异，本书涉及的"社区"一词，在满足社区包含的基本要素即"区位、人群、组织、共同意识或归属感"② 的基础上，主要指的是城市以外的广大乡村社区。针对与城市空间距离和乡村所处的地理环境，具体来说，主要包括三部分，一是城市边缘区，即城乡交错带范围内的乡村社区，二是城市近郊区范围内的乡村社区，三是城市远郊区范围内的乡村社区。

不可否认，随着农村经济的不断发展，传统乡村正在发生深刻的社会变革，特别是城市化带动下，农村经济、生产方式、生活方式越来越趋同城市。恰恰如此，传统乡村正向现代社区模式转型。因此，对乡村旅游社区的研究，其落脚点自然放到了乡村社区发展之上。在旅游开发与管理上，从旅游业发展的角度看，由于旅游活动的无边界性特点，加之旅游业的发展具有极大的关联性、综合性特征，便有可能突破传统上以自然村落为行政单位的村落间的界限。这样，乡村旅游社区的范畴，在以行政区划下的自然村落为社区单位的基础上，在某些乡村社会区域，为遵循旅游发展的内在规律要求，特别是在满足旅游活动的完整性、连续性以及区域旅游统筹发展上，其范畴要大于行政区划下的某一自然村落。作为一个乡村旅游社区，可能同时包括若干个自然村，形成以单体村落社区为基本单元的乡村社区集合。

---

① 金其铭，董昕，张小林. 乡村地理学 ［M］. 南京：江苏教育出版社，1990：5，221.
② 丁元竹. 社区的基本理论与方法 ［M］. 北京：北京师范大学出版社，2009：4，18.

第二节　乡村旅游社区研究的社会基础

一、众多乡村旅游社区建设的实践

改革开放 40 多年以来，旅游业逐渐成为我国经济社会发展的新型产业、动力产业和先导产业，尤其是国内旅游市场中发展最快的乡村旅游，已经成为拉动乡村经济、缩小城乡差别、促进乡村社会全面发展的重要取向。在旅游内生需求的推动下，我国广大的乡村成为都市居民休闲旅游的重要目的地，由此带动了都市周边的城乡交错带区域、都市近郊区域和远郊区域范围内的乡村社区大力开发旅游业，将乡村社区开发建设成为满足都市居民日益增长的休闲需求的旅游目的地。

目前，在我国，以大都市和中等省会城市为核心的周边乡村区域，大多形成了类型多样、个性鲜明、资源丰富、富有特色的乡村旅游社区，如北京、上海、天津、广州、昆明、成都、重庆、武汉、长沙、南京、杭州、石家庄、合肥等周边区域，以乡村生活、农业生产、乡村文化为核心资源的旅游社区，如雨后春笋般登上了旅游产业化的舞台，乡村旅游社区建设如火如荼。同时，众多乡村社区依托区域内的风景名胜区、自然保护区、世界遗产单位等高品质的旅游景区（点），通过改善乡村环境、增加旅游接待设施，也形成了良好的旅游社区环境。由于乡村旅游社区的快速发展，大大满足了都市居民乡村旅游的需求。乡村旅游成为我国国内旅游最为火爆的需求市场，已构成我国国内旅游发展的"半壁江山"，乡村旅游极大地推动了我国旅游业的全面发展。乡村旅游社区从此成为我国乡村休闲、游憩、体验、教育、观光、采摘、劳作、度假等旅游活动的重要目的地。

经过多年的实践，很多乡村旅游社区已经产生了品牌效应。如成都锦江区三圣乡的"五朵金花"、四川郫都区的"农家乐"、北京郊县的"民俗旅游村"、安徽的"古村落"、贵州的"民族村寨"。江浙沿海一带的"渔家乐"、河北坝上草原及内蒙古的"蒙古包"、陕西北部的"窑洞"等，均带有鲜明的乡村风情特色。同时，其他省市也在不同程度上推出了"乡村旅游示范（村）点""乡村农庄""山里人家"，并结合当地特有的乡村资源，通过开发"旅游节"，提升乡村社区的吸引力，如四川郫都区的"农家乐旅游文化节"、河北保定顺平的"桃花节"、贵州黔南音寨的"金海雪山旅游文化节"等。据有关部门统计，2005—2006 年全国农业旅游示范点共计 574 个，截至 2008 年，全国乡村旅游接待游客超过 3.85 亿人次，乡村旅游收入达到 573 亿元。农民直接就业达到 495 万人，间接就业、季节性就业达到 1840 万人。仅四川省域，截至 2009 年第三季度末，全国农业旅游示范点就有 28 家，乡村旅游经营户 16800 家，农业旅游经营点接待游客 2.08 亿人次，实现乡村旅游总收入 312.87 亿元，在主要的乡村区域，旅游社区已成为四川旅游发展的典型接待地。

二、政府主导下的利好政策驱动

我国旅游业走的是一条由政府推动、政府引导的发展战略道路。自 20 世纪 90 年代以来，我国开始从制度设计、政策引导以推动国内旅游的快速发展。其中，大力发展乡村旅游，将广大的乡村社区作为重要的旅游目的地进行有效引导，有力促进了乡村社会经济的转型升级。

首先，实施以乡村旅游为核心的旅游主题年。

所谓旅游主题年，即旅游行政主管部门经过精心组织与研究而形成的以某一核心理念为价值取向的旅游发展战略，不同的年度结合旅游业发展的现状，针对旅游需求市场的消费特点，推出不同的旅游主题。因此，旅游主题年活动的实施，不仅培育了旅游市场经营的主体、丰富了旅游产品、提高了旅游供给能力，也极大地推动了需求市场，进而扩大了旅游产业的规模和范围。因此，旅游主题年作为目的地政府旅游发展的战略，体现出了年度旅游发展的中心。我国自1992年实施这一发展思路以来，涉及乡村发展、乡村旅游的主题占到了相当的比重。如1995年的民俗风情游、1998年的华夏城乡游、2002年的民间艺术游、2004年的百姓生活游。在其他年份的旅游主题推广中，有关生态、环境、田园风光、文化等主题，也大多跟乡村建设有着密切的关系。

众所周知，我国是一个农业大国，乡村占国土面积的70%以上，以乡村资源为核心的旅游活动，大多发生在广大的乡村地带。"十一五"规划以来，随着我国建设社会主义新农村战略的实施，为充分发挥旅游业在推动乡村社会发展中的作用，2006年首次将广大乡村作为旅游发展的主战场，确立了"中国乡村游"的主题，2007年又将旅游主题年确定为"和谐城乡游"，旨在发挥以旅带乡、以旅促农、城乡互动的作用。我国主要年度的"旅游主题""理念宗旨"与"乡村旅游"的相关程度如表1-1所示。

表1-1　我国主要年度的"旅游主题""理念宗旨"与"乡村旅游"的相关程度

年度	旅游主题	理念宗旨	与乡村旅游的相关度
1993年	中国山水游	锦绣河山遍中华，名山胜水任君游	密切相关（50%）
1995年	民俗风情游	中国：56个民族的家，探访中华民族风情，难忘神奇经历	密切相关（70%）
1998年	华夏城乡游	现代城乡，多彩生活	直接相关（90%）
1999年	生态环境游	走向自然，认识自然，回归自然	密切相关（50%）
2002年	民间艺术游	悠久的文明古国，神奇的民间艺术	密切相关（60%）
2004年	百姓生活游	深入中国社会，体会百姓生活	密切相关（80%）
2006年	中国乡村游	新农村，新旅游，新体验，新风尚	直接相关（100%）
2007年	中国和谐城乡游	魅力乡村，活力城市，和谐中国	直接相关（95%）

年度	旅游主题	理念宗旨	与乡村旅游的相关度
2009 年	中国生态游	走进绿色旅游，感受生态文明	密切相关（60%）
2011 年	中华文化游	旅游中国，品味文化	密切相关（50%）
2018 年	全域旅游年	新时代，新旅游，新获得	密切相关（80%）

其次，政府引导与利好政策的推动。

为推动乡村旅游健康、持续、稳定发展，我国自 2006 年实施"中国乡村游"旅游主题年以来，将旅游发展与新农村建设紧密结合，充分发挥旅游扶贫、旅游富民的功能，采取了一系列有利于乡村旅游产业发展的扶持、鼓励和激励政策。同时，各地也纷纷推出了适合本地乡村旅游发展的利好政策，全国上下形成了促进乡村旅游发展、建设社会主义新农村的良好政策氛围。原国家旅游局制定的《关于促进农村旅游发展的指导意见》明确提出，到 2010 年，实现"每年新增农村旅游就业 35 万人，间接就业150 万人，每年旅游从业农民人均纯收入增长 5%"的具体目标任务。从此，大力发展乡村旅游，不仅成为国内旅游的热点，也成为我国旅游产业化进程中的新的增长点。据统计，2006 年，全国乡村旅游人次超过 5 亿，乡村旅游收入达到 3000 亿元，带动了 2 万个村落、600 万农村人口增收致富。

随着"中国和谐城乡游""中国生态游"旅游主题的实施，乡村旅游、农业旅游、农村旅游开始向纵深发展。2007 年原国家旅游局开始实施乡村旅游"百千万工程"，即将 100 个县、1000 个乡镇和 10000 个村建设成为具有乡村旅游示范意义的工程，基本形成种类丰富、档次适中的乡村旅游产品体系和特色突出、发展规范的乡村旅游格局，并将重点放在发展现代农业，在"一村一品""一村一业"、增加农村基础设施、改善乡村旅游发展环境等方面开展有效合作。2008 年国家发改委、原国家旅游局等六部门共同制定并下发了《关于大力发展旅游业促进就业的指导意见》，以开拓旅游就业工作新局面。2009 年 7 月，原国家旅游局在黄山召开了全国乡村旅游工作会议，重点讨论了《全国乡村旅游发展纲要（2009—2015 年）》和《乡村旅游服务指南》，提出了未来 5 年乡村旅游主要指标翻一番的发展目标，即到 2015 年，我国乡村旅游人次达到 8 亿，实现乡村旅游收入 1200 亿元。同时，我国乡村旅游业吸纳农村直接就业人口 1000 万人，间接就业人口 4000 万人。但乡村旅游发展的实践证明，以"三农"资源为基础的各类旅游业态，具有强大的发展潜力。原农业部和国家旅游局的统计显示，到"十二五"规划末的 2015 年，我国休闲农业与乡村旅游接待规模达到了 22 亿人次，到"十三五"规划期间的 2018 年，达到了 30 亿人次，旅游收入超过 8000 亿元，乡村旅游业经营的主体超过 33 万个、农家乐超过 220 万家，全国发展旅游业的村落超过 10 万个，乡村社区旅游接待规模已超过了我国国内旅游总规模的一半以上。

三、相关学科的社区研究方法支持

乡村旅游社区建设与发展的实践，一定程度上反映了乡村社会变革的内在要求。但更为重要的是，都市居民日益增长的乡村休闲旅游需求，无疑成为推动乡村旅游社区形成的内在驱动力。因此，乡村社区旅游开发、乡村社区管理、乡村经济建设等诸多问题，不仅是乡村社区关注的现实问题，也成为国内外学界广泛探讨的理论问题。

学界最初是将社区纳入社会学范畴加以研究的，认为社区是社会学最根本、最具有深远意义的概念。[①] 随着研究的深入，特别是经济体制和管理体制的变迁，社区的内涵与外延、社会地位、功能结构及形态角色发生了巨大变化，学界的研究视角开始呈现多学科特点，人文地理学、社会地理学、经济地理学、旅游地理学及公共管理学等学科，开始关注社区发展问题，由此形成了不同学科下的社区研究理论。因此，借鉴不同学科的理论，对深入研究乡村旅游社区发展的民生问题，具有重要意义。综合学界

① 涅斯伯特. 社会学传统（英文版）[M]. 纽约：巴斯克出版社，1966：47.

有关社区研究的相关理论，本书主要借鉴四个层面的理论。

（一）社区社会学的研究理论

乡村社区乃至乡村旅游社区，都是社区的基本类型，是社会学的基本研究范畴。理论基础是以德国社会学思想家 F·滕尼斯提出的"社区"社会学概念。1887 年斐迪南·滕尼斯出版的《共同体和社会》（*Community and Society*）一书，认为社区就是人们生活的共同体，是一种持久的和真正的共同生活的载体，体现在血缘、地缘和精神三种层次，人们从出生之日起，就与这个共同体休戚与共，同甘共苦。① 20 世纪 30 年代，费孝通第一次将"Community"翻译成为"社区"。② 其主要依据的是 F·滕尼斯书中论及的"Community"和"Society"是两个完全不同的概念。因此，社区社会学的研究理论，主要揭示的是"那些有着相同价值取向、人口同质性较强的社会共同体""体现的人际关系是一种亲密无间、守望相助、服从权威且具有共同信仰和共同风俗习惯的人际关系""这种共同体关系不是社会分工的结果，而是由传统的血缘、地缘和文化等自然造成的，而且，这种共同体的外延主要限于传统的乡村社区"。③ 但伴随工业化特别是城市化的不断发展，社区发展也出现了新情况、新问题，如大量农村人口涌向城市，而城市化出现的问题又使城市人口转向乡村，社区的邻里关系和人际关系淡漠、社区居民的生活居住地与工作学习地分离等，引起了社会学多角度的理论探讨。但不管研究的立意、角度如何，社会学视角下的社区，都将"地域、人口、共同联系和人际关系互动"④ 作为构成社区的基本要素。同时，社区发展路径、模式等问题，开始成为社会学关注的重要领域。美国社会学家 F·法林顿最早提出了"社区发展"的概念，并将社区居民、政府组织和社会团体在管理社区资源、解决社区现实问题、改

---

① F·滕尼斯. 共同体与社会 [M]. 林荣远，译. 北京：商务印书馆，1999：53.
② 费孝通. 费孝通文集（第 5 卷）[M]. 北京：群言出版社，1998：530.
③ F·滕尼斯. 共同体与社会 [M]. 林荣远，译. 北京：商务印书馆，1999：53.
④ 徐永祥. 社区发展论 [M]. 上海：华东理工大学出版社，2001：27-33.

善社区发展环境、提高社区居民生活质量、加强社区文化建设、增强社区凝聚力等方面的重要问题，作为研究社区发展与管理的重要内容。

（二）社区地理学的研究理论

社区地理学的研究视角，主要是以社区的区域性为出发点，主要侧重社区的自然地理区位、社区的空间结构类型、社区的社会与人口结构等基本问题。综合而言，地理学尤其是人文地理学关注社区的主要着眼点体现在社区的人地关系上。

一是社区的地理区域性。这是地理学关注的基础，即将"社区"作为一个社会地理的单元，如城市社区地理、集镇社区地理、乡村社区地理等。如金其铭出版的《乡村地理学》一书，从地理角度，专门就乡村社区的区域概念、性质、功能、类型与变迁，进行了较为系统的研究。随着我国经济社会的快速发展，社区建设的稳定、乡村经济发展、城市现代化、人们生活水平等问题越来越重要。刘君德等人出版的《中国社区地理》一书，立足区域角度，成为深入研究我国"社区发展与实践进展的著作"①，"社区"地理学界研究开始成为人文地理学的一个重要分支范畴。

二是社区的空间结构类型，即社区作为一个区域，探讨这一区域的方位、形状、大小、景观特征、自然环境、自然资源及文化特征。地理学关注社区的空间结构，是站在社区的地缘关系角度，强调社区的地域完整性，即社区在地域上必须是连成一片的，且同一个社区只能在地域上出现一次，由此形成了不同区域下不同类型的社区，并在不同的地理区域下具有不同的形状，如辐射型、聚居型、条状型、散居型，同时，社区面积和社区人口也同样存在差异。

三是社区的社会结构，即社区作为一个社会单元，构成社区主体的居民的业缘关系和血缘关系。业缘关系主要体现在居民从事的主要职业，如传统乡村社区的居民主要从事的就是相同的职业，即大多从事农业生产。

① 刘君德，靳润成，张俊芳. 中国社区地理 [M]. 北京：科学出版社，2004：11.

11

随着城市化的不断发展以及城乡一体化进程的加快，一些乡村社区虽然相同职业占主体，但同时还包括了商贸服务等行业；血缘关系主要反映的是社区人口的社会关系，如乡村社区中的家庭、家族和部落具有血缘宗族关系、群体意识、纽带关系。随着社会的发展，社区类型呈多样化趋势，社区的社会结构也呈现出复杂性特征。

（三）社区旅游学的研究理论

社区旅游学的研究理论，是从社区的旅游发展出发，注重三个方面的理论视角。一是旅游人类学研究（The Anthropology of Tourism），即旅游的发展给社区的经济、社会、文化和生态环境带来的影响。其中，社区文化的变迁、涵化、同化、融合、认同、仪式、真实性等问题，是构成旅游人类学理论研究的框架、体系和内容。① 该理论以美国宾夕法尼亚大学出版社出版的《东道主与游客——旅游人类学研究》（*Hosts and Guests——The Anthropology of Tourism*）为代表。二是社区旅游开发管理过程中的社区及居民的参与，即将社区作为旅游目的地规划开发的一种类型，不仅注重旅游开发的一般性问题，更注重旅游开发中的社区利益，认为"景区的管理、居民参与旅游的程度和方式才是最关键的因素"②，因此，探讨社区旅游开发过程中利益相关者的关系、不同主体的利益诉求、居民的参与程度和方式等问题，成为旅游学界关注社区的重要问题。此方面开创性的理论成果，以彼得·墨菲（Peter Murphy）的《旅游：一种社区的方法》（*Tourism：A Community Approach*）为代表。三是将社区作为一个旅游社区的研究视角。我国学者对旅游社区的研究，源于"许多社区都自愿或不自愿地发展旅游业"这一现象。但就旅游社区而言，"它们表现出了一种强烈的归属感，以及保护环境、增强家园实力的强烈愿望"，这就是社区及居民的基本诉求。因此，对旅游社区必须进行战略性管理，即通过旅游开

---

① 张晓萍，李伟. 旅游人类学 ［M］. 天津：南开大学出版社，2008：7.
② 孙久霞. 旅游人类学的社区旅游与社区参与 ［M］. 北京：商务出版社，2009：5.

发，社区与旅游业结成了一种重要的利益伙伴关系，旅游成为有益于社区经济、社会及环境发展的一种产品。因此，旅游社区就是将社区和旅游联系在一起，社区不仅是居民有归属感的家园，也是世界旅游市场上已经或即将产生利润的产品①，即整个社区成为以提供旅游产品为导向的社区类型。

（四）社区管理学的研究理论

管理学视角下的社区，是将整个社区作为公共产品，研究与社区全体公众密切相关的事务，这些事务就是社区公共事务，它与由私人决定并由私人受益的私人事务不同，它涉及的是社区公众整体性的利益，而非家庭或个人。因此，社区公共事业最基本、最主要的特征就是"公共性"和"非营利性"。

社区公共事业管理的产生，是社区公共事务或公共需求不断增长的产物，由此使得社区公共事业管理成为现代管理学的重要领域。社区公共事业管理的主要内容是"向公众提供特定的公共产品"②。管理的主体是公共组织，即社区政府组织或社区非政府组织和一定的准行政组织；管理的范畴是社区的公共物品和准公共物品；管理的主要目标是社区公众利益获得保障和发展；管理的主要内容是与社区发展、居民利益密切相关的公共事务，主要包括社区的文化教育、医疗卫生、社会保障、生态环境、安全防范等，还包括社区的服务业发展、信息化建设、管理主体的服务技术与方法、社区建设与管理等。

随着我国乡村社区建设的改革与发展，特别是加强城乡统筹发展、建设社会主义新农村、提高农村居民素质、改善乡村社区环境、发展乡村特色支柱产业等一系列问题，日益成为乡村社区公共事务管理面临的重大课

---

① 彼得·墨菲. 旅游社区战略管理：弥合旅游差距 [M]. 陶犁，译. 天津：南开大学出版社，2006：7.
② 陈游，徐越倩，许彬. 社区公共事业管理 [M]. 北京：北京邮电大学出版社，2007：24.

题。同样，结合社区独特的优势资源，大力开发旅游业，积极引导社区居民从事各种类型的旅游接待，提高居民收入，调整社区传统经济的结构，培育社区新的经济增长点，将社区培育成一个满足乡村休闲旅游活动的完整旅游产品，成为都市居民重要的旅游目的地。社区的旅游开发与管理势必成为社区公共事业管理的重要内容，如社区旅游发展规划的制订、实施与控制，水、电、通讯、交通、接待等社区基础设施的建设，社区游览项目的开发，社区游览线路的设计，特色商品的开发，特色餐饮和住宿的开发，社区旅游目的地的营销等。

第三节　乡村旅游社区研究的内容与目标

一、乡村旅游社区研究的内容

乡村旅游社区研究的目的，是以乡村社区为对象、以旅游需求的内在动力为基础、以旅游活动的要素配置为核心、以旅游促进社区全面发展为目标的，把乡村社区看成一个整体"旅游吸引物"（tourism attraction），探索其成为"旅游社区"（tourism community），满足旅游者实现旅游活动所具备的社会要素、开发条件与管理手段。基于此，乡村旅游社区研究的核心内容，便主要体现在旅游目的地的开发建设上，即乡村社区作为一个旅游社区的开发建设问题。具体来说，研究内容主要包括以下七个方面。

第一，乡村社区旅游开发的条件、类型与要素配置。主要探索旅游目的地开发的基本条件与实现旅游活动的基本要素配置。针对乡村社区而言，旅游开发势必要从满足旅游活动的需求程度出发，依据社区旅游开发的基础，如乡村社区的地理区位、与中心城市的距离、主要客源市场、资源赋予、乡村生态环境、乡村民俗风情、乡村社会文化、特色产业等，研究乡村社区旅游开发的类型及旅游活动的要素配置。

第二，乡村社区旅游开发的动力机制，即深入探索乡村社区旅游开发行为背后的动力。综合各地乡村社区旅游开发的热潮，其动力主要包括，扩大内需、拉动消费的需求机制；建设社会主义新农村、改善民生的扶贫机制；缩小城乡差距、强化城乡互动的统筹机制；加强区域合作、以旅促农的共赢机制；调整产业结构、促进产业融合的共生机制。

第三，乡村旅游社区开发管理的模式与理念。乡村旅游社区开发管理模式多样，不同乡村社区的旅游开发，可结合本社区发展的实际，采取相应的开发模式，对此，主要探讨政府主导型模式、政府+非政府组织联合模式、政府+企业+农户模式、企业+农户模式、农户+农户模式、个体农庄模式、企业+协会等模式的开发管理运行形态。乡村旅游社区管理理念，主要侧重乡村旅游社区的公共事务管理，探讨乡村旅游社区开发的指导理念。针对乡村旅游需求特色，在管理上，应树立乡村旅游社区的本土化、标准化、规范化、科学化、信息化和体系化的管理理念。

第四，乡村社区旅游开发的社区参与。这是乡村旅游社区开发管理的核心内容，也是研究的目标之一，主要探索旅游开发的社区参与现状及存在的主要问题、旅游产业化进程下社区参与方式的变迁、社区参与旅游开发的效应影响、社区参与旅游开发的控制与协调、社区参与下的社会关系与社会结构变化、社区参与的"话语权"、社区旅游开发利益相关者的利益诉求及其博弈。

第五，乡村旅游社区的可持续发展路径。主要分析影响当前乡村旅游社区可持续发展的因素、实现可持续发展的着眼点与落脚点、乡村旅游社区的科学规划与定位、乡村旅游社区休闲游憩氛围的营造与引导、立足原生性防止"飞地化"，以品牌形象建设为核心，树立旅游社区良好的社会形象，探讨乡村旅游社区利益相关者实现利益均衡的制度安排和模式形态。

第六，乡村旅游社区的安全管理体系。主要探讨乡村旅游社区安全事故的类型及特点、乡村旅游社区安全管理的结构体系、乡村旅游社区安全管理的组织体系与制度建设、乡村旅游社区安全的防范与预警、乡村旅游社区安全的引导与控制、乡村旅游社区文化体系建设等问题，实现构建服务型乡村旅游社区的主要任务。

第七，乡村旅游社区开发管理的实证分析。主要结合我国典型乡村社区旅游开发的实际，通过实地调研、统计与分析，对不同类型的乡村旅游社区进行实证研究。

二、乡村旅游社区研究的目标

近年来，快速发展的乡村旅游，成为推动我国国内旅游转型升级的重要力量，催生了城市周边一定区域范围内的乡村社区的旅游开发，形成了以乡村社区为人文核心吸引物的"旅游社区"，乡村社区旅游开发成为新时期乡村建设的新举措，由此产生了一个让"社区"必须面对的现实问题，即作为公共产品的"社区"，旅游开发的受益主体必须是"社区"，社区"必须将旅游业整合到该地区的总体发展模式中去"①，这就使得乡村社区的旅游开发必须建立在"社区"占主导的地位之上，结合社区产业结构的现状，协调旅游业与其他产业的关系，并对旅游业的发展进行科学的战略规划。因此，研究乡村旅游社区开发管理问题，主要达到以下三个目标。

一是建立乡村旅游社区开发管理的研究思路和框架结构，明确"乡村旅游社区"（Rural Tourism Community，RTC）的内涵、特征、类型、要素构成、形成条件等基本问题，形成较为系统的乡村旅游社区研究的理论基础，为乡村社区发展、建设与研究提供理论支持，为"旅游社区学"学科的形成奠定研究基础。

二是针对乡村旅游社区开发管理的模式和理念分析，建立以乡村社区资源特质为取向的旅游开发模式体系，即依托乡村社区的资源类型与性质，开发与社区核心资源相匹配的"旅游社区"模式形态，形成以社区主

---

① 弗兰克·豪伊. 旅游目的地的经营与管理 [M]. 丁宁，译. 沈阳：辽宁科学技术出版社，2006：53.

导、社区参与、本土化、乡村性为主体的开发管理理念。

三是通过乡村社区旅游开发的利益相关者诉求，建立乡村旅游社区利益相关者的行为模型和实现利益相关者利益均衡的机制模式，并通过当前我国乡村社区旅游开发管理的实践，找出我国乡村旅游社区利益需求行为取向下的民生缺失问题，提出建立乡村旅游社区可持续发展的民生尺度与实现路径。

第四节　乡村旅游社区研究的价值取向

一、乡村旅游社区研究的学术价值

一是能拓宽乡村旅游研究的领域，将近年来快速发展的乡村旅游这一重要的旅游活动现象，由关注需求市场转移到产品要素的供给市场，即由客源地到旅游目的地。但作为乡村社区，由于社区本身具有相对的完整性和独立性，不同于一般意义上的旅游景（区）点，因此，将乡村社区作为旅游目的地加以研究，必然有其特殊性，这就使得认真研究作为旅游目的地的乡村社区在旅游开发过程的利益主体、社区参与等关乎社区发展的核心问题，成为重要的学术问题之一。

二是丰富乡村社区开发建设的内容。近年来，社会主义新农村建设是当前乡村社区发展的重要方向。调整农业产业结构、加强城乡统筹发展、发展现代农业、建设生态社区、建立农村医疗保障制度等，成为新农村建设的重要内容。其中，大力开发旅游业，成为许多乡村社区发展绿色产业、扩大农村就业、提高农村收入的重要抓手。因此，研究乡村旅游社区开发管理，对丰富乡村社区开发建设的内容，具有重要的理论指导意义。

三是完善旅游学科理论体系。目前，乡村旅游社区研究的理论构建仍是旅游学研究的薄弱环节。因此，把旅游作为乡村社区发展的重要内容，将"社区"与"旅游"进行有机结合，构建"乡村旅游社区"系统的研究体系，为"旅游社区学"学科的形成奠定理论基础。

二、乡村旅游社区研究的应用价值

随着乡村旅游的快速发展，催生了乡村社区经营旅游业务的主体。乡村社区特色饭店、农家乐、乡村社区旅游景点开发、乡村文化遗产开发、乡村土特产包装销售、乡村特色工艺品开发等，形成了以社区为核心旅游吸引物的乡村旅游目的地。但众多旅游项目的开发，在给乡村社区带来经济利益的同时，无序混乱、恶性竞争、随意性、片面追求经济利益等方面的弊端逐渐凸显。因此，加强乡村旅游社区研究，对有效引导乡村社区旅游可持续发展，具有现实意义。

一是理论支持作用。乡村社区旅游开发与管理，是乡村社区建设的重要组成部分，将旅游开发作为社区发展新的增长点，需要遵循旅游开发的基本原则与内容。因此，本书研究中所涉及的社区旅游开发与管理的一系列问题，无疑会对现实乡村社区的旅游开发提供理论上的支持。

二是现实指导作用。乡村社区旅游开发与管理是实用性、应用性和操作性很强的管理活动。因此，通过系统研究乡村旅游社区开发管理的相关内容，对加快我国新农村建设步伐、改善乡村社区生态环境、保护乡村社区文化遗产、提高社区居民素质、改善社区居民生活质量，都具有重要的现实指导作用。

三是参考借鉴作用。对乡村旅游社区开发管理进行系统研究，既是理论研究的创新，也是实证调研的总结。因此，笔者在研究中，利用双休日、黄金周、传统节假日等时段，选取若干典型的乡村旅游社区为对象，通过访谈、观摩、调查、问卷等形式，获取到了第一手研究资料，对各种资料经过整理、统计，进行了详细分析，得出了相关结论。通过座谈、交流、电话、网络沟通等方式，将结果反馈给社区调研组织，作为该社区旅游业又好又快发展的参考借鉴。

第二章　乡村旅游与乡村旅游社区

乡村旅游作为一种旅游活动现象，是推动乡村社区旅游开发的内在动因，也是形成旅游社区的直接先导因素。因此，探讨乡村旅游社区开发建设的相关问题，需要明确有关乡村旅游的需求及其内涵本质等基本问题，这对乡村社区旅游开发起到方向性的引领与指导作用。同样，乡村旅游社区的良好发展，又会极大满足乡村旅游市场的需求，从而实现需求市场与供给市场的有效对接与良性互动，促进乡村社区旅游产业的转型升级，进而提高旅游业在乡村社区经济发展中的产业地位，从而体现旅游产业在促进乡村社会经济发展、改善社会民生等方面的作用。

第一节　乡村旅游的需求取向及内涵本质

一、乡村旅游需求的行为取向

谈及乡村旅游，都要触及其产生和内涵问题，对于产生问题，原本学界就说法不一，这里无意再去探究其起源问题。事实表明，不论乡村旅游起源何时何地，都不难看到这样一个事实，即乡村旅游作为一种旅游活动的形式，在其行为取向上，有着基本相同的行为表现。为充分体现这一相似性，现将不同起源下的典型乡村旅游需求行为取向列表如表2-1所示。

表2-1　典型乡村旅游需求行为取向

起源地	时代	乡村旅游表现形态	共性表现
法国	19世纪下半叶	巴黎市的贵族组织到郊区乡村度假	都市居民：返璞归真、放松休闲、回归自然、休闲体验、乡间游憩
意大利	19世纪60年代	偏僻和风景秀丽的农村成为公众的旅游之地，并成立了"农业与旅游全国协会"	
西班牙	20世纪60年代	乡村的观光度假活动；荒废的古代贵族城堡改造成为设施比较简单的饭店；农场和庄园也列入游览和接待的范围	
加拿大、瑞士等	18世纪下半叶	中高层消费人群热衷于游览一些人迹罕至的山区，如加拿大的落基山脉、瑞士的阿尔卑斯山脉、英国的湖泊地区	

上述几种典型的乡村旅游起源，时代、地点虽说法不一，但都反映了一个共性的问题，即乡村旅游的需求主体是都市居民，需求的行为表现在对都市周边乡村环境、生态、自然的向往，于是，在特定时间，出现了都市居民由城市到乡村的"逆城市化"现象。

可见，乡村旅游需求的动因和目的，是旅游者出于对烦琐工作和常态生活环境的暂时"背叛"，寻求的是心灵的回归和美好的家园理想。而广大的乡村社区，其良好的生态环境、浓郁的乡村氛围、淳朴的乡村风情和乡土田园风光，无不成为都市居民向往的理想目的地。具体而言，乡村旅游需求的行为取向表现在四个方面。

一是逃避的心理需求。随着工业化、城市化的发展，城市环境开始成为重要的社会问题，大气污染、水污染、噪声污染、光污染、交通堵塞、生态恶化、绿地减少等现象，严重影响了人们的生活质量，使人感到紧张、不安、乏味和焦虑。因此，人们需要暂时变换一下生活环境，以调节生活的节奏，使紧张的神经得到松弛，精力和体力得到恢复。于是，工作生活之余，便会产生暂时离开惯常环境、改变一下原有生活规律的想法，走近自然、走进田园，达到放松身心、愉悦心情、开阔眼界的目的。这是一种暂时的"逃避"心理。

二是家园理想与心灵回归。从本质上说，旅游需求作为一种高级的精神需求，是人类追求愉悦的审美活动。从一定意义上讲，旅游是快节奏的生活、环境的恶化、工作的压力带给人们的一种"叛逆"精神，因此，"现代旅游实际上是背离现代城市而产生的"①，为缓解精神的疲劳，促使人们寻求一种理想的家园，达到心灵的回归。而都市外的广大乡村地域，没有高楼大厦，没有车水马龙，广袤的田野尽览眼底，可以尽情享受美丽的乡村风光和淳朴的民俗风情，令人流连忘返，回味无穷。甚至参与体验一下农业劳作，更让久居都市又有乡村经历的人群体会到一种"怀旧"的情怀。通过与大自然的接触，才能"感受到回归自然、依托自然的舒适，这才认识到自然是我们与生俱来的亲人，同时才发现乡村是我们心灵回归的净土"②。因此，乡村旅游需求是人类追求的一种家园理想与心灵回归的精神取向。

三是休闲体验的品质。休闲与体验，是人类文明进化的重要标志，是追求人类自我发展的真谛，也是人类对美好生活品质的追求。自古以来，这种思想就成为人类战胜自然、克服困难的强大动力。但由于时代不同，这种思想表现出了强烈的阶级性。在我国，休闲体验曾一度与"懒散""不求进取""游手好闲"相提并论。但是，历史发展的进程早已表明，人类对美好生活的向往，在任何时代都是社会发展的最强音，也是推动社会进步与发展的基本动力。

---

① 李蕾蕾. 城市旅游形象设计探讨 [J]. 旅游学刊，1998（1）：47.
② 刘德谦. 乡村旅游与城市文明——关于乡村旅游的人文精神 [N]. 中国旅游报，2007-04-11（13）.

随着社会经济的快速发展，人们的生活水平也在不断提高，人们对精神文化的需求、对大自然美好的向往，比以往任何时候都要强，国民休闲体验时代已经到来。据新华社报道，"十二五"期间，我国将实施《国民旅游休闲纲要》，我国进入休闲社会的步伐将大大加快。究其根本，休闲体验的本质是社会进步、人类生活品质提高的重要体现，是人类完善自我、感悟世界、憧憬未来、创造美好生活的真谛。

四是乡土性与真实性。乡土性和真实性是乡村的本真特性。乡村旅游作为人类"逃避""求解脱""求补偿"的一种旅游活动形式，恰恰是"客源地的城市性（urbanity）与目的地的乡村性（rurality）的级差或梯度"①。乡土性就是乡村性，真实性就是原生性。这是吸引乡村旅游者的根本动力，也是乡村地格（rural placeality）的基本特征，表现出了乡村特有的文脉、地脉和独特的乡村景观。因此，在乡土性和真实性的情景印象中，乡村渗透出了极大的旅游吸引力，成为城市化进程中人类"逆城市化"心理追求的第二个"家"。

乡村的这一特性，便成为"消费者创造难忘经历和有价值的回忆活动"②的行为取向，即从那种繁重的体力劳动和脑力劳动中解放出来，去品味、感受、体验乡村的山水、人文、风情，身临其境的投入，会产生"一种忘记时间存在的感觉"③，并在瞬间达到一种"畅"（flow）的状态。当然，乡村性能否满足旅游者的这一需求目的，自然取决于旅游者的真实感悟。这种感悟"一定是融汇到过程当中并且与外物达到契合的内心世界的直接感受和顿悟"④。显然，这种感受是旅游者对外部材料进行感知与同化的一种精神及感情过程。而同化又取决于乡村旅游要素的配置以及运行

---

① 邹统钎. 乡村旅游：理论·案例 [M]. 天津：南开大学出版社，2008：90.
② 冷志明. 论体验经济时代的旅游体验 [J]. 边疆经济与文化，2005（10）：16.
③ 约翰·凯利. 走向自由——休闲社会学新论 [M]. 昆明：云南人民出版社，2000：24.
④ 谢彦军. 旅游体验——旅游世界的硬核 [J]. 桂林旅游高等专科学校学报，2005（6）：5.

效果与旅游者的感知之间的吻合程度，即将乡村作为一个完整的旅游产品，其生产过程与旅游者消费过程必须实现同一化，旅游者的咀嚼与品味和乡村特性，才能实现完美的统一。

二、乡村旅游的需求取向

伴随社会经济结构、人类生活方式的变革以及休闲需求的不断增长，乡村旅游需求也呈现出了多样化、复杂化的特点。由产生初期的规模小、内容单一，开始向大规模、广泛性、个性化需求趋势发展。结合当前乡村旅游发展的现状及需求趋势，乡村旅游需求内容与层次结构，主要体现在五个方面。

（一）乡村休闲度假

休闲是人类闲暇时间的一种以消遣为核心内容的活动状态，即"人倚树的状态"和"一种意境"，度假就是工作之余对闲暇时间的利用方式，是旅游活动中的高级形式。因此，休闲度假就是人们利用闲暇时间到异地以休息、消遣、娱乐、放松、疗养为核心内容的休闲方式。休闲度假"在中国还是个新鲜事物，也是一种新的社会生活方式"[1]，这种旅游活动的形式是在传统的休闲观光旅游基础上发展起来的。而满足休闲度假需求的目的地中，广大的乡村地域具有先天优势，乡村地域以其特有的乡野风光和活动舒缓城市居民因绿地减少、交通拥挤、生活节奏快而带来的紧张压力，放松身心，亲近自然与泥土，感受与城市生活截然不同的淳朴、恬静、悠闲的乡村生活，是理想的休闲度假环境。特别是随着人们闲暇时间的增多，人们充分利用双休日、公共小长假、黄金周及带薪假等时间，以度假为目的，以自然美、田园美、乡村美、意境美的乡村为旅游目的地，去享受休闲度假的乐趣与快乐。如我国乡村旅游快速发展中出现的"农家乐""民俗村""度假村""乡村酒店""乡村驿站""山里人家"等，都

---

① 魏小安. 中国休闲经济 [M]. 北京：社会科学文献出版社，2005：14.

是满足乡村休闲度假的重要旅游产品类型。

（二）乡村生态景观赏析

乡村拥有独特的人文、自然和社会旅游资源，由于受到地带性分异规律和非地带性分异规律影响，在地形地貌、气候环境、水文土壤等诸多因素共同作用下，不同旅游资源呈现出了乡村地域空间内不同的风格和类型，如山区农村的自然景色以山景为主，而海边乡村自然景观则以海景为主，平原地区乡村的自然景观以现代田园农业景观为主。同时，不同区域的乡村景观，更是各有特色，东北地区充分体现出了寒冷气候所带来的奇特的冰雪世界；而中部地区则充分表现出山水融合的独特魅力；华东沿海城市地区山美、水美，风光旖旎、秀丽；华中地区山险、水急，体现了大自然的雄伟、壮美；四季温暖如春的华南海滨城市，是尽享浪漫海边风情的极佳去处；西南山区奇特山水，大自然的鬼斧神工令人惊叹，幽远神秘景色令人游兴大发；西部高原、古迹大漠、塞外草原，大自然的博大、空旷、严峻彰显无疑。各类不同的乡村景观，便会产生强烈的差异性旅游需求，更成为特定乡村景观区域范围内中心城市客源"回归自然"的主要需求。因此，乡村生态景观是旅游者心中的世外桃源，赏析乡村美景、感受生态家园，实现人与自然的和谐统一，成为乡村旅游需求的重要内容。

（三）乡村劳作体验

农村是个广阔的天地，蕴含着劳动人民的伟大智慧，但对于长期生活在都市的居民特别是少年儿童而言，对于农业、农村、农民及农事的知识了解甚少。在闲暇之余，通过乡村旅游，不但可以感受乡村自然风光与人文风情，而且还可以体验农事的快乐。通过参与各种农事活动，无论是感受耕种，还是体验收获，都会使游客自得其乐，获得身心的放松和娱乐，并且能够增长知识、陶冶情操。对于城市孩子来说还可以得到一次亲近自然、增长知识的体验。也有的游客在乡下购买土地，种植农作物，利用周末或其他闲暇时间观察作物的长势，并进行适当的管理。通过乡村劳作体验，既能受到教育、增长知识，又有利于身心健康。

（四）乡村怀旧

怀旧体现的是人类对原有生活环境的思念和向往，是对曾经经历的人和事的一种心灵的回归，是人类内心情感的真挚流露。以怀旧为目的的乡村旅游活动，表现为回归故里和旧地重游两种形式，并有其特殊的市场群体，主要包括两个细分市场。一是现代城市的居民或者其前辈有一些是农村出身，与农村有着千丝万缕的联系；二是我国历史上有城市知识青年"上山下乡"活动，各个阶层的人与农村有着直接或间接的关系。第一个细分市场体现出的是以探亲、访友为主要内容的个人事务型乡村旅游活动，这种需求大多出现在传统节日和家庭节事期间，以家庭团圆、聚集为核心。第二个细分市场较为特殊，更能体现对乡村的一种人文情怀。这种需求是久居城市的居民对曾经工作、生活、学习过的农村环境产生的一种思念，从而形成"旧地重游"现象。

（五）了解乡村民俗风情

不同地域下的乡村经过多年的发展，形成了不同的乡风民俗。我国又是一个多民族的国家，不同地区、不同民族，由于生产方式和生活方式的差异，形成了丰富多彩的民俗风情、充满情趣的乡土文化艺术、风格迥异的乡村民居建筑、各具特色的乡村劳作、不同的农家生活方式等，这些有形的、无形的文化事物，构成了乡村地域不同于城市区域的人文旅游资源。如藏族的浴佛节、雪顿节，苗族的"赶秋"，傣族的泼水节，内蒙古族的"那达慕"等。乡村民居建筑也是吸引游客眼球的独特资源，如青藏高原的碉房、内蒙古的毡包、云南乡村的干阑、苗乡的吊脚楼等，各具特色、风格独特，令游客耳目一新。民间传说寄托着少数民族同胞的善良、纯真，让游客听得如痴如醉，如云南民间流传的阿诗玛、广西壮乡的刘三姐、内蒙古草原上的江格尔等。还有一些具有地方特色的乡村文化艺术，如舞龙灯、舞狮子、大秧歌、二人转等，具有明显的地域色彩。更有些民族带有鲜明的原始文化，如有"联合国模范社区"称号的云南省宁蒗县永宁乡落水村，坐落于著名的高原湖泊泸沽湖之畔，它不但拥有苍山、丽水、密林、溶洞等优美的自然景观与环境，而且有更加吸引人的富有传奇色彩的摩梭人生活。

当然，乡村旅游需求的内容，往往不是单一的，而是多种需求共同作用的结果，因而使得乡村旅游需求内容具有多样性和复杂性的特点。这也恰恰反映了乡村社会拥有的资源类型的多样性，但从乡村旅游需求的动机来说，却是以乡村社区中某一特色资源为核心内容的。

三、乡村旅游内涵本质再论

何为乡村旅游，这是探讨乡村旅游发展的首要理论问题，在立意表述上，学界有不同的认识与界定，甚至曾将观光农业、休闲农业等概念等同于乡村旅游。事实上，乡村旅游的范畴要大得多，不论是农业旅游，还是农村旅游，其实都是乡村旅游的一种表现形态。

有关乡村旅游，在世界旅游组织发布给各国政府、地方社区和旅游经营者使用的《旅游业可持续发展——地方旅游规划指南》中，做了比较一致的解释，即"旅游者在乡村（通常是偏远地区的传统乡村）及其附近逗留、学习、体验乡村生活模式的活动。该村庄也可作为旅游者探索附近地区的基地"①。刘德谦通过对农业旅游、民俗旅游和乡村旅游等问题的比较研究，认为乡村旅游就是以乡村地域及乡村风情为吸引物，吸引旅游者前往的旅游活动。② 刘红艳将乡村旅游界定为以乡村社区为其活动场所，以乡村自然生态环境景观、聚落景观、经济景观、文化景观等为旅游资源，以居住地域环境、生活方式及经历、农事劳作方式有别于当地乡村社区的

---

① 世界旅游组织. 旅游业可持续发展——地方旅游规划指南 [M]. 北京：旅游教育出版社，1997：9.

② 刘德谦. 乡村旅游、农业旅游与民俗旅游——关于乡村旅游、农业旅游与民俗旅游的个人诠释 [J]. 昆明大学学报（综合版），2005（2A）：3.

居民为目标市场的一种生态旅游形式。① 杜江、向萍认为乡村旅游是以农业文化景观、农业生态环境、农事生产活动以及传统的民族习俗为资源，集观赏、考察、学习、参与、娱乐、购物、度假于一体的旅游活动。② 王秀红认为凡是发生在乡村地区，以乡村的自然田园风光或乡村特点的民俗文化、农业文化、聚群文化、民居文化等作为旅游吸引物吸引游客的旅游形式，都是乡村旅游。③ 马波认为乡村旅游是以乡村社区为活动场所，以独特的生产形态、生活风情和田园风光为客体的一种旅游类型。④

通过上述诸多概念，不难看出乡村旅游的属性特质。首先，乡村旅游是旅游活动的一种类型和现象，是一个需求取向而非供给取向的概念。因此，乡村旅游就是旅游者的一种旅游活动形式。其次，乡村旅游需求的主体是乡村以外的都市居民。广义上说，构成这一市场的消费者，应该是具备旅游条件的所有旅游者，这就使得乡村旅游的需求者也包括乡村旅游目的地以外的其他乡村居民，如乡村地域环境、生产方式及农业建设成就等方面有差异的乡村居民之间的相互学习、考察、交流，也属于乡村旅游。但从客源市场需求的本质上说，乡村旅游的需求本质就是乡村意境，而对乡村意境产生浓厚兴趣的，自然是生活在远离乡村的都市居民。事实上，从乡村旅游发展的现状和客源市场的结构来说，其需求主体主要是都市居民。最后，乡村旅游的目的或需求内容，是以乡村生活、乡村风情、农业景观为核心的，这恰恰是乡村旅游资源与城市旅游资源差异的根本所在。

综上所述，乡村旅游是以都市居民为主体、以乡村特色资源为核心吸引物、以乡村体验为目的的需求取向概念。把握这一概念的本质，应体现在：乡村旅游需求的主体在城市，需求的客体是乡村社区，需求的载体是乡村风情，需求的目的是乡村体验。

---

① 刘红艳. 关于乡村旅游内涵之思考 [J]. 西华师范大学学报（哲学社会科学版），2005（2）：16.

② 杜江，向萍. 关于乡村旅游可持续发展的思考 [J]. 旅游学刊，1999（1）：15.

③ 王秀红. 我国乡村旅游研究述评 [J]. 重庆工学院学报，2006（3）：115.

④ 马波. 开发关中地区乡村旅游业的构想 [C]. 区域旅游开发的理论与实践，1994.

第二节　乡村社区的变迁与旅游功能的衍生

社区作为人类社会的一个重要组成部分，与人类社会的发展及其变迁有着密切的联系，从人类社会的发展所经历的历史阶段不难看出，人类社会走过了不同的社会形态，在不同的社会形态下，便产生与其社会形态相适应的社会制度、文化环境和区域发展环境，进而形成"相对应的人类居住形态和社会心理，也会形成特有的'社区'发展格局"①。同样，乡村社区也是伴随社会变迁的一般规律而形成的。伴随经济的发展和文明的进步，在不同历史时期呈现出了不同的社区形态。

一、乡村社区变迁的理论分析

社区变迁是社会变迁的一个缩影，从社会学角度，所谓的变迁就是社区社会的变化和发展，即从一个阶段发展到另外一个阶段，其核心体现在"社会制度（包括社会的根本制度和各种具体的社会制度）、社会结构、社会组织、人口、人的环境以及道德、法律、哲学、宗教、文学艺术、风俗习惯、时尚等一切社会现象的突发、急剧的变化，或演进的、缓慢的变化"②。从地理学角度，乡村社区变迁就是影响乡村社区发展变化的所有内在性和外在性社会整体要素的发展、进步、停滞、倒退等一切现象和过程的总称。但不管站在哪个角度，乡村社区变迁，都是以社会制度、人口、社会结构、文化以及经济关系等因素的变化为基础的。

对于乡村社区的变迁，有其内在的原因和动力，根本的原因是生产力的变革发展及生产力和生产关系的矛盾，这也是社会发展、社会进步的基本推动力，其他原因都是这一根本原因的具体体现和反映，因此，乡村社

---

① 刘君德，靳润成，张俊芳．中国社区地理［M］．北京：科学出版社，2004：105.
② 费孝通．社会学概论［M］．天津：天津人民出版社，1984：2-3.

区的变迁必然随着社会的变迁而变化。与历史发展的阶段性相适应，乡村社区依次经历了原始社会、奴隶社会、封建社会、资本主义社会和社会主义社会等形态阶段，并呈现出不同的类型。但其主要的生产方式仍然是以农业为主体的。与城市社区相比，乡村社区的发展变迁程度要大大滞后于城市社区，乡村社区的变迁主要体现在社会制度、乡村人口、乡村社会结构及经济关系上。

伴随人类社会的变迁和文明进程，每一历史时期的一定区域内，人际关系、生产关系也在不断变化，由此导致了人类聚居形式的变迁。叶南客将社区变迁发展划分成了三大阶段，即远古时代的血缘型社区、农业社会以来的地缘型社区和科学技术高度发达时代的业缘型社区，由此形成了在规模上、功能上、距城市远近、聚落的形态等方面有很大差异的多种类型的乡村社区，并在自然地理环境、产业结构、生产生活方式、社会历史文化及社会行为等要素方面，与城市社区形成了鲜明的对比。

人类历史发展的进程表明，社会分工是社会进步的重要体现。人类历史上的3次社会大分工，不仅促进了生产力的发展，也推动了社会文明的进程。因此，乡村社区变迁的过程，就是乡村社区成长发育的过程。在这一成长过程中，逐渐产生了带有浓厚地域色彩的乡村社区类型，同时，乡村社区成员不仅在家庭中扮演特定的角色，而且扮演不同的社会角色，由此使社区的消费、生产、分配等活动的空间范围，由家庭逐渐扩大到社区构成的单元中，且范围越来越大，活动内容越来越细化。社区组织、社区规范和社区认同，成为乡村社区有效运行的重要保障，进而极大地推动了乡村社区功能的衍生，并由单一性向多样性发展。随着城乡社会经济的不断发展，特别是城市化进程加快，其中，乡村社区的旅游功能在变迁历程中逐渐衍生出来，乡村社区开始成为都市居民旅游消费的重要对象，乡村社区也开始成为满足都市居民旅游消费需求的重要目的地。从此，旅游业开始成为乡村社区转变发展方式、优化产业结构、激发乡村社区活力的新兴绿色产业。

二、乡村社区旅游功能的衍生

旅游功能的发挥一方面取决于人们对旅游现象的认识，另一方面取决于旅游产生的社会基础条件。自 20 世纪 20 年代我国旅游业诞生以来，我国对旅游的认识走了一个从抵制外国旅游企业在华利益，到中国以外事接待为核心，再到改革开放将其逐渐作为一个产业去发展的过程。因此，不同时期，受国内外环境的影响，以及发展旅游的条件限制，我国对旅游的功能认识也不同。改革开放以来，特别是 21 世纪以来，我国对旅游的认识越来越全面，直接体现在对旅游功能认识的提高。改革开放初期，我国仅将旅游作为外汇收入的来源，以大力发展入境旅游为主。随着我国经济的快速发展，进入 20 世纪 90 年代以来，我国逐渐认识到了旅游的产业功能，不仅将旅游定性为产业，而且将旅游作为国民经济新的增长点去发展。2009 年年底，国务院出台的《关于加快发展旅游业的意见》中，又将旅游业进一步提升到"国民经济战略性的支柱产业，和人民群众更加满意的现代服务业"的战略高度。

但在 20 世纪 90 年代，国内旅游的功能远没有得到充分的发挥，国内旅游发展的潜力和空间，进入 21 世纪以来才真正引起国家的重视。其中，旅游业在拉动地方经济方面的功能作用，在满足广大人民日益增长的休闲旅游需求等诸多方面，发展的空间很大。从旅游的主要目的地来看，我国重点引导和发展了各类风景名胜区、优秀旅游城市、历史文化名城等。总体上看是以城市旅游为核心的。而占国土面积 70%以上且拥有丰富旅游资源的广大乡村区域，旅游业始终没有得到很好的开发和利用。

进入 21 世纪以来，我国开始将国内旅游作为拉动消费的重要服务业，并将广大的乡村区域作为重要的旅游目的地去引导发展。"十五"规划和"十一五"规划中，均把我国的"三农"问题作为政策重点解决的重大问题，特别是"十一五"规划，中央明确提出了加强新农村建设的重要战略，因此，"十一五"规划以来，大力发展乡村旅游成为我国国内旅游发展的重要取向，"旅游业似乎一下找到了未来发展的第二空间——广大农村是旅游业的重要着眼点，立足'三农'资源，旅游业呈现出了前所未有的发展空间"。我国学者刘德谦将发展农业旅游称为旅游业的"半个太阳"，认为注重乡村旅游从而带来的乡村发展与旅游发展的良性互动，其前景将是难以限量的。由此带动了我国广大的乡村地区，特别是老少边穷地区旅游开发意识的觉醒，认识到旅游具有的多种功能对乡村社会发展的意义和价值，开始大力发展现代旅游服务业。广大的乡村社区通过经济发展方式的转变，旅游的多种功能在社区发展中得以充分体现。

据文化和旅游部统计，在我国的农村地区分布着70%的旅游景点，且大多分布在经济欠发达的乡村地带，其中，近一半的国家级风景名胜区位于乡村地带。因此，都市周边地带广大乡村社区的居民，依托各类乡村风情和乡村生活旅游资源，开始从事零星、零散的旅游接待和服务业务，如住宿接待、餐饮服务和特产零售等，但旅游接待设施简陋、服务质量不高、经营规模小，旅游功能较为单一，主要受益者以乡村社区的少数有经营意识的居民为主。随着乡村旅游需求规模的不断扩大，大量的都市居民在闲暇时间选择了乡村，使得广大乡村社区开始成为都市居民重要的休闲体验的旅游目的地，由此推动了乡村社区的"旅游化"，即将整个社区作为一个旅游目的地去发展，形成了乡村社区各类旅游业态的产业集群，以满足旅游者吃、住、行、游、购、娱旅游活动的综合需要，从而形成一个"旅游社区"。同时也催生了乡村社区旅游的多种功能，乡村旅游业开始向规模化、产业化、社区化延伸、扩展和升华，甚至成为社区发展的主导产业、先导产业。如今，我国各地具有乡村旅游发展优势的乡村社区，旅游已成为社区发展的代表性产业。

第三节 乡村社区旅游的功能体现

一、增加就业功能

旅游业是一个综合性很强的产业，其综合性来源于旅游活动所需服务的直接行业，以及由此带动发展起来的关联行业。1992 年《中国行业代码表》显示，与旅游服务业直接、间接相关的行业和部门共有 74 个，其中，涉及第一产业 5 个、第二产业 29 个、第三产业 40 个。另有关统计研究表明，旅游业的行业关联性能涉及 100 多个行业。这体现了旅游业是一个拉动性、带动性和关联性很强的综合性产业，同时也是一个吸纳劳动力很强的产业。国家发改委、原国家旅游局课题组以 2002 年的数据为基础，测算出我国的旅游就业乘数为 3.1，即 1 个旅游特征产业就业，将产生 3 个旅游经济就业。并通过抽样调查，测算出大型旅游景区对相关行业就业的贡献比例 1∶15 左右，拉动宾馆周边行业就业分别是：五星级宾馆平均拉动比例为 1∶6，四星级宾馆平均拉动比例为 1∶7，二、三星级宾馆平均拉动比例最高，达到 1∶8。① 传统的广大乡村地带，由于经济形态较为单一，产业业态类型少，经济活动不活跃，除了基本的农业劳作外，大量社区劳动力出现剩余，导致农村剩余劳动力流向城市，由农业生产转向非农业生产，农村产业结构、经济发展方式越来越成为我国面临的重要问题。而通过发展旅游，可以实现剩余劳动力就业就地转移。上述课题组的研究结果表明，2002 年，在 1685.7 万旅游特征产业就业中，农村劳动力所占比例为 62.6%，折算转移农村劳动力总数为 1055.2 万。新增就业人数中，农村劳动力占近 70%。因此，对于乡村社区的剩余劳动力来说，通过发展旅

---

① 国家发展和改革委员会，原国家旅游局课题组．中国旅游就业目标体系与战略措施研究［M］．北京：中国旅游出版社，2004：14.

游，可以实现剩余劳动力的就地转移，极大提高社区的就业率。尤其是乡村社区的妇女和老人，通过从事旅游住宿接待、旅游特色餐饮、地方特色旅游商品的生产与销售等多种工作，足不出户便可就业挣钱。同时，旅游的良性发展也能吸引流向城市的打工者返乡创业。

为促进农民就业，2010年中央1号文件，即《中共中央国务院关于加大统筹城乡发展力度进一步夯实农业农村发展基础的若干意见》（中发〔2010〕1号），就"努力促进农民创业就业"问题，明确提出了"积极发展休闲农业、乡村旅游、森林旅游和农村服务业，拓展非农就业空间"的发展要求。

二、扶贫富民功能

旅游的扶贫功能，即通过发展旅游，吸引不同类型游客的到访消费，从而改变旅游地贫穷落后的面貌。尤其是旅游资源丰富、生态环境良好的乡村地带，大力发展旅游业，能极大发挥旅游的扶贫功能。一方面农民通过亲自参与旅游经营与服务，调整土地利用方式，把传统的农业种植业与旅游结合，增加土地资源综合利用价值，将农业资源开发成为旅游资源。另一方面，农民可以通过打零工、办家庭旅馆、开农家乐、摆小摊、开餐馆、销售或加工当地特色旅游商品、经营特种旅游娱乐项目等，极大增加了农民的经济收入，提高农民的生活水平。

多年来，世界旅游组织一直将旅游的扶贫功能作为重要的工作内容，向各成员国传达和宣传，并通过相关的旅游主题加以推广实施。如1981年的"旅游业与生活质量"的主题、1987年的"旅游促进发展"的主题、1995年的"通过负起责任而受益"的主题。2003年世界旅游组织明确地提出了旅游的扶贫功能主题——旅游：消除贫困、创造就业和社会和谐的推动力。

改革开放以来，特别是20世纪90年代中末期以来，原国家旅游局积极探讨旅游业对贫困地区的发展意义，1996年专门召开了全国旅游扶贫工作会议。许多贫困山区通过发展旅游走上了富裕道路，如河北省赞皇县在改革开放初期，是有名的贫困县，1983 年全县农村人均收入为 153 元，山区人均收入只有 70 元。但当地生态环境好、地貌景观独特、民俗风情别具一格，具有发展旅游业的良好条件。赞皇县嶂石岩风景名胜区从 1984 年开始进行开发，到 1995 年已接待游客 400 万人次，创经济效益 1.2 亿元，景区人民的人均收入由开发前的 70 元上升到 1500 元。其中，位于景区中心的嶂石岩村，1987 年人均纯收入仅 270 元，景区大规模开发后，村民通过开旅馆、旅游商品销售、搞交通运输等，到 1995 年景区年收入达 3000 余万元，嶂石岩村人均收入突破 3000 元，人民生活发生了很大变化。1995 年冬天，仅嶂石岩一个村就有 14 户盖新房，全村 60% 的人家有彩电、洗衣机，25% 的人家用了液化气。① 资料显示，到 1996 年年底，河北省有近百万人通过发展旅游实现了脱贫致富，涉及 1200 个村庄、30 万户家庭。② 2000 年原国家旅游局在宁夏西海地区试办了全国第一个旅游扶贫实验区——六盘山旅游扶贫实验区，2002 年 1 月召开的全国旅游工作会议上进一步提出了"试办国家旅游扶贫实验区"的工作目标。随后，各省开始设立本地区的旅游扶贫实验区。2004 年原国家旅游局的统计数据显示，改革开放以来，我国通过发展旅游直接受益的贫困人口达到了 6000 万—8000 万，占到全国贫困人口的 1/4 到 1/3。为配合国家社会主义新农村建设的战略实施，2006 年原国家旅游局将当年的旅游主题确定为"中国乡村游"，进一步推动了乡村文化和旅游的快速发展，同时也极大地发挥了旅游对贫困乡村地区的扶贫功能。2009 年 7 月 16 日在安徽省黄山市召开的全国发展乡村旅游工作会议上，印发了《全国乡村旅游发展纲要（2009—2015年）》，进一步明确了大力发展乡村旅游"可以有效利用农村人力资源，

---

① 原国家旅游局. 开发旅游资源、促进脱贫致富——全国旅游扶贫开发工作座谈会资料汇编 [R]. 1996：70.

② 李周，操建华. 旅游业对中国农村和农民的影响研究 [M]. 北京：中国农业出版社，2004：23.

吸纳老弱妇等弱势群体就业，实现农民就地就近就业，提高农业附加值，有效增加农民总收入"的扶贫功能。有条件发展旅游的乡村地区，通过开发旅游，极大地提高了乡村经济的收益。

我国是一个农业大国，农村人口基数大，经济贫困地区比重高，农民增产增收成为广大乡村地区脱贫致富面临的头等大事，也是关乎国计民生的大事。如河北省涞水县三坡镇，改革开放以来通过大力发展旅游，改变了穷乡僻壤的面貌，走上了脱贫致富的道路。如三坡镇拒马河畔的苟各庄，90%的农户办有农家旅馆，经营户年收入从4万元到45万元不等。因此，充分发挥旅游的扶贫功能，在旅游资源丰富的贫困地区，大力发展乡村旅游业，不仅是调整农村产业结构、转变经济增长方式的好途径，也是一条见效快、收益大的好方法。有关研究表明，农村地区得到的国内旅游收入份额为21.5%，农民从国内旅游收入中的获益程度为11.6%。① 总之，充分发挥旅游的扶贫功能，在增加农村农民收入、改善农民生活质量、提高农民生活水平等诸多方面，作用是十分明显的。

三、生产力功能

生产力是人类改造自然的能力，生产力水平的不断提高，人类改造自然的能力也在不断增强，在改造自然的活动中，劳动者生产经验的积累、劳动技能的提高、科学技术的发明及应用，不仅改进和创造新的生产工具，扩大劳动对象的范围，而且也使生产力发展到一个新水平，从而推动了社会的进步和发展。旅游作为一种社会现象，是社会生产力发展到一定阶段的必然产物，社会生产力为旅游业的产生和发展提供了必要的经济条件，同样，旅游业的不断发展也促进了社会生产力的提高。如今随着旅游业的快速发展，旅游业具有的二重性越来越明显，它不仅是一种单纯的生活消费部门，同时也是一种生产部门，它既可以生产物质财富，也能够生

---

① 周天勇．劳动与经济增长［M］．上海：上海三联出版社，1995：4．

产精神财富，具备了生产力的功能，从而成为社会经济领域中的重要生产行业，并对社会生产领域起到强大的引导作用。

旅游业作为一项重要的生产部门，其基本功能就是旅游产品的生产，以满足旅游者旅游活动中的各种需求。这种功能发挥的越充分，旅游者的满意度越高，旅游地旅游业发展质量越高，吸引旅游者的来访能力就越强。因此，对旅游接待地而言，通过对当地各种旅游资源的开发利用，再融入经营者的服务理念、服务技术和服务态度，便能生产出满足旅游者所需要的各种物质产品和文化产品，这种综合能力，就是旅游生产力。因此，旅游生产力体现的是旅游目的地旅游要素的配置能力和供给能力。

当前，学界和业界对旅游生产力的研究仍是一个薄弱环节，但总体认识不断加深，认识到了旅游作为一种生产力对区域社会经济发展所起到的作用。实践表明，张跃西曾对乡村生态旅游生产力布局进行了理论探讨，旅游生产力是指掌握旅游经营管理与旅游服务技术的人，凭借旅游设施与旅游资源，创造与提供旅游产品，实现旅游综合效益的能力。旅游生产力系统包括旅游科技创新生产力、旅游资源资本生产力、旅游教育文化生产力、旅游产品消费生产力四个部分。在旅游生产力布局时应遵循以市场导向为主，市场导向与资源导向相结合、择优开发循序渐进、差异整合产品创新、优势积聚因势利导以及旅游和谐发展等原则，以实现区域旅游效益最大化。① 毛笑文对黄河上游沿岸的青海、甘肃、宁夏、内蒙古四省区各个区段的旅游生产力原有布局进行优化研究，整合旅游生产力，以促进黄河上游各省区段旅游业的互动发展。近年来，文化和旅游部不断加强对旅游生产力布局的对策研究，这都足以表明旅游具有生产力的巨大功能。特别是在广大的乡村社会，大力发展乡村旅游，通过旅游生产力，在开发农村新业态、提高农民素质、转变经济增长方式、展示新农村风貌、建设文明生态新村、实现人与自然和谐等方面的功能，便能得到充分发挥。同

---

① 张跃西. 乡村生态旅游生产力布局理论创新研究 [C]. 第三届中国生态旅游发展论坛论文集. 赣州：第三届中国生态旅游发展论坛，2006：83-89.

时，旅游生产力在促进旅游地产业合理规划和布局、合理配置旅游资源、推动区域社会经济发展、产业结构优化升级、发展目标与定位等方面，也能发挥动力产业、先导产业的功能作用。当然，大力发展旅游生产力，需要在管理体制、制度安排、市场监管、服务技术、经营管理理念以及社区参与机制上不断创新，旅游生产力的功能才能得到充分发挥。

四、产业聚集共生功能

旅游业综合性、关联性的产业特点，决定了旅游业具有不同产业在区域内的聚集和共生功能。所谓聚集就是以旅游活动的需求为取向，不同类型的产业形态在旅游目的地内区域内形成"产业集群"或"产业群落"（A Group of Industries），从而形成一个综合性产业。所谓共生，其实是产业聚集的一种表达方式，就是原本形态不同、性质相异的产业，在同一旅游目的地融合共生在一起，从而形成一种"多业"在同一区域内的"共生"局面。

乡村区域产业单一，主要以农业为主，而引入旅游业，将乡村景观、风情、生活、生态环境及自然风景等乡村代表性的旅游资源，通过一定的手段和技术，开发成为不同类型的旅游产品，变成可以吸引旅游者来访的旅游吸引物，就极大地衍生了各类产业的功能。传统的农业资源具有了观赏、体验、休闲、度假功能，从而提高了农业资源的价值，实现了第一产业与第三产业的交叉、融合与渗透，实现了农、林、牧、副、渔业与旅游业的有机结合，实现旅游与相关产业和行业的融合发展，培育新的旅游消费热点，丰富旅游文化内涵。在旅游业的带动下，相关产业也得到了发展，如农村交通运输业、房地产业、轻工业等，从而促进了农业结构的调整与优化，形成农村第一、第二、第三产业和以旅游者为服务对象的"多业"融合，形成各有分工、相互促进的"聚集"和"共生"局面。

多业的聚集与共生，实现了区域旅游目的地产业的规模发展，有利于形成规模经济，实现旅游产业链本地化，提高产业附加值。对于乡村社区旅游发展而言，同时还提高了农业的功能，扩大了农业增产增收渠道。因此，乡村社区的旅游开发，实现了传统农业、现代农业与旅游业的最佳结合，使传统农业转变为特色农业和观光农业，发挥了旅游的产业聚集共生功能，进而丰富了乡村旅游的内涵与价值。

当然，旅游多种功能的发挥是个动态的过程。在不同区域、不同时期，旅游功能的发挥有较大差异，对于乡村社区来说，也是如此。但总体而言，上述功能体现的比较充分。同时，乡村社区旅游发展在乡村遗产保护、乡村生态环境建设、统筹和谐发展、提升乡村社区知名度等方面的功能作用，也是十分明显的。

第四节　乡村旅游社区的内涵与特征

一、有关旅游社区理论内涵的相关研究

随着旅游业的快速发展，旅游社区研究引起了学界的高度关注，形成了大量卓有建树的研究成果。最早关注旅游社区问题研究的是社会学家和人类学家，他们通过对经济欠发达地区社区发展的调查，发现旅游引发了大规模的涉及社会变迁的社会接触、交往。但由于学科视角不同，对旅游社区的认识仍存在一定的分歧。

有关旅游社区的内涵特质，国外学界将旅游视为社区发展的一种方法，关注社区旅游发展中的社区控制程度，以此来寻求旅游发展过程中的经济、社会文化与生态环境间的平衡。因此，认为旅游社区就是旅游和社区利益的结合，社区是居民家园与旅游产品的有机体，并主张应将整个社会呈现给旅游市场，其中居民的文化和生活方式等都属于旅游产品。①

---

① MURPHY P E, MURPHY A E. 旅游社区战略管理：弥合旅游差距 [M]. 陶犁，邓衡，张兵，等译. 天津：南开大学出版社，2006：28.

　　唐顺铁认为旅游社区是一个集社会、经济和文化现象的综合体，时间上，旅游社区是一个旅游的社区化过程，空间上，旅游社区是一个要素间既联系又独立的体系。① 其他学者将社区和旅游的协调发展进行了研究，邹统钎认为旅游社区既包含了社区的一般特性，又具备旅游的普遍规律。范业正认为旅游社区既是社区居民长期生产和生活的居住环境，同时又是游客旅游活动和逗留生活的场所。旅游社区在加强游客与社区居民沟通和互动，以及促进社区和旅游业共同繁荣与可持续发展等方面发挥着不可忽视的作用。

　　由于旅游业在社区的发展，有关旅游社区的内涵也成为学界探讨的重点之一。庄军认为旅游社区应该是在一定地域内，有着丰富的自然或人文旅游资源，客观或主观发展旅游业的一个有序空间群落，该地域空间中的人们有共同的地域文化、习俗、信仰、价值观念、消费习惯、经济社会生活氛围。② 一个完整的旅游社区必须包括 3 个基本条件：一是要有吸引游客的自然资源和人文资源以及其他资源；二是要有布局完善、功能齐全的旅游生活服务网点；三是要有满足游客丰富多彩消费需求的旅游产品生产能力和生产水平。

　　王新建、郑向敏等人③认为旅游社区就是生活在旅游景区或景区周围一定区域的人群以及与其直接相关的村庄、居民区或街道等的系统综合体，它是旅游目的地的社会环境构成要素，是旅游吸引物的社会载体。有些旅游社区还兼具旅游目的地的集散中心、服务中心、商品交易中心和旅游中心的功能。

　　魏飚等人认为旅游社区应该是拥有相对独特的自然或人文资源，并对这些资源进行旅游业开发且使之成为主导产业的、形成与旅游业相应的文

① 唐顺铁. 旅游目的地的社区化及社区旅游研究［J］. 地理研究，1998，（2）：145-149.

② 庄军. 旅游社区发展模式及其经济效益探讨［J］. 高等函授学报（自然科学版），2002（4）：49.

③ 王新建，郑向敏. 旅游社区安全认知［J］. 华侨大学学报，2003（4）：54.

化习俗、生活习惯和社会网络的人类群体及其相关地域。根据这一定义，可以将旅游社区划分为自然资源型旅游社区、人文资源型旅游社区和自然、人文资源混合型旅游社区。① 而孙诗靓、马波则认为界定旅游社区应从"旅游地的社区化"和"社区的旅游化"两条路径入手，旅游社区是单一或同时满足旅游者需求或社区就业需求功能的一种社区类型，是旅游地的社区化或是社区在旅游介入和发展过程中形态或功能旅游化的产物。②

上述有关旅游社区的认知，虽有差异，但也有共性。一是社区的旅游功能，即旅游作为一种社会现象，在社区发展中得以充分体现；二是旅游社区是社区旅游化的结果，是社区通过增加和完善旅游服务功能，使旅游成为社区发展的重要方向。基于此，所谓旅游社区就是以旅游活动的需求为核心，依托社区独特资源，通过为旅游活动提供相关服务项目而使社区受益的一种社区类型，由此使旅游业从社区传统产业中分离出来，成为社区发展的新兴产业。

二、乡村旅游社区的内涵界定

近年来，快速发展的乡村旅游已表明了这样一个事实，大量都市居民在闲暇时间流向了广大的乡村社区，由此使得许多乡村社区不仅成了一个旅游目的地，也使得乡村社区成为提供各种旅游服务的供给市场。乡村社区原有的功能、产业结构、生活方式、生产方式以及社区形态等发生了很大变化，逐渐形成了以满足旅游活动需要为核心的旅游社区。这些变化，也同样引起了学界的广泛兴趣，其中，有关乡村旅游社区的概念，便是学界探讨的最为基本的问题。

通过对大量已有相关文献的分析发现，学界对乡村旅游社区的研究，有两种倾向值得关注，即表面相同的词语表述，却有着不同的研究重点。

---

① 魏飚，陈昌文. 旅游社区公共物品供给问题初探 [J]. 湖北经济学院学报（人文社会科学版），2007（12）：77.
② 孙诗靓，马波. 旅游社区研究的若干基本问题 [J]. 旅游科学，2007（2）：30-31.

一种是将研究的重点放在"乡村旅游"的"社区参与"上,关注更多的是乡村社区参与旅游发展的模式、方式及利益分配,涉及更多的关键词是"乡村旅游""社区参与""社区主导""社区利益""社区旅游",界定的基本概念是"乡村旅游"的"社区参与",有关的研究动态,不再赘述。本书关注的是另一种研究的倾向,即将研究重点放在"旅游社区"上。这是近年来学界研究的一个新动向,也是学界对"乡村旅游"的"社区参与"研究的深化,即关注乡村社区作为"旅游社区"的研究,或"乡村旅游社区"的相关研究。

对于何为"乡村旅游社区",通过分析发现,学界大多在此问题上要分清两个概念,一是乡村旅游,二是旅游社区,把乡村社区的参与作为"旅游社区"发展的重要内容。对于"乡村旅游社区"相关概念的界定,唐顺铁在《旅游目的地的社区化及社区旅游研究》一文中的解释为"从乡村社区的角度考虑旅游目的地建设,以社区的互动理论指导旅游区的总体规划和布局,通过优化旅游社区的结构提高旅游流的效率,谋求旅游业及旅游目的经济效益、环境效益和社会效益的协调统一与最优化",这一概念从一定意义上体现了乡村作为一个"旅游社区"的基本内涵。张继涛在其博士论文中认为"所谓乡村旅游社区,是指旅游核心景区的景点被农村和农民所包围,农业让位于旅游业、农民偏离农业而且以旅游业为支柱产业的社区"①。郭华在《乡村旅游社区利益相关者研究》一书中解释为"由聚居在一定乡村地域范围内具有某种互动关系的、有共同文化维系力的人群组成的社区生活共同体,他们承受旅游活动所带来的经济、社会文化、环境等方面的积极和消极影响,往往表现为一个又一个的自然村落"②。

根据上述旅游社区、乡村旅游社区的相关研究与内涵界定,不难看出,乡村旅游社区就是从广大乡村社区中衍生出的一种新型旅游社区,是

---

① 张继涛.乡村旅游社区的社会变迁[D].武汉:华中师范大学,2009.
② 郭华.乡村旅游社区利益相关者研究[M].广州:暨南大学出版社,2010:62.

乡村社区通过发展旅游而形成的。但表面看似是乡村社区与旅游的结合，却不是两者的简单叠加，而是乡村社区旅游化的结果，是乡村社区社会形态、社会结构以及居民生产方式的重大转型，即由传统的乡村社区转变为以旅游服务为基本取向的社区。

三、乡村旅游社区的特征

众所周知，快速发展的乡村旅游，使得乡村社区增加了一个重要功能——旅游服务，并在很大程度上改变了乡村社区的社会形态，旅游成了乡村社区的基本内容，传统的农业、广大居民的生产方式，由单一的农业型转变为服务型。可见，乡村旅游社区的形成是乡村旅游发展的直接产物，这也渗透出了乡村旅游社区的基本特征。

第一，乡村旅游社区拥有独特而丰富的旅游资源。这是乡村社区成为旅游社区的基础。针对乡村社区的地理区位、社会特征，乡村社区旅游资源主要是以"农业、农村和农民"为核心的"三农"资源。具体包括四类，一是乡村自然景观资源，主要包括乡村社区范围内各种山、水、田园、生态自然景观；二是乡村人文景观，主要包括社会历史发展进程中遗留下来的各种历史古迹，如古建筑、寺庙、古村落、遗址等；三是乡村文化资源，主要包括乡村风情、民俗、民风及乡村非物质文化；四是乡村社会资源，主要包括与当前乡村社区社会发展密切相关的事物，如乡村节事活动、乡村特产风物、乡村建设成就等。

第二，乡村旅游社区具备旅游活动的基本要素。乡村社区拥有丰富的旅游资源，由此成为吸引外来旅游者的重要旅游目的地。为使旅游者旅游活动顺利进行，乡村社区必须满足旅游者吃、住、行、游、购、娱等基本的旅游活动需求，才能使乡村社区成为旅游者到访的旅游目的地。

第三，乡村旅游社区具备旅游业运行的环境。旅游业是以旅游者为对象，为其旅游活动提供各种服务的单位集合。乡村社区作为一个旅游社区，社区内部已经具备了旅游业的基本运行环境，如旅游接待、旅游餐饮、旅游住宿、旅游项目、旅游管理、旅游宣传等，旅游业成了乡村社区的重要业态类型，甚至成为支柱产业。

第四，乡村旅游社区内的居民参与度较高。社区居民通过各种方式参与到旅游业发展之中，旅游经营与服务成为农民的一个重要职业。一方面改变了农民传统的种植业，并使种植业成为旅游业的衍生，农业具备了观光、采摘、体验的功能，从而增加了农业的附加值。另一方面农村从农业中脱离出来，专门从事第三产业，以从事旅游服务为主，为旅游者提供家庭住宿、特色饮食、地方特产销售、骑马等服务，甚至通过土地、资金、劳动力等方式，对旅游业的经营进行管理与服务。

第五，乡村旅游社区的社会结构发生了深刻变化。一是外来旅游者不断进入，乡村社区成为旅游者的重要目的地，二是外来常住人口开始不断增加，主要包括外来乡村投资者和外来打工者，另外也包括久居城市的居民退休后来此定居者。乡村社区客流不断增加的同时，乡村社区的社会关系也越来越复杂，土地拥有者与外来承包商之间的租赁关系、旅游投资者与雇佣者之间的雇佣关系、社区居民与管理者及投资者之间的共生关系、社区居民与旅游者之间的互动关系等。

第六，乡村旅游社区的区域功能结构发生了深刻变化。乡村社区旅游化的过程，就是乡村社区功能结构变化的过程，乡村社区成了一个旅游社区后，社区的区域功能主要以满足旅游者的旅游活动需求为核心取向，使得乡村社区的区域功能结构，在原有的生产区、种植区、生活区、活动区、社区公共服务区基础上，增加了以旅游活动需求为主的诸多功能区，如停车区、游览区、观光区、体验区、休闲区、住宿区、购物区、饮食区、文化教育区、展览展示区等，使乡村社区成为一个集休闲、观光、体验、度假、教育为一体的休闲旅游体验区域，区域内良好的游览线路、清晰的导游指示、鲜明的游览标识和标志性的乡村建筑等，成为乡村旅游社区的重要符号。

第三章　乡村旅游社区形成的条件与机制

　　乡村社区成为一个旅游社区是旅游需求驱动下的乡村社区旅游化的过程，是伴随都市居民乡村旅游需求的不断增长，传统乡村社区借助自身拥有的特色资源、生态环境、社会文化和较为有利的地理区位，利用一定的技术、手段和方法，将乡村社区逐渐开发成为满足乡村休闲旅游需求的产品供给地，由此使得旅游业逐渐成为乡村社区新型的产业形态。可见，传统的乡村社区能够成为一个旅游社区，必须具备一定的基础和相应的条件。因此，探讨乡村旅游社区开发的行为取向与管理形态的前提，首先需要明确传统的乡村社区如何能够开发成为一个旅游社区，即传统乡村社区成为一个旅游社区应具有的基础和条件，同时，更要明晰乡村旅游社区形成的动力因素。

第一节　乡村旅游社区形成的社会基础

一、社区的构成概述

　　社区作为人类社会的组织形式，社区群体有着共同的利益和价值，通过社会组织为其提供基本的公共服务。因此，作为一个社会共同体，社区"是培育社区精神和激励合作技巧的过程，它包括一群人为了共同承诺的目标所具有的热情、天赋、洞察力和经验"，体现了社区群体利益和价值取向。由此不难看出，要想实现目标，社区必然是一个系统完善、结构合理的社会体系，即由若干要素构成的社会系统。目前，有关社区的要素构成，学界已有相当的研究基础，虽有一定的分歧，但趋向一致，但将社区看作一个社会系统，探讨社区的系统结构、要素配置方面，仍是学界研究的薄弱环节（有关乡村社区的系统结构与要素配置问题，将在第四章进行详细探讨）。

　　社区发展是个动态的过程，事实上，将社区作为一个社会系统，探讨社区的系统结构与要素间的关系，更能准确把握社区的内涵与特点。结合社区建设及社区发展的实际，不难看出，社区不仅是人类居住的场所，也是人类生产生活的场所，社区通过相关组织建立聚集、合作、公共的服务体系，以使社区居民得到各种利益，促进社区的稳定和发展，因此，社区是一个稳定的社会系统，有其特有的结构体系。

　　丁元竹通过对社区的系统研究，提出了健康社区的三个要素，即框架创意（frame ideas）、建设社区资本（build social capital）和动员资源（mobilize resources），并构建了要素间的构成模式，具体如图3-1所示。①

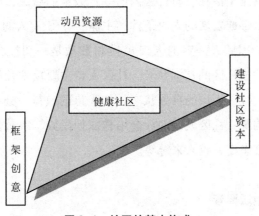

图3-1　社区的基本构成

---

①　丁元竹.社区的基本理论与方法 [M].北京：北京师范大学出版社，2009：20-30.

图 3-1 所示的社区构成要素，是就社区建设角度而言的。当然，若把社区作为一个区域社会共同体的空间因素角度来分析，社区的构成要素更加具体，如区位、人口、组织、共同意识或归属感等。

乡村社区成为一个旅游社区离不开传统乡村社区的社会要素环境，也就是说，乡村社区是构成旅游社区的社会基础，没有乡村社区，就没有乡村旅游社区，因此，乡村旅游社区的基础内核是乡村社区社会结构与要素，即传统乡村社区的村落意境、聚落建筑、乡村文化、村民生活、田园生态、自然环境以及特色农业等传统的乡村社区所拥有的一切资源。可见，乡村旅游社区的构成基础是乡村社区应有的基本要素。

乡村社区作为"以农业为基本经济活动形式的地区性社会"，是最基本的社区类型，这种社区具有"人口较为稀少，社会交往和流动频率低，经济活动比较简单，传统习俗惯性较大，家族和血缘群体作用明显"等特点。根据学界有关社区内涵的一般理论，作为乡村社区，有其基本的构成要素。

二、社区人口要素

人口要素就是生活在乡村社区内的一定数量的居民，这是社区的"第一要素，是社区形成发展的先决条件和主体"①，没有人的存在，就不可能有社区的存在。因此，一定的人口规模和数量是一切社会群体的构成要素，同样也是构成社区的基本要素。社区人口主要反映社区人口的自然状态和社会结构，社区人口的自然状态，如人口的数量、分布、性别、家庭状况、年龄结构等；社区人口的社会结构，如民族、宗教信仰、受教育程度、职业、社会态度、收入来源等。

三、社区地域要素

地域就是社区存在的特定地理区域，作为地域性的社会共同体，社区

---

① 刘君德，靳润成，张俊芳. 中国社区地理［M］. 北京：科学出版社，2004：3.

首先是一个地域概念，即"存在于特定的自然地理与人文地理的空间中，有着一定的边界"①。社区的地域要素包括社区所处的自然地理环境和人文地理环境。社区自然地理环境中，诸如地理位置、空间范围、地质特点、地貌形态、自然资源、气候特征等是最为基本的要素；社区人文地理环境中，则主要包括村落景观、建筑形态、产业结构、民俗文化、生活方式及人口素质等要素。可见，乡村社区一定是与特定的地域环境紧密关联在一起的，由此使得乡村社区具有一定的空间范围，形成社区明确的地理边界。

四、社区文化要素

所谓社区文化就是"社区居民在长期的共同生活中积淀而成的、为广大社区居民所共享的那些价值观念、民风民俗、行为规范和准则"，从而表现出乡村社区特有的文化特征，主要包括社区居民的共同生活习俗、伦理道德、交往方式、语言习俗、聚落特点、宗教信仰、生产方式及组织制度等。在这些文化元素的共同作用下，居民"对自己所属的社区产生一种情感归属和心理认同"。作为社区的一员，对社区产生一种责任感，进而增强社区的凝聚力。同时，在特定的地理环境、历史文化等因素的影响下，文化认同便成为影响社区居民日常生活、交往的行为规范准则，不同程度地约束着居民的行为方式和道德实践。这种文化认同感，在城市化快速发展的今天，一定程度上成为"对付城市化过程中所出现的人际关系冷漠的一剂良药，它使社区居民在心灵上相通，从而成为一个相互依赖的整体"②。

---

① 徐永祥. 社区发展论［M］. 上海：华东理工大学出版社，2000：34.

② 陈潇，徐越倩，许彬. 社区公共事业管理［M］. 北京：北京邮电大学出版社，2007：6-7.

五、社区组织要素

乡村社区作为一个社会共同体,一个社区就是一个社会。① 因此,社区组织是保障社区居民利益实现的重要机构,这些组织既包括政府组织,也包括行业民间组织。不同的组织通过机构的建立、目标的设定、计划的实施、制度的落实、人员的安排等活动,对社区行使各自的职能,解决社区面临的共同问题,从而使社区呈现良性发展的局面。在广大的乡村,最为基本的组织就是村民委员会,村民委员会是村民利益的代表,行使管理、组织、监督、服务乡村的基本职能。当然,不同地区的乡村社区,社区组织的类型有很大差异,特别是经济较为发达的社区,不仅有政府组织,还有社区民间组织、社区行业协会组织等。同时,社区文化团体、学校、医院、商业单位等,也是重要的群体组织。

上述要素作为乡村社区的基本构成要素,也是乡村社区构成的基本条件。乡村社区能够成为一个旅游社区,便是以这些基本的要素为基础的。也就是说,乡村旅游社区是从乡村社区类型中衍生出来的,作为一个旅游社区,首先具备社区的基本要素,在此基础上,通过挖掘社区的特色旅游资源,通过一定的技术和手段,以旅游需求为核心,才能将一个乡村社区开发成为一个旅游社区。

可见,乡村旅游社区,同样具备乡村社区的基本构成要素,即社区的居民人口、一定的社区地理空间范围、社区共同的文化和认同感及社区的组织机构。当然,随着乡村社区旅游业的发展与提升,乡村作为一个旅游社区的构成要素会发生一定的变化,如社区居民的人口结构会变得较原有乡村社区更为复杂,其中,外来人口会不断增多;旅游社区的范围会扩大,可能同时包含若干关系紧密的行政村落;社区的组织会更加多样,社区的公共管理事务会更加复杂;社区的社会文化也会呈现多样化趋势;同

---

① ROBERT E. P, ERNEST W. Introduction to the Science of Sociology [M]. Chicago: University of Chicago Press, 1921: 161.

48

时，社区的治安等问题，也较旅游开发前更为重要。但无论如何，乡村旅游社区一定是以原有乡村社区为基础而发展起来的。

第二节　乡村社区的地理区位条件

地理区位是乡村社区成为旅游社区的重要条件，一般而言，乡村社区的地理区位是指乡村社区所处的地理位置和区域特征。所谓地理位置，一是指社区的自然地理位置，二是指社区的社会地理位置。社区的自然地理位置主要包括社区的气温气候、地形地貌、地质、植被、河流等，社区的社会地理位置主要包括社区的人口、交通、文化、经济、政治等因素。乡村社区的区域特征，主要侧重乡村社区的经济、文化、交通、人口素质等人文因素，特别是乡村社区与中心城市的距离，因此，乡村社区的地理区位又是相对于城市社区而存在的一个地理学概念，即位于城市以外的广大乡村地带的各类乡村聚落。但由于各类乡村社区距中心城市的距离不同，使得乡村社区便处在了与中心城市不同距离的地理圈带上，从而呈现出了城市边缘区、城市近郊区、城市远郊区和乡村腹地等不同类型的乡村社区。

一、乡村社区的有形区位条件和无形区位条件

乡村社区的有形区位优势，即乡村社区的地理位置，如是山地，还是平原，是沿海，还是内地等；乡村社区的自然条件，如植被、环境、气候、生态等；乡村社区的资源状况，如矿产、森林、河流、农业特产等；乡村社区的产业构成，如农业、加工业、林业、矿业等；乡村社区的基础设施，如交通、通讯、水电等；乡村社区的社会经济发展水平，如人均收入水平、消费水平、家庭富裕程度等。以上这些条件构成了乡村社区的基本有形区位条件，充分认识这些条件，对乡村社区未来的发展，具有重要

意义。其中，开发乡村社区的旅游业，从研究乡村社区的有形条件出发，就能判断认识该社区旅游开发是否具备地理优势，优势的确定，就可以为社区旅游的规划与开发工作明确方向。

乡村社区的无形区位条件，即乡村社区以非物质文化为核心的人文因素条件，不仅包括乡村社区良好的民俗、风俗、民间艺术、特色饮食等乡村文化，还包括乡村社区的人口数量、素质、技能、受教育程度、文化水平、文明习惯，以及与中心城市的通达程度等。所有这些因素，同样对乡村社区未来的发展产生重大影响。

二、乡村社区的绝对区位条件和相对区位条件

绝对区位条件是指乡村社区从事的某种生产活动，具有明显的产业优势，其劳动效益、社会影响力具有较高的比较优势，如乡村加工业、特色农业、独特的生产方式等。该社区能够依据这些绝对区位条件，进行有效的生产、加工、交换，积极参与市场分配，积极组织地域分工，提高社区的劳动生产率，使之成为社区最典型的产业形态。

而社区的相对区位条件不是将生产成本和收益与其他地区的生产活动相比较，而是针对本社区的其他产业而言，通过比较，从中发现各行业和产品在社区经济中的比重。同时，通过比较，也能从中发现某一类占绝对优势的产业，由于产业结构的单一，其优势也会随着环境及市场需求的变化而需要进行合理的调整，导致产业结构过分专门化和市场化，势必要进行科学合理的地域分工。

三、乡村社区距中心城市的时空区位条件

探讨乡村社区的空间区位条件和时间区位条件，主要以乡村与距其最近的中心城市的距离为主要参照标准。距中心城市越近，越具有空间区位和时间区位的优势条件，反之越没优势条件；当然在某些时段，可能恰恰相反，即所谓的距离反衰减规律，这主要是在一些公共假日期间，到乡村

旅游地来访的游客会随着距中心城市距离的增加而增加。但总体而言，都市周边广大乡村社区旅游地的游客到访率，与中心城市的距离呈反比，从而形成以城市为中心向外扩散的旅游圈层，即在都市周边形成的"一日游圈层和两日游圈层结构"，这就是环城游憩带（ReBAM）。① 因此，距离中心城市越近，乡村社区越具有空间区位和时间区位的优势条件。

第三节　乡村社区的旅游资源禀赋条件

旅游资源作为重要的旅游吸引物，是区域旅游开发的必要条件，也是游客来访的重要对象，没有旅游资源就没有旅游活动，也同样没有旅游业。一个地区只有拥有丰富的旅游资源，才能开发成为重要的旅游目的地。乡村社区由传统农业社会开发成为一个旅游社区，同样离不开社区丰富而独特的资源类型。因此，乡村社区成为旅游社区的重要前提，便是乡村社区旅游资源的禀赋程度，它在一定程度上决定了乡村社区的旅游开发方向。

根据旅游资源划分的一般理论，按照资源的性质与表现内容，可以分为自然旅游资源、人文旅游资源和社会旅游资源。这 3 种类型的旅游资源在广大的乡村地带具有明显的优势，据统计，我国 70% 以上的旅游资源分布在广大的乡村地带，也就是说，我国广大的乡村区域拥有最为丰富、最为独特的旅游资源，形成了乡村特有的"田园风光、草原牧场、渔区景色、林区景观、城郊农业景观"②。但是，由于我国旅游资源分布的不均衡性，在不同地区，旅游资源丰富程度具有较大差异，即使同一区域的不同乡村社区，由于行政区划和历史传统等原因，拥有的旅游资源也不同。由

① 吴必虎.大城市环城游憩带（ReBAM）研究［J］.地理科学，2001（4）：354-359.
② 金其铭，董昕，张小林.乡村地理学［M］.南京：江苏教育出版社，1990：278-283.

此使得乡村社区旅游开发并不具有普遍性，只有旅游资源丰富且较为独特的乡村社区，才有可能开发成为一个旅游社区。

一、乡村自然旅游资源

乡村自然旅游资源，即以乡村生态景观为核心的旅游资源，主要包括乡村社区范围内拥有的以大自然为本源形成的气候天象、地形地貌、水体及生物资源。这些资源是乡村社区生态景观的重要体现。

二、乡村人文旅游资源

乡村人文旅游资源，即乡村社会发展中所遗留下来的各种历史遗迹资源，主要包括乡村特色建筑、村落景观、街区、文物古迹、宗教建筑及文化遗址。这些资源一定程度上反映了乡村社区的历史文化底蕴，并成为旅游开发潜力的重要因素。

三、乡村社会旅游资源

乡村社会旅游资源，即与乡村社区生产生活密切相关的各种事物和现象，主要包括生活方式、特色饮食、民族服饰、民风习俗、院落布局、邻里关系、乡村风貌、乡村特产、乡村节事活动、乡村商业经济等。同时，还包括乡村社区特有的农业种植资源，即以乡村农、林、牧、副、渔业为基础的各类农事资源，如果园、菜园、茶园、桃园、花圃；田园景观，如稻田、梯田、山林、水域等；农业生产景观，如牧场、渔业、酒庄、林场等。

这些资源构成了乡村社区特有的乡村生产方式，成为乡村观光旅游、体验旅游最为基本的要素。这些资源构成了乡村社区特有的乡土文化，成为乡村旅游的核心吸引物之一。

第四节　乡村社区的生态环境条件

生态是指一切生物生存和发展的状态，以及生物间与周围环境间的关系，在这种关系的作用下，各种生物与生存的环境便构成了生态环境（ecological environment）。人类作为生态环境中最积极、最活跃的因素，其生存和发展与生态环境密切相关，同时，又对这一环境产生巨大的影响。乡村社区由于地处城市外的广大乡村地带，相对城市而言，人口密度小、地域广阔、生物种类多样、地形地貌复杂、经济活动不活跃，有着较好的生态环境，由此成为可满足生态旅游需求的重要休闲旅游地。

一、乡村社区的生态地理环境

生态地理环境也称为生态环境系统，该系统由生物群落及相关的无机环境共同组成。在相互制约作用下，保持生态环境的稳定和平衡。乡村生态地理学主要体现的是乡村社区居民与地理环境的关系，结合乡村社区生产生活的实际，乡村社区的生态地理环境主要包括三个方面。

一是乡村生物生态环境，主要指乡村社区环境下的各种生物物种，如各种植物、动物、微生物和菌类等。由于气温、降水、自然景观的不同，在热带、温带和寒带，各种生物又具有很大的差异，由此形成乡村社区特征各异的生物生态环境。一般而言，热带地区最突出的就是气温高，没有冬季，物种丰富多样，热带雨林成为主要景观。但由于各地降水条件不同且有很大差异。全年多雨的地区出现热带雨林景观（如东南亚）和热带草原景观（如东非高原），全年少雨的地区呈现荒漠景观（如撒哈拉沙漠）。所以同为热带地区，环境特点也有很大差异。温带地区是地球上面积极广、生物种类繁多、气候类型多样的地区，突出的特点是四季分明，夏季高温多雨，冬季寒冷干燥。寒带地区是地球上面积最小的地区，也是人类活动影响最小的地区，典型的特点是气温较低，昼夜长短变化最大，无明显的四季变化。

二是乡村非生物生态环境，主要指乡村社区所处的地形地貌环境，如山地、河流、平原、海岸、沙漠、高原等环境。由于受非生物环境的影响，乡村社区也悄然发生着巨大变化，使得乡村社区形成了具有浓郁地方特色的乡村社会环境，如我国黄土高原的窑洞、华北平原的条状村庄、南方的水乡、东部沿海的渔村、漠河的北极村、西南高原的民族村寨、太行深山的森林人家等。可见，不同非生物生态环境下的乡村社区，有着巨大的生态环境差异。

三是社区人文生态环境，包括人造生态环境，主要指乡村社区生存空间形成的村落、村容、风貌、院落、田园等生态环境，同时包括由乡村社区建设、社区发展成就，如道路、桥梁、农田、水利设施、社区文化设施、社区活动广场、社区标志建筑等构成的生态环境。这是乡村社区长期发展过程中逐渐形成的乡村生活的空间环境，是乡村社区居民生活的核心载体，由此成为乡村社区典型的人文生态环境。

二、乡村社区的生态景观环境

生态景观环境既包括由不同生态系统类型所组成的异质性地理单元，也包括一定自然空间、社会经济空间组成要素总体特征的集合体和空间体系，如山地景观、经济景观、文化景观。一般而言，景观泛指一切事物表现出的景色、景象或景型。从表现形式上讲，景观主要是以自然景观和人文景观为核心的美感表现形态。拥有不同形态的景观是成为旅游吸引物的重要因素。实践证明，没有优美的景观，就很难吸引旅游者。总体上说，乡村社区生态景观是"聚居景观、经济景观、文化景观和自然景观构成的景观环境综合体"，"它区别于其他景观的关键，在于乡村以农业为主的生产景观和粗放的土地利用景观,以及乡村特有的田园文化和田园生活"①,是"人类与自然环境连续不断相互作用的产物,它融合了乡村聚落景观、生产性景观和自然生态景观三大方面的内容"②,但乡村社区景观的核心和主体却是以农业为主的生产性景观。

乡村社区由于地处景观丰富的乡村地域,其生态景观环境在很大程度上代表了乡村社区成为旅游社区的条件之一。因此,充分认识乡村社区生态景观环境,对旅游社区的开发具有重要意义。

一是乡村社区自然景观。自然景观主要指未经人类干扰和开发的景观,但事实上,由于人类活动的影响,真正意义上的自然景观已越来越稀缺。因此,在乡村地区,真正体现乡村社区特色的自然景观,主要是基本维持社区的自然状态、人类干扰较少的景观,如物候天象、地形地貌、地质构造、土壤水文、水域风光、草原植被、动物种类等。这些景观为乡村社区生产性景观、社区文化景观提供了自然基础,由此构成了乡村社区特有的农业田园景观、种植景观、农耕景观、村落景观、家园景观、社区文化景观以及人工创造的景观。结合我国地域广阔、自然资源种类差异大的特点,我国乡村社区的自然景观主要包括平原乡村、山地乡村、高原乡村、草原乡村、水域乡村等基本景观类型。

二是乡村社区人文景观。乡村社区人文景观主要表现的是乡村社区的各种有形的和无形的文化资源。有形的乡村社区文化景观,主要体现在乡村社区村落布局、民居建筑、古遗址、古寺庙等文化遗迹上,同时,也包括乡村社区具有地方特色的传统劳作和乡村工业,如农耕、灌溉、水利、捕鱼、采茶、放牧、养殖、纺织、冶炼、开采、加工等;无形的乡村社区文化景观,主要体现为乡村社区的民俗风俗、民间工艺、民族节日、社区传统、社交习惯、宗教信仰、饮食习惯等日常生活文化,同时,还包括社区乡

---

① 王云才. 现代乡村景观旅游规划设计 [M]. 青岛:青岛出版社,2003:36-37.
② 刘滨谊,陈威. 关于中国目前乡村景观规划与建设 [J]. 城镇风貌与建筑设计,2005 (9):45-47.

土文化艺术，如剪纸、雕刻、刺绣、草编、竹编、泥人、戏曲、歌舞等。

可见，乡村社区生态景观是乡村社区自然景观与文化景观的综合体，并与乡村社会、经济、文化、习俗、精神及景色有机组合在了一起，构成了"乡村地域范围内不同土地单元镶嵌而成的嵌块体，包括农田、果园及人工林地、农场、牧场、水域和村庄等生态系统"①。由此表现出了原生性、乡土性、地方性、生活性、生产性的乡村社区生态环境，体现了乡村社区景观"是以土地为根基、以自然为背景的景观类型，是乡村地区经济、社会、环境的综合表现"。乡村社区景观结构形态及类型如图3-2、表3-1所示。②

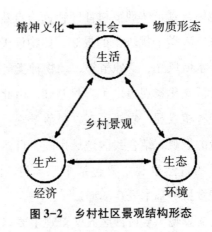

图 3-2　乡村社区景观结构形态

表 3-1　乡村社区景观构成内容

乡村景观构成	主要内容
乡村聚落景观	村落建筑、农家院落、街道、巷道、广场、小品、公共基础设施等
乡村经济景观	农田、牧场、菜园、果园、鱼塘、饲养场、温室大棚、仓库等

① 刘黎明．乡村景观规划［M］．北京：中国农业大学出版社，2003：2.
② 赵伟韬，陈卉．我国新型乡村景观发展模式研究［J］．黑龙江农业科学，2010（4）：94-95.

续表

乡村景观构成	主要内容
乡村人文景观	古建筑（宗祠、寺庙、牌坊、戏台、塔、亭、桥等）、民间习俗、风土人情和纪念活动等
乡村自然景观	山川、森林、河流、湖泊、湿地、荒漠、野生动物、乡土植物等

　　总之，乡村社区生态景观是以乡村聚落景观为基础、以经济景观为条件、以人文景观为核心、以自然生态景观为依托的集生态、生产和生活三层为一体的景观体系，各类景观既有区别，又相互关联，共同映衬出乡村社区独特的风貌与文化，从而焕发出强大的旅游价值。

第五节　乡村社区的社会文化条件

　　文化作为一种社会现象，反映的是一定历史时期内人类的"一种生活方式，一种行为模式，一种思维方式，一种物质产品，一种精神产品"，体现的是"人们智慧和劳动的创造力量和作用"[1]。乡村社区作为一种社会共同体，是人类社会文化的根基。正如梁漱溟所言："原来中国社会是以乡村为基础，并以乡村为主体的；所有文化，多半是从乡村而来，又为乡村而设——法制、礼俗、工商业等莫不如是。"[2] 而乡村文化便是乡村社会形态中的一个结构性要素，"蕴含于乡村社会的整体结构之中，作为一种满足特定功能的结构设计而存在，乡村文化犹如支撑起整个乡村社会结构的纵横交错的篱笆，最终构成了乡村整体性存在的社会形态"[3]，反映了特定乡村社会自然与历史的沉淀。旅游活动作为一种文化现象，"行为发

---

① 陈立旭. 都市文化与都市精神——中外城市文化比较 [M]. 南京：东南大学出版社，2002：38.
② 梁漱溟. 乡村建设理论 [M]. 上海：上海人民出版社，2006：10-22.
③ 李德建. 论文化视阈中的乡村文化资源开发 [J]. 农村经济，2009（6）：101.

生的基本动机本质上是寻找旅游资源文化内涵与旅游者背景文化之间的沟通"①，文化无疑成了旅游的内核。乡村社区旅游地之所以成为都市居民最向往的目的地，其本质原因就是"城乡之间在自然景观、自然环境、生活方式、文化特征等方面具有差异性"②，即乡村社会蕴含的浓郁乡土文化、特色产业文化及深厚历史文化，成为都市居民到访乡村的重要吸引物，即"客源地的城市性与目的地的乡村性级差或梯度是乡村旅游的动力源泉"③。因此，乡村社区文化不仅是维系乡村全面发展的内在动力，也是提高旅游吸引力、打造旅游社区、生产和组合旅游产品的重要条件。

结合文化的表现形态及旅游需求的价值取向，乡村社区在历史发展以及居民与自然相互作用的过程中形成的文化体系，对于旅游社区开发条件而言，主要体现在乡村社区的浓郁乡土文化、传统农耕文化、特色产业优势和乡村社区深厚的历史文化。

一、乡村社区的浓郁乡土文化

乡土文化是传统农业社会的原生文化，是乡村社区文化的核心和灵魂，"是一种系统的、多维的、复杂的文化体系，是农民群体在世代相传的过程中，通过个体和集体努力而逐步形成的，是特定区域的共性文化积淀"，是社区居民"在长期的协调人与自然、人与人的关系中逐渐积累、创造的智慧结晶"④，反映了一个地区社区居民的较为稳定的生产方式和生活习俗，具有鲜明的地域性和可辨性，如思想观念、行为模式、生活习惯、生产方式和蕴含于物质实体中的因素形态等。因此，乡土文化是源于

---

① 阳国亮．多维视角旅游文化研究简论［J］．桂林旅游高等专科学校学报，2004（4）：88.

② 乌恩，蔡运龙，金波．试论乡村旅游的目标、特色及产品［J］．北京林业大学学报，2002（3）：82.

③ 邹统钎．乡村旅游的围城效应与对策［J］．旅游学刊，2006（3）：9.

④ 刘春兰．新农村建设中乡土文化的价值开发与制度引导［J］．理论界，2008（11）：136.

乡村、根于农民、生于土地、形于生活的家园文化和泥土情结，具有浓郁、质朴、纯真、浑厚的地方特色。

首先，乡土文化体现了浓郁的地方性，主要表现为独具特色的民风民俗、生活习惯、文艺表演、传统节日、地方语言等文化形态。如摩梭人的母系文化、纳西族东巴文、彝族的火把节、苗族的花山节、傣族的泼水节、河北蔚县的剪纸、井陉县的拉花、衡水的鼻烟壶、定州的雕刻、东北二人转、唐山皮影、张家口二人台、蒙古骑马和摔跤，以及不同民族的婚俗嫁娶、禁忌、宗教信仰、礼仪、称谓、语言等。

其次，乡土文化具有淳朴的家园理想，主要表现在社区意识、邻里关系、情感认同、行为方式及社会交往等方面。在乡村社区，乡土文化"更主要的是作为日常意识弥散在村落的社会行为和物化文明之中，同农民的处世态度、价值取向、道德标准相吻合，沿着家庭、家族、村落的空间次序弥散"①。在这一文化的作用下，乡村社区更具凝聚力和归属感，居民进而产生对家乡的荣誉感和自豪感。看似以家庭单位为核心的乡村社区，却有着统领社区和谐的文化体系，邻里和睦、扶老携幼、乡田同井、出入相友、守望相助、疾病相扶等现象，无不反映出乡土文化的魅力和价值取向。乡土文化不仅对本土居民有着巨大的吸引力，也成为远在异国他乡的游子魂牵梦萦的家园理想和牵挂。由此使得乡村社区多了一份宁静，少了一份浮躁；多了一点淳朴，少了一点浮夸；多了一种关怀，少了一种冷漠。这恰恰成为都市居民追求家园理想、向往心灵回归、感受淳朴民风的取向动因，进而成为乡村旅游快速发展、保护传统文化、传承乡土文明的源泉。

二、乡村社区的传统农耕文化

农耕文化就是农业文化，是乡村社区文化的载体，是乡村社区生存发

---

① 彭汉媛. 乡土文化对中国现代化模式确立的积极成因探析［J］. 湖南行政学院学报，2003（1）：60.

展的根本，也就是说，没有农耕，就没有农业，也就没有乡村社区的存在。人类从游牧迁徙到定居，恰恰是因为农业的诞生，有了农业，才有了精耕细作的农耕文化。从种子的培育到田间的整理，从插秧到收割，从石器农具到铁器农具，从使用耒耜到耕牛，再到机械化，无不彰显出深厚的农耕文化。

随着现代农业的发展，传统农业文明逐渐消失，但农耕文明依然"像基因一样，根深蒂固在国人心中，由这样的农耕文化孕育的民族性格、生活理念至今仍给我们以深刻的影响，并随着现代生活水平的提高而让人们牵肠挂肚地思念和留恋"。现代都市居民之所以追求田园生活环境，闲暇时大规模流向周边的乡村社区，"根本原因就是农耕文化的影响，是传统农耕生活基因的主导"。① 由此使得一种以农业种植体验为主的旅游活动，在都市周边的广大乡村地带广泛流行，并成为一种时尚。具体表现为：乡村居民将土地租给都市居民，都市居民利用闲暇时间种植自己喜欢的作物，农业工具既可以租赁，也可以自己购买，种植的作物，主要以最基本的农作物种类为主，如各种蔬菜、水果、谷物等的除草、浇灌、看护等管理活动，既可以让农民代做，也可以自己参与。这种活动的流行，源于农耕文化的影响，都市一家人或朋友或同事，一起走进乡野，回归生态，感受种植的快乐，既是一种体验，也是抒发思古之情，不仅能体会到劳动的艰辛，也能培养吃苦耐劳的精神，净化人们的心灵。

传统农耕文化的内涵博大精深，如生产工具的种类、工具的制作、种植技术与方法、土壤墒情、农作物种类、作物的栽培与田间管理、病虫害防治、农作物产量、作物生长特点、气候天象的影响等，无不渗透着农耕文化的魅力与精髓。我国是个农业大国，农业是国民经济的基础，建设社会主义新农村，农业现代化是必然选择，但传统农耕文化仍然是指导农业现代化实践的理论和经验。

---

① 张丛军. 新农耕文化浅议［J］. 山东社会科学，2011（3）：55.

三、乡村社区的特色产业优势

作为以农业为基本产业的乡村社区，农业无疑是其生存和发展的经济基础，由此使得乡村农、林、牧、副、渔业构成了乡村社会最基本的产业形态。但农业在满足乡村社会发展的同时，还应具备旅游的功能和价值，成为开发旅游社区的产业特色。所谓产业特色，一方面表现在该产业是地区的优势产业，另一方面表现在该产业具有生产比较优势，也就是我有他无、他有我优，即具备有别于其他地区的优势和魅力，体现的是该产业在长期的发展过程中所积淀成型的具有某种核心市场竞争力的优势，如资源环境优势、文化优势、技术优势、管理优势、人才优势等。

改革开放以来，在国家政策的扶持引导和市场机制的激励下，我国的农业发生了根本性的变革，依托传统农业，出现了多种乡村产业形态，形成了具有地方特色的产业文化。通过现有地区特色产业发展的实际不难看出，广大乡村地域发展特色产业，至少要满足三个条件，一是优越的自然条件，即产业发展与本地区的自然环境密切相关，由此为该项产业的特色形成提供了良好的生态环境、生产资料等条件，如河北赵县的雪花梨、沧州黄骅的冬枣。二是良好的区位比较优势，一般而言，形成特色产业，要具备良好的区位优势。一方面是生产比较优势，即该地区生产的产品无论在产量上还是在品质上与其他地区相比，都具有明显的优势，尤其是在品质上具有优势，如新疆的哈密瓜，其他地方就种不出来，即便有的地方能种出来，品质也无法与之相比。另一方面是经济比较优势，即该地区生产的产品其经济效益比其他地区好。三是传统优势，即该产业是该地区传统的产业，有着较长的生产史，有着较为丰富的经验，即使该地区不具备相应的生产资料，但由于长期的产业活动，业已形成了该地区的传统产业，如河北清河的羊绒产业。

实践证明，乡村社区打造特色农业是提高农业生产效率、提高产业附加值的重要途径，走集约化、专业化、精品化、特色化道路，是传统农业发挥产业优势的重要体现。因此，依据乡村社区资源、区位及产业传统，深入挖掘市场潜力，打造"一村一品、一村一业"的特色产业，是构建乡村社区产业优势的必然选择。例如，位于四川成都锦江区三圣乡的 5 个村庄，依据本地自然环境及传统优势，打造出的独具特色农业产业园区——"五朵金花"，便是典型的例子。

"五朵金花"坐落于素有"中国花木之乡"之称的四川成都锦江区三圣乡，主要涉及五个村，即红砂村、幸福村、驸马村、万福村和江家堰村，是全国建设社会主义新农村的典范。2003 年以来，三圣乡按照城乡统筹、科学发展观的要求，将 12 平方千米的"五朵金花"乡村景区，打造成了一个集休闲观光体验、文化创意展示、乡土特色鲜明为一体的乡村旅游度假胜地，先后被原国家旅游局、建设部、原文化部、林业局等部门授予"国家 4A 级旅游景区""全国首批农业旅游示范点""中国人居环境范例奖""国家文化产业示范基地"等称号，形成了以本土文化资源为母体、创建新型社会主义新农村文化产业的模式典范。

其中，号称"花乡农居"的红砂村，种花历史悠久，村民世代以种花为生，经过 10 余年的经营，该村现在已经成为全国花卉产业的重要基地；有"幸福梅林"之称的幸福村，因全村有种梅花的习俗，世代栽种梅花，梅花种植面积、品种已位居全国第二；有"东篱菊园"美誉的驸马村，世代依靠种植菊花为生，现已形成种植规模约 0.67 平方千米、100 多个品种、120 余万盆栽的菊园景观；而江家堰村以"江家菜地"闻名，该村长期从事蔬菜种植，种植面积约 2 平方千米，以时令蔬菜、水果种植为主体，是全国典型的蔬菜种植基地；而有"荷塘月色"美称的万福村，借助村庄浅丘台地、沟河从区域内穿过以及水资源丰富的自然环境，主要种植花卉、莲藕，种植面积约 0.4 平方千米，吸引了国内著名画家从事艺术创作，形成了自然随意、充满诗情、浪漫迷人的艺术氛围，并衍生出了书画加工、画框、画具生产、颜料、画笔、油布批发销售等产业链条。

四、乡村社区深厚的历史文化

乡村社区的历史文化，主要反映的是乡村社区发展史及与社区相关的历史文化遗迹、古建筑、重要历史事件、历史人物、珍贵实物、文献资料等资源的丰富程度，是乡村社区历史文化资源开发的基础，是乡村社区历史的缩影。在乡村社会发展、建设社会主义新农村、大力开发文化产业的今天，充分挖掘乡村社区的历史文化，对弘扬传统文化、保护历史文化遗产、加强先进文化教育、提升社区文化内涵，具有重大意义。

一般而言，乡村社区的历史文化，一是体现在社区发展史上有代表性的物质文化遗产，如特色民居建筑、古寺庙、家族祠堂、生产工具和生活用具、社区发展史上的重要历史文献等；二是体现在与社区有关的历史人物、事件及遗留下的各种文化遗迹上；三是体现在社区发展史上流传下来的各种非物质文化遗产上，如民间艺术、传统工艺、戏曲、婚俗、节事活动等。

从历史角度看，乡村社区文化遗产具有历史价值、艺术价值或科学价值，从旅游开发角度看，乡村社区文化遗产具有美学、观赏、教育、社会等方面的价值。因此，挖掘、开发、保护乡村社区各类文化遗产，既是传承历史文明、增强社区民族自豪感、加强爱国教育和乡土教育的丰富教材，也是发展乡村旅游、发展文化产业、改变乡村面貌的重要经济资源。

以河北石家庄井陉县于家石头村为例，该村落社区是一处具有悠久历史文化的石头古村落社区。目前，全村 6 街 7 巷 18 胡同，街巷纵横交错，高低俯仰，总长 3.5 千米，街巷由青石铺就，街巷串连的石头房屋 4000 多间，其中具有一定历史的四合院达百余座。目前，石头村有 400 多户，1600 多人，95%以上是于姓，繁衍至今已有 24 代。

置身于石头村，整个村庄便是一部由石头抒写的村落史诗：石楼石阁，石房石院，石桌石凳，石磨石碾，石街石巷，石桥石栏，完全是石头造就的村落社区。村中至今遗留多处文物景观，如清凉阁、古街道、于氏

宗祠、真武庙、全神庙、观音阁、古歌楼、四合楼院、白庙遗址、搁宝
窑、青山洞、石头博物馆等，改革开放以来，先后被授予"河北省文物重
点保护单位""省级乡村旅游示范点""中国历史文化名村""于家民俗
村"等称号。

第六节　乡村旅游社区形成的动力机制

传统乡村社区发育演进成一个"旅游社区"，与社区具备的社会基础
条件有关，但其发育演进历程，却是由多种机制因素共同作用的结果。从
旅游活动需求规律角度分析，既有社区内在的拉动因素，又有社区外在的
驱动因素。这些因素在旅游需求的刺激下，相互作用、相互影响，在乡村
社区旅游化的进程中，构成了乡村"旅游社区"发育演进的重要动力机
制，这些动力因素的作用机制如图3-3所示。

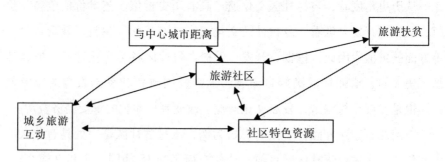

图3-3　乡村"旅游社区"发育演进动力机制模型

通过上述机制模型不难看出，乡村社区特色资源和与中心城市距离两
个因素，相互促进，共同构成了乡村社区旅游化的内在拉力；旅游扶贫功
能体现的是旅游经济的功能对旅游开发地的促进作用，城乡旅游互动是城
乡旅游市场需求方向的差异表现，两个因素共同作用，构成了乡村社区旅
游化最为基本的外在驱动因素。

一、乡村社区距中心城市时空区位形成的距离衰减机制

乡村社区成为一个旅游社区，在很大程度上，与中心城市的时空区位形成的距离衰减密切关系，由此成为乡村旅游社区演进的重要动力机制。

这一机制主要以乡村与距其最近的中心城市的距离为主要参照标准。即距中心城市越近，越具有空间区位和时间区位的优势条件，反之越差；当然在某些时段，可能恰恰相反，即所谓的距离反衰减规律，这主要是在一些公共假日期间，到乡村旅游地来访的游客会随着距中心城市距离的增加而增加。但总体而言，都市周边广大乡村社区旅游地的游客到访率，与中心城市的距离呈反比。因此，距离中心城市越近，乡村社区越具有空间区位和时间区位的优势条件。

二、乡村社区特色旅游吸引物产生的拉动机制

旅游资源作为重要的旅游吸引物，是区域旅游开发的必要条件，也是游客来访的重要对象，没有旅游资源就没有旅游活动，也就没有旅游业。乡村社区由传统的农业社会开发成为一个旅游社区，也同样离不开丰富的社区旅游资源。因此，乡村社区成为旅游社区的重要动因，便是反映乡村社区拥有的特色旅游资源产生的拉动机制，在一定程度上决定了乡村社区的旅游开发方向。

乡村社区不同类型的特色资源，构成了乡村社区丰富的生态旅游景观，表现出了原生性、乡土性、地方性、生活性、生产性的乡村社区生态环境，体现了乡村社区景观是以土地为根基、以自然为背景的景观类型，是乡村地区经济、社会、环境的综合表现。由此形成了以乡村社区特色旅游资源为核心吸引物的乡村休闲旅游拉动机制。

三、乡村社区旅游扶贫开发机制

旅游业是绿色的"朝阳产业"，还是一个综合性极强的产业，在经济

欠发达地区，通过提供食、住、行、游、购、娱等多种服务，带动交通、通讯、餐饮、住宿、园林、邮电等相关产业快速发展，起到"旅游一动百业兴"的关联效应，能够促进经济发展，具有很强的脱贫功能，使贫困地区的经济走上可持续发展的良性发展道路，实现贫困人口脱贫致富。① 因此，在旅游资源丰富的乡村地区，以发展乡村旅游业来带动经济结构的调整和优化，促进区域经济的发展是一条见效快、收益大的道路。

旅游业本身属于劳动密集型的行业，因此，"旅游扶贫开发具有不可比拟的扶贫优势"，不仅产业关联度高，还可以安置大批闲散劳动力。有关资料统计，旅游业直接就业者每增加 1 人，全社会就业机会增加 3～5人。实施旅游扶贫开发，不仅可以有效调整乡村社区产业结构，发挥传统农业的服务功能，还可以使当地居民通过经营旅游业务，满足游客的多种需求，增加收入，由此使得各类农业资源向经济资源转型，农业资源开发成了不同功能的旅游产品，大大提高了农业产业的附加值，社区居民实现了就地就业且经济收入不断增加，从而加快了脱贫致富的步伐。

四、城乡差异下的旅游互动机制

乡村与城市不论是生产方式还是生活方式，不论是资源禀赋还是基础设施，都存在很大的不同。但随着城乡经济的发展，都市居民的休闲旅游开始成为一种生活方式的时候，城乡差别中的资源差异，开始成为乡村互动的重要因素，使得广大乡村地带成为都市居民日常休闲旅游的重要目的地，乡村社区也开始将城市环境作为开阔眼界、旅游购物、谋职就业的主要目的地。由此形成了城乡在经济、文化、信息、金融等多领域的互动机制。

城乡旅游互动机制主要体现在两个层面：一是都市居民和乡村居民间的旅游互动，二是城市资源与乡村资源的再分配互动。如我国提出的"城

---

① 郭清霞. 旅游扶贫开发中存在的问题及对策 [J]. 经济地理, 2003 (4): 559.

市反哺农村""工业反哺农业",并不是城市、工业对农村和农民的照顾,而是城市、工业的收入再分配的一种途径。其中,城乡互动旅游体现的资源差异的互补,互动的过程同样也是一种收入的再分配,互动机制主要表现为城乡旅游资源差异产生的吸引优势,即都市居民喜欢都市郊外自然、淳朴的乡下生活,农民利用自身的资源优势,通过经营各类旅游项目,便满足了都市居民的这一需求,收入增多了,生活富裕。而富裕后的农民也同样向往乡村外的都市风光,同样享有旅游的权利,因此,在连接城市和乡村的互动发展上,具体体现在了城乡间资源共享、客源互动、优势互补、共同繁荣、协调发展等诸多方面。① 可见,城乡互动与对接是都市居民与乡村居民旅游需求差异的内在机制作用的结果。

总之,乡村社区发育演进成为一个旅游社区并不具有普遍性,而应具备构成旅游社区的基础条件和形成的动力机制因素。这些条件既包括构成社区的一般要素,也包括社区人口、地域、文化和组织等社会要素,但形成的动力机制,却和乡村社区与城市的距离、乡村特色资源产生的引力、旅游扶贫、城乡互动等密切相关。同时,国家有关乡村发展、旅游促进等利好政策的推动、产业共生以及不同旅游经营主体间的合作博弈等因素,也起着重要的推动作用。乡村社区在这些条件和机制的共同作用下,才能发育演进成为一个"旅游社区"。

---

① 沈和江,张天平. 城乡交错带旅游发展研究 [M]. 北京:科学出版社,2009:196-197.

第四章　乡村旅游社区的系统结构要素

探讨乡村旅游社区的空间结构与系统要素的核心，是以旅游活动的内在需求为出发点的，依据旅游系统的构成要素与结构体系，把乡村社区开发成为一个提供旅游相关服务、满足旅游者来访需求的旅游产业集群，从而使旅游业能够成为社区发展的重要产业形态。因此，乡村旅游社区系统开发，从一定意义上说，就是乡村社区旅游系统层次结构的开发，就是旅游产业要素的合理配置，这是旅游地旅游系统建设的基础性问题，不仅关系到乡村社区作为一个游憩地的旅游业运行的状况，也关系到旅游者旅游活动能否顺利地进行，同时也关系到旅游业在乡村社区产业中的地位。因此，重视乡村旅游社区的空间结构与旅游系统开发、配置与旅游系统相适应的基本要素，对提升乡村社区旅游地的旅游形象、增强乡村社区竞争力、提高乡村社区旅游产业运行效率与功能发挥、吸纳各类旅游者的到访、增加旅游收入等，具有重要的保障作用。

第一节 乡村社区的旅游系统要素

一、乡村社区的旅游系统

旅游系统是涉及社会、经济、文化、环境等多种现象的综合性要素集合，具有系统结构复杂性的特点。该系统是在人类游憩活动需求的驱动下，借助一定的媒介和渠道，通过与旅游地的各种资源、接待设施及服务手段等因素的相互作用，以获取知识、享受美感、满足精神及物质需要而构成的一个综合性、关联性、复杂性的结构形态。因此，旅游系统是实现旅游活动必须具备的各种条件或要素，是旅游主体、旅游客体和旅游媒介在一定的空间范围内相互联系、相互作用而构成的有机整体。[①] 吴必虎[②]从旅游学科"要依靠系统理论来解决"的认识出发，认为"旅游活动实际上是一个系统"，因此，"旅游科学的研究对象就应该是游憩系统"，这个系统包括博尼费斯（Boniface B. G.）和库柏（C. P. Cooper）称之为"游憩活动谱"（recreation activity spectrum），诸如家庭内游憩、户外休闲、一日旅游或过夜旅游等在内的所有活动类型。但从大众容易接受的角度，可以使用"旅游系统"这一概念。该观点是将旅游系统看作"旅游活动谱"。不论科学与否，但有一点却是不容置疑的，即旅游活动是旅游系统的存在基础，也就是说，没有旅游活动，就没有旅游系统。

从旅游地的空间结构和资源类型来说，乡村旅游社区就是城市以外广大乡村地域内的一种旅游地，是特色鲜明的乡村旅游吸引物，能够成为人

---

① 王声跃，严舒红. 旅游系统的结构及其演化 [J]. 玉溪师专学报，1994（1/2）：103-104.

② 吴必虎. 旅游系统：对旅游活动与旅游科学的一种解释 [J]. 旅游学刊，1998（1）：23-24.

们重要的休闲旅游目的地。这样，在旅游需求的驱动下，旅游系统开发与要素配置便成为乡村社区开发建设的重要任务。

但由于旅游综合性的特点，决定了旅游系统开发是一个涉及面广、内容丰富、操作复杂的系统工程。一方面，任何一个系统都是系统科学的重要组成部分，是由具有一定结构和功能的系列要素构成的有机整体，从而组成了系统内具有一定因果关系的复杂体系；另一方面，乡村社区作为社会的基本单元，在长期的历史发展中，已经形成了特有的乡村系统结构。当然，这并不表明乡村社区的系统是一成不变的。随着社会的不断发展及外界因素的影响，乡村社区系统也在不断地完善和优化，但相对城市社区而言，乡村社区在没有突发性的灾难事件或重大社会因素的影响情况下，其系统结构及相关要素具有稳定且变化慢的特点，这也是乡村社区较城市社区信息闭塞、发展缓慢的一个重要因素。因此，乡村社区旅游系统开发，势必改变乡村社区原有的系统模式，衍生出能满足旅游活动需要且能成为乡村社区新的经济增长点的旅游系统，甚至在某些乡村社区，旅游系统能够成为乡村社区的主体系统。

二、乡村社区旅游系统的构成要素

乡村社区旅游系统就是在客源需求市场的驱动下，乡村社区以各类资源为基础，通过旅游活动要素的配置与旅游需求市场的相互作用，构成的具有特定结构和功能的旅游地域系统。这一系统的开发就是乡村社区旅游地的开发与建设，即乡村社区为满足旅游客源地休闲游憩活动的需求，通过适当的技术与方法，把乡村社区旅游地的各类资源及空间开发成为具有吸引力的旅游环境和旅游活动的空间，从而形成一个配套设施齐全、功能结构合理、服务完善的旅游地域系统。

系统是由若干相互关联、相互作用的要素构成，乡村旅游社区作为现代旅游服务的重要组成部分，其系统也同样是由若干要素构成的。但乡村社区原有社会系统的完整性、独特性，使得乡村社区旅游系统要素构成与一般旅游景点景区的旅游系统相比，其要素构成更为复杂多样，由此决定了乡村社区旅游系统的要素配置必须与乡村社区特有的社会系统要素相适应，否则，便将失去乡村社区的特色。

乡村社区作为一个区域概念，其旅游系统是隐含在整个社区的社会系统之中的，因此，乡村社区旅游系统的要素配置，就是在依托乡村社区的社会系统基础上，配置旅游市场系统要素，即旅游供给要素和旅游需求要素。

我国学者结合区域旅游发展的要求，对旅游系统的要素配置进行了多角度的研究。保继刚对城市游憩系统的研究表明，城市游憩系统主要包括游憩者、场所与设施、政府部门与相关经济组织三个要素，城市游憩系统中的游憩者包括本地居民和外来游客两个基本要素；游憩场所与设施主要包括游憩场所与活动、服务和基础设施等要素；政府与经济组织主要包括城市政府和相关企业等要素。① 王声跃等人认为，虽然要素是构成系统的必要条件，但仅有要素并不能构成系统，要素只有按照一定的秩序或方式排列组合，并形成一定的结构后才能成为系统。② 因此，旅游系统是由有关联的要素构成的，即要素是系统内部的重要组成要件。

依据乡村社区旅游地社会系统结构，结合乡村社区旅游地的地域特征，乡村社区旅游系统要素的构成如图4-1所示。

不难看出，乡村社区旅游系统的要素，是以乡村社区旅游活动需求为核心的要素综合体，该系统的构成要素，是以乡村社区的社会要素为基础而形成的旅游要素。各要素相互组合，发挥各自的作用。随着乡村社区旅游产业化的不断成长，乡村社区的旅游系统也将不断完善，旅游的要素也更加丰富，由此使得乡村旅游社区系统与原社区系统的进一步融合，从而推动了乡村社区向服务型社区转型发展的进程。

---

① 保继刚，等. 城市旅游——原理案例［M］. 天津：南开大学出版社，2005：100.
② 王声跃，严舒红. 旅游系统的结构及其演化［J］. 玉溪师专学报，1994（1/2）：104-105.

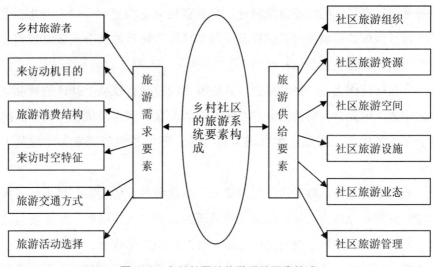

图 4-1　乡村社区的旅游系统要素构成

第二节　乡村旅游社区的系统结构

从系统论角度上说，"由于社区具有社会体系所要求的高度组织性和社会意义的两个重要性质"，"应当把社区看成一种社会体系"，因此，乡村社区"作为社会体系的一个单位，在本质上是一个由许多关系密切的个人或团体组成的，而这种关系具有长久性和持续性，并且具有一定的范围、结构、功能和互动特征"①。乡村社区能够成为一个旅游社区，无疑是乡村社会系统结构更新、演化的结果，是乡村社区系统中衍生出了具有旅游功能的游憩系统，但无论如何，乡村社区的社会系统是构成社区其他系统的基础。因此，探讨乡村旅游社区的旅游系统结构与要素配置，必须认清乡村社区作为一个基层社会体系的结构模式，才能构建合理的旅游系统结构并进行相关要素的配置。

_____

① 刘君德，靳润成，张俊芳. 中国社区地理 [M]. 北京：科学出版社，2004：69.

一、乡村社区的系统结构

乡村社区作为一个基本的社会单元，是由若干要素构成的社会系统，各要素之间的联系及在时间和空间的排列组合的形式便构成了系统结构，系统的结构一定程度上决定了系统的功能发挥。一般来说，乡村社区系统的构成要素主要是人、环境、资源和文化。人是社会系统的主体，也是最活跃、最主要的因素，包括家庭、个人、群体等人的社会因素，也包括人口数量、性别年龄、迁移流动等自然因素；环境是人类赖以生存发展的场所，既包括自然环境，也包括社会环境；资源是人类生存和发展的物质资料，如水、土地、矿产、森林等；文化是与自然状态相区别的一种社会要素，是人类改造社会形成的各种物质和精神财富，是维系社会稳定与发展的重要因素。

上述要素的密切结合与相互作用，使得乡村社区在演进历程中形成了特有的社会关系、社会行动、社会文化、家庭（含个人）、社区群体、社区组织、生产关系等宏观要素。同时，每个要素又由若干微观要素构成，从而成为乡村社区系统中的子系统，如家庭中包括夫妻、父母、子女。这些要素并非孤立地存在，而是处在相互作用、相互关联、密切配合之中，并形成不同形态的社会关系。这些关系既有横向的平等关系，也有纵向的不平等关系，还具有外联关系，使得乡村社区系统在具有稳定性的同时，又在不断发生结构的变化。这种相对稳定性主要体现在三个方面：一是乡村社区的物理范围，如土地、建筑、社区人口；二是乡村社区的社会范围，如社区组织、团体、机构、邻里关系、血缘关系等；三是乡村社区的心理范围，如家庭习惯、处世行为、社会交往等。乡村社区结构的变化，一是体现在乡村社区的经济结构，如产业结构、就业方式、资源利用方式等；二是社区发展引起的相关要素的变化，如人口素质、居民地位、社区团体组织的变化，特别是社区开发建设引起的社区行政区划的变动，即社区界限变动引起的社区范围的变化。乡村社区的系统结构如图4-2所示。

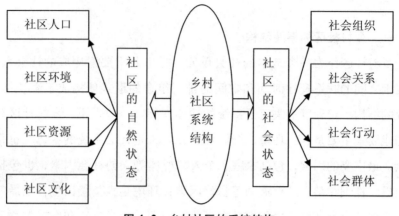

图 4-2　乡村社区的系统结构

二、乡村旅游社区的系统结构

乡村社区演变成为一个旅游社区，其原有的系统结构会相应发生巨大的变化，不仅系统结构更为复杂，且以社区的社会状态构成的相关要素，也会发生很大变化，使得整个社区增加了以旅游服务为主的社会功能，同时，以社区行动为核心的生产关系、以社会关系为核心的社区交往、以社会组织为核心的社区管理和以社会群体为核心的生产方式等，在原有社区结构的基础上，均在旅游生产力上得到了充分体现。

就社区而言，构成一个旅游社区，其系统结构的突出特征是旅游系统的衍生，即在原有系统基础上增加了以提供旅游服务为核心的系统及相关要素。这无疑改变了社区原有系统的结构与功能。事实表明，乡村社区成为一个旅游社区，社区的主要功能由原来以农业生产为核心的生产生活方式，转变成了以旅游生产为主的服务方式，农业让位给了旅游业，服务业成为社区的主导产业。因此，乡村旅游社区的系统结构与要素的配置，均应以旅游者来访社区的休闲旅游需求为主。旅游社区的发展，都应以如何吸引更多的旅游者为中心来开展各项旅游生产活动。原因很简单，从旅游的功能上讲，旅游活动和体验能给旅游者带来精神上的愉悦与满足，改善和恢复旅游者的体力和精力；从性质上说，旅游活动"是一项以不同地域间的人员流动为特征，涉及经济和政治等许多方面的社会文化活动"①。因此，一般而言，旅游系统事实上就是围绕旅游活动顺利开展而形成的一个由旅游需求主体、旅游吸引物客体及旅游供给支持系统共同组成的复杂的共生系统。

乡村旅游社区除了具备旅游的一般系统结构外，由于乡村社区特有的自然状态和社会状态，其旅游功能的开发，势必带有鲜明的乡村社区特色，由此使得乡村社区衍生出的旅游系统，便与乡村社区自身的建设与发展有着密切的关系。乡村旅游社区的系统结构便在乡村社区的旅游支持系统和旅游影响系统上得到了充分的体现，乡村旅游社区的系统结构如图4-3所示。

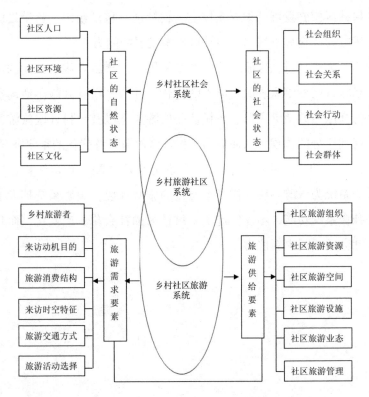

图4-3 乡村旅游社区的系统结构

① 李天元. 旅游学（第3版）［M］. 北京：高等教育出版社，2011：45.

上述系统，主要包含两大子系统，一是乡村社区社会系统，二是乡村社区旅游系统。其中，乡村社区社会系统是乡村作为一个社会单元所具有的基本系统，是乡村社区成为旅游社区的基础。乡村社区旅游系统是乡村社区旅游化而衍生出的新系统。但随着乡村社区旅游化的发展，乡村社区的社会系统也开始发生功能上的变化，以满足外来旅游者需求的社区服务成为乡村社区发展的重要方向，由此扩展了乡村社区原有系统的功能。乡村社区自然状态下的诸多要素，如环境、资源和文化，由满足乡村社区自身需求，开始成为满足旅游者需要的旅游吸引物；乡村社区社会状态下的诸多要素，如社会组织、社会关系、社会行动以及社会群体等要素，开始成为乡村社区旅游发展的重要支撑，乡村社区在旅游组织、旅游设施和旅游产业等方面，充分展现出乡村社区旅游发展的能力。

同样，随着乡村社区旅游业的不断发展，以旅游者旅游活动的需求为核心，乡村社区旅游系统的功能不断优化，并在乡村社区旅游活动空间布局、乡村社区旅游活动项目、乡村社区旅游业态以及乡村社区旅游管理等方面，得到充分的体现，从而成为乡村社区旅游系统优化的重要因素。

乡村社区的旅游系统与社区社会系统互相关联、互相依赖、互相制约，社会系统为旅游系统提供了本土化的旅游环境，旅游系统扩大了乡村社区的社会系统功能，不仅促进了乡村社区的社会化、产业化，而且提升了乡村社会系统的更新能力。

第五章　全域视角下乡村特色产业旅游化的民生尺度与要素重组

　　近年来，伴随全域旅游持续向好发展与国家扶贫攻坚战略的实施，使旅游产业融合受到社会各界的普遍关注。乡村经济是我国经济发展的重要基石，而乡村特色产业又是促进县域经济发展的中坚力量。在全域视角下，探讨乡村特色产业旅游化的多系统融合演进及产生的多重效益，分析多系统融合对县域特色产业及其相关资源要素在空间尺度上的整合重组，提出资源要素的空间重组要遵循全域理念、市场需求导向、开放创新及以人为本的原则，有助于推动县域产业结构优化升级，延长产业生命周期，构建良性的产业生态系统，惠及县域人民，助力全面振兴乡村战略。

第一节　乡村旅游社区全域发展的民生尺度

一、乡村旅游社区全域发展的民生理念

　　旅游业几十年发展的成就表明，旅游与我国社会经济发展已高度关联，且已成为推动区域社会全面发展的主导产业和战略性支柱产业。因此，随着我国全域旅游发展模式的转型要求，树立乡村旅游社区全域发展

的民生尺度，对促进乡村社区共享旅游发展红利、提高民生质量，具有重大意义。

实践证明，全域旅游追求的是旅游产业在区域社会发展质量中的综合导向作用，是旅游地社区居民改善生活质量的重要产业形态，是以旅游推动社会科学发展的理念、发展的目标，增强社区发展能力，使旅游业成为改善民生的主导产业。发展全域旅游的目的不仅仅是打造一个旅游区，最重要的是通过旅游业带动当地乡村社区经济的发展，改善公共基础服务设施，保障社会居民权益，从而提高当地社区居民的生活水平，提高生活质量。因此，树立全域旅游发展的民生理念，不仅要充分满足外来游客需求，还要充分考虑本地社区居民的利益。

二、乡村旅游社区全域发展的民生体现

第一，提高乡村社区居民收入，增加就业机会。全域旅游的发展拉动了和旅游业相关联的各产业部门形成需求，如餐饮、住宿、建筑、旅游用品加工等，社区居民可以参与接待住宿、提供餐饮，可以生产经营具有特色的小商品，或充当服务人员、导游等，这极大程度地拓宽了社区居民的就业机会，增加了居民收入。

第二，健全乡村社区公共设施环境，提升居民生活质量。政府应出台相关政策，加大资金投入，不仅要加大旅游景区的建设，还要健全旅游景点内社区公共基础设施建设，方便社区居民的日常生活需求，提升居民生活水平和质量。

第三，开展教育培训活动，加大对员工的鼓励与福利。企业应加大宣传力度，定期对员工开展培训活动，提高员工的能力和服务水平，同时加强与社区居民的交流，鼓励社区居民积极参加到旅游活动中，并积极采纳社区居民的意见，同时加大对社区居民的资金资助与帮扶，提高工资待遇。

第四，促进乡村社区可持续发展。可持续发展是全域旅游发展的核心，它强调以旅游开发的综合效应评价为出发点，谋求旅游资源开发的可持续利用，并且注重旅游的生态文明效益。以前的旅游开发，只注重经济效益，一味地开发资源，而不注重保护环境，而全域旅游注重可持续发展，注重长远利益，实现资源的可持续利用，实现人类与大自然的和谐发展，为人类造福。

三、乡村旅游社区全域发展的民生尺度评价

乡村旅游社区的全域发展，应当体现的是旅游产业更具服务性和更具黏合性的特点，为相关产业提供服务和纽带。同时，乡村旅游社区的全域发展，关系到国计民生，是提升乡村社区居民幸福感的重要手段。因此，应注重乡村旅游社区全域发展的民生尺度评价。不仅要带动旅游业和相关产业的发展，更要让当地居民参与到全域旅游创建与发展的进程中来，当地政府应完善公共基础服务设施，更多关注居民的生活质量，与此同时，应加大扶持力度，给当地居民提供更多就业机会，改善居民的生活水平。

乡村旅游社区全域发展的民生尺度评价，必须建立在科学的基础上，客观真实地反映和评价区域旅游业的发展规模、旅游经济、社会效益、景点内公共基础设施建设情况、社区居民生活水平、就业情况、区域旅游资源及环境保护能力、旅游客源市场开拓能力等。同时，坚持系统整体性原则，通过构建乡村旅游社区全域发展的统计指标体系，真实地反映旅游发展对社区居民生活的改善状况。

乡村旅游社区全域发展的民生尺度，是衡量旅游发展质量是否突出了旅游促发展、利民生的基本着眼点。具体体现在七个方面：一是全域旅游发展的民生质量标准是社区居民的生活环境良好、生活水平提高；二是居民旅游收入显著增加、旅游收入不断提高、居民家庭条件明显改善；三是社区居民通过企业定期开展的专业员工教育培训，自身素质明显提高、工作能力提升、就业机会增加、就业层次提升、就业前景广泛；四是社区居

民积极参与到旅游发展活动中来；五是在企业采纳意见做出决策的过程中，居民作为参与主体有绝对的发言权；六是社区居民的权益得到充分保障，景区内公共基础设施健全，各种教育、医疗、文化、娱乐设施配套齐全，居民的福利增加；七是游客的满意度提升，旅游体验反响良好。

总之，树立乡村旅游社区全域发展的民生观念，是促进当地居民就业、改善居民生活条件、保障当地居民的利益、提升居民生活质量的重要取向。大力发展全域旅游，要立足于战略层面，打破行政区划限制和条块管理障碍，既要立足显性旅游资源，又要挖掘隐性旅游资源，发挥资源整合、产业集聚功能，把握旅游产业发展的内在规律与要求，充分认清旅游产业对区域社会发展的全面带动作用，将全域旅游作为引领区域社会发展、促进民生改善、提高居民生活质量的先导产业。

乡村旅游社区全域发展的民生改善，有赖于建立一套科学有效的民生指标体系。因此，以民生改善为目标，积极探索全域旅游的民生尺度，积极探索旅游产业促民生的评价机制与方法，是促进经济社会协调发展、推动旅游业提质增效、提升民众幸福指数的有效方式，不仅符合旅游的发展规律，也体现了全域旅游的内在要求。

第二节　乡村特色产业旅游化的系统融合

一、乡村特色产业旅游化认知

产业融合是社会生产力进一步发展的结果，最早起源于美国机械产业，随后逐渐被诸多学者关注，其研究范围也由机械产业向众多产业扩展。旅游业具有综合性强、关联性广的特点，这使旅游产业融合成为产业融合中的重要组成部分。我国县域经济发展取得了很大的成就，县域经济总量占据了国家经济总量的半壁江山。到 2015 年年底，全国县域经济生产总值达 33.87 万亿，占全国经济总量的 57.6%。① 尽管如此，我国县域经济发展依旧面临着许多的问题，如发展不平衡、产业结构不合理、技术落后、创新能力低以及人均收入水平低等。伴随着全域旅游理念的提出与发展，县域乡村特色产业旅游化受到人们较多的关注，并把其作为国家扶贫攻坚战略实施的重要手段。

旅游产业融合是利用旅游业的开放性，跨界与其他产业或行业进行融合开发，形成新的产业形态，产业融合被认为是当今旅游业发展的主流方向。国内外众多学者进行了诸多研究，取得丰富的成果，主要集中在定义、类型、动因、融合路径、作用、障碍因素及演进等方面。陆林等人认为旅游产业融合是指旅游与不同产业或行业之间打破界限，使理念、技术、产品及服务等诸要素重组与相互交叉渗透，形成新的产业形态和新的共生产品②；麻学峰等人认为产业融合的路径主要包括资源融合、技术融合、市场融合和功能融合③；徐虹等人认为产业融合的障碍因素主要包括制度障碍、能力障碍和需求障碍④；李峰等人认为旅游产业融合对旅游产业结构演化具有重要的推动作用⑤。总的来看，研究旅游产业融合系统的成果相对较少。

县域特色产业旅游化的多系统融合，是围绕特色产业旅游化来整合县域资源，以形成多系统融合的产业发展格局，这对推进县域经济社会发展有重要的作用。多系统融合不但能够促进产业结构优化升级、县域社会与自然生态环境改善、县域人民生活水平提高，还可以挖掘县域资源潜在的

---

① 杜云昊. 人口老龄化对县域经济的影响研究 [D]. 长春：吉林大学，2016.
② 程锦，陆林，朱付彪. 旅游产业融合研究进展及启示 [J]. 旅游学刊，2011 (4)：13-19.
③ 麻学锋，张世兵，龙茂兴. 旅游产业融合路径分析 [J]. 经济地理，2010，30 (4)：678-681.
④ 徐虹，范清. 我国旅游产业融合的障碍因素及其竞争力提升策略研究 [J]. 旅游科学，2008 (4)：1-5.
⑤ 李锋，陈太政，辛欣. 旅游产业融合与旅游产业结构演化关系研究——以西安旅游产业为例 [J]. 旅游学刊，2013 (1)：69-76.

利用价值，避免资源闲置与浪费，提高资源的利用效率。总之，县域特色产业旅游化的多系统融合，是县域经济社会发展的重要机遇。

二、乡村特色产业旅游化的系统融合

（一）多系统融合的理论

产业系统具有层次性与开放性。乡村特色产业旅游化所形成的综合性旅游产业系统，是由多个子系统构建而成的，而不同子系统是利用旅游的开放性，吸纳不同类型的资源要素所构成的。特色产业旅游化，整合特色产业链资源，进行旅游化开发，形成主体系统；特色产业产品展销及县域文化融合，进行节事会展开发，形成节事会展系统；特色工艺、旅游商品和文创产品开发融合，形成文创系统；特色产业与县域景观小品融合，形成县域的景观系统。诸如此类，形成众多产业要素构建的不同子系统。这些围绕特色产业旅游化构建的子系统融合在一起，相互促进与协作，组成特色产业旅游化的县域旅游综合产业系统。

特色产业旅游化的多系统融合是旅游产业融合进一步发展的结果。它是伴随着产业业态的更新和全域旅游的发展，从单一产业系统与旅游产业系统的融合，转变为以特色产业系统为主体，吸纳区域内其他系统资源，如农业系统、文化系统、景观系统与交通系统等，多系统融合的县域旅游生态产业系统。

（二）多系统融合的演进

伴随着社会进步和旅游理念的更新，乡村特色产业与旅游融合在不同阶段呈现出不同的特点。从系统融合的角度来看，旅游产业发展从较为独立的旅游产业系统，到与其他产业融合，再向多产业系统融合演变，推动县域产业良性可持续发展，其演进过程如图5-1、图5-2所示。

传统旅游业主要依赖于传统旅游资源，与其他产业之间联系较弱，相互较为独立。产业融合理念的出现，使其他产业作为旅游业的相关主体进行开发成为可能。旅游业与其他产业从相互独立转为相互交叉、渗透，产生新的旅游业态，如休闲农业、工业旅游、文化创意旅游、节事旅游等多种业态。① 这一阶段旅游产业融合主要是纵向融合与横向融合②，即旅游业与不同属性或相同属性产业之间的融合，如旅游业是第三产业，纵向与工业融合，形成工业旅游；而横向与同为第三产业的文化产业融合，形成文化创意旅游。旅游产业融合强调的是在产业系统内部，整合整个产业链资源要素，以旅游理念对市场、技术及功能等进行融合，达到特色产业旅游化的目标。在融合过程中，其主体是企业，政府提供政策支持与引导，目的是获得经济效益，实现企业的长久发展。

全域旅游理念的提出，让旅游产业融合进入了一个新的阶段。全域旅游，其重点在"全"字上，全区域、全民众、全时空、全产业、全景观，这使得特色产业旅游化从产业视角向全域视角转变。这种转变不局限于纵向和横向两种融合方式，而是在产业融合时，对全县域的乡村资源要素进行整合，不管其是相同属性或不同属性产业的资源要素，只要对融合有利，便纳入融合体系中来。这扩大了融合的空间尺度，将特色产业空间以外的其他空间里的资源要素纳入进来，使得旅游产业融合能够有效利用整个县域资源，如文化资源、交通资源、景观资源等，丰富产业业态，拓宽其产业融合途径，提高产业间融合度，为其发展提供了广阔空间。融合主体依旧是企业，不同的是参与主体与受益主体的扩大。如果单纯依靠企业与政府，融合力量显得尤为不足。全县域全人员参与，包括县域外的技术人才与管理人才，为特色产业旅游化提供了人力资源保障，壮大了融合的力量。同时，将放大社会效益，使得从追求经济效益向经济效益与社会效益兼有转变，形成了以特色产业为主体多系统融合的旅游生态产业系统。

---

① 丁雨莲，马大全. 旅游业与现代农业融合路径实证研究——以芜湖大浦乡村世界为例 [J]. 中国农学通报，2012 (14)：157-163.

② 丁雨莲，赵媛. 旅游产业融合的动因、路径与主体探析——以深圳华强集团融合发展旅游主题公园为例 [J]. 人文地理，2013 (4)：126-131.

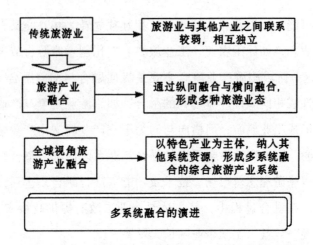

图 5-1　县域乡村特色产业旅游化多系统融合的演进过程

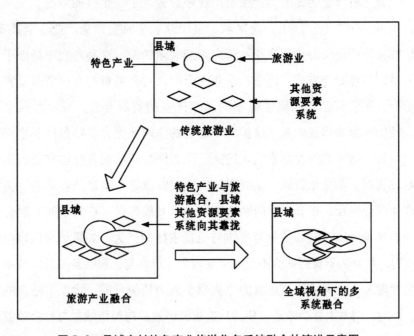

图 5-2　县域乡村特色产业旅游化多系统融合的演进示意图

（三）多系统融合的效益价值

　　特色产业存在的价值在于获得效益，即经济效益与社会效益。经济效益是社会效益的基础与保障，产业获得收益，才能将收益回馈于社会，从而获得社会效益,而社会效益反作用于经济效益,良好的社会效益推动产业获得更多的经济效益。特色产业旅游化的多系统融合能够产生诸多效应,其中在经济效益与社会效益两个方面最为显著。

1. 经济效益

产业融合是促进经济增长的重要途径。① 乡村特色产业旅游化的多系统融合主要通过以下两个方面对经济效益产生影响。

一是挖掘县域乡村整体优势,推动其经济一体化发展。特色产业旅游化的多系统融合,整合县域所有资源,以共同的文化脉络为基础,以旅游化理念为手段,通过市场、技术、功能等融合路径,将其联系在一起,从而构建成一个不可分割的产业整体,释放产业的规模效益。县域产业成为一个整体,使各要素由竞争关系转变为优势互补、相互协作的关系,形成一个良性循环的县域产业生态,推动县域经济的一体化发展。②

二是促进产业结构优化,提高产业竞争力。乡村特色产业与旅游业的融合,是对县域产业的一次改造。在多系统融合过程中,会产生新理念、新技术、新产品与新服务,取代一些不符合产业发展趋势的传统理念、技术、产品等,转变县域产业的生产方式与服务方式,从而促进产业结构转型升级。而新技术、新产品的出现,不仅能够提高产业生产效率与资源利用效率,降低生产与服务成本,使得产业利润最大化,还能够使产品与服务多元化,避免供给的同质化,从而提高市场份额,增强市场竞争力。多系统的融合,不仅是资源要素的融合,也是不同产业系统市场的融合。不同产业系统都拥有各自的市场,故而多系统融合在整合县域资源的同时,也在推动市场融合。这种融合又会带来新市场的开拓,也为特色产业旅游化所形成的新业态提供了广阔的市场。

---

① 单元媛,赵玉林.国外产业融合若干理论问题研究进展 [J].经济评论,2012 (5):152-160.

② 陈柳钦.产业融合的发展动因、演进方式及其效应分析 [J].西华大学学报(哲学社会科学版),2007 (4):69-73.

2. 社会效益

社会效益是产业效益的重要组成部分，对产业发展有着举足轻重的作用。县域特色产业旅游化的多系统融合，对县域社会民生和生态环境等发挥着重要作用。具体有以下四点。

一是增加居民收入，促进社会和谐。多系统融合扩大产业规模，延长特色产业链条，吸纳县域众多人员就业。一方面，提高县域居民收入，促使产业发展红利惠及县域人民，助力国家精准扶贫；另一方面，有助于吸引县域外出人员返乡，解决农村中的"空心村"、留守儿童等社会问题，促进社会和谐发展。

二是设施趋于完善，布局更加合理。设施条件对于旅游发展而言，是非常重要的一环。伴随着县域各资源要素的融合，原有的设施条件已经不能满足产业融合的需要，须对其进行重塑布局。这使得县域内的交通、通讯、住宿、餐饮等配套设施也会趋于完善，布局更加合理，且这些设施在服务产业发展的同时，也会改善县域居民的生活环境，为生产生活带来便利。

三是传承地方传统文化，推动精神文明建设。县域特色产业旅游化过程中，地方传统文化是其不可或缺的一部分。特色产业在长期的发展过程中，深受县域社会文化持久的影响，赋予其深厚的地方精神文化内涵。那么在县域特色产业与旅游融合过程中，这种长期形成的文化性成为产业融合过程中的润滑剂，增强了产业融合过程中的协调性。通过多系统融合，推动地方传统文化与多系统融合中的新理念、新思维、新技术、新产品相结合，融入特色产业旅游化的各个环节，使其成为产品与服务的核心价值内涵，引导其适应时代与产业发展的需要，彰显地方传统文化的独特魅力。在县域内形成浓厚的地方文化氛围，使民众对地方产生自豪感。这能够使地方传统文化得到较好的传承与弘扬，推动县域精神文明建设。

四是形成可持续发展观念，推动社会与生态的良性发展。多系统融合用新理念、新技术与新思维改变以往县域产业粗放型的发展模式，把特色产业、生态、文化等县域要素作为多系统融合的主要组成部分，注重产业与生态的可持续性，不仅要技术、产品与服务吸引人，还要环境好、生态美与社会和谐，塑造完美的产业形象，吸引更多的人慕名而来。以实实在在的收益向民众彰显"绿水青山就是金山银山"，改变民众对于生态环境的认知，促进民众对于生态环境的保护，推动县域社会经济的可持续发展。

第二节 乡村特色产业旅游化的资源要素重组

一、资源要素重组原则

（一）以全域旅游为理念，推动资源要素全方位融合

全域旅游理念是指通过旅游对区域内产业、生态环境、公共服务等经济社会资源，进行全方位、系统化的优化提升，实现区域资源的有机整合，社会共建共享。① 在县域特色产业旅游化的过程中，统筹把握特色产业旅游化这个核心，运用全域旅游理念，促进县域资源要素向核心聚集，系统化整合提升，推动资源要素的全方位融合。形成全区域、全民众、全时空、全产业与全景观的旅游产业格局，塑造多元化的旅游产品、景观、服务、商品等，使县域内不同资源要素以不同的方式向核心共同发力，助力特色产业旅游化的发展。

（二）以市场需求为导向，避免同质化重组

一切产业发展都立足在市场需求的基础上。随着我国经济的发展和人

---

① 戴学锋. 全域旅游——实现旅游引领全面深化改革的重要手段［J］. 旅游学刊，2016（9）：20-22.

民生活水平的提高，旅游市场的需求规模不断扩大。国家统计局的数据显示，2018 年我国国内游客 55.4 亿人次，旅游总花费接近 5.13 万亿元。市场对资源配置起决定性作用，故随着游客的需求从观光体验向综合性、文化性和个性化转变，县域特色产业旅游化要遵循市场需求，对资源进行合理的重组，不仅要融入地方文化元素，还要借鉴吸收现代文化新元素，以迎合市场需求，构建完善的旅游供给侧系统。同时，又要注重与其他县域的差异化开发重组，尤其是与邻近县域相比较。若是放弃县域的独特性，而追求与其他地区的相似性，进行同质化重组，其结果是造成竞争优势的丧失。因此，县域特色产业旅游化，要在市场需求的引导下，利用好独特的地域资源优势，开发极具地方特色的产品与服务，增强其在区域内的竞争力。

（三）注重资源要素重组的开放性与创新性

县域特色产业旅游化的多系统融合，仅靠资源要素的机械性重组，并不能产生 "1+1>2" 的效果，甚至可能产生相反的效果。开放性与创新性是保证资源要素有机融合，释放其整体效能的重要条件。开放性与创新性使资源要素在重组与发展过程中，吸收不同地区、不同领域及不同时代的先进要素，如技术、理念、思维以及表达形式，进行创新性融合，代替或改造原有落后的、不符合时代发展的要素。在推动资源要素整体性重组的同时，使其得到持续性的更新，不仅可以满足市场需求，甚至还可以引领市场需求，开拓更广阔的市场。

（四）以人为本，构建利益共同体

人是产业发展的主体。在使企业获得利益的同时，也要将产业发展的红利惠及县域人民，为区域发展做出应有的贡献。在县域资源要素的重组过程中，要同时顾及企业家及其他参与者的利益，一荣俱荣，一损俱损，将企业利益与全部参与者的利益捆绑在一起，构建一个产业发展的利益共同体。用实实在在的利益调动县域人民的积极性，引导其参与其中，形成企业主导、政府政策支持及引导、全民参与的产业格局。

二、乡村特色产业旅游化的资源要素重组过程

(一) 县域乡村特色产业要素的空间重组

县域特色产业旅游化是一次全方位的改造升级,这会推动产业资源要素在空间尺度上整合重组,使产业景观化、生产工艺化、产品与服务旅游化,以适应产业融合发展的需要。

"吃、住、行、游、购、娱"是旅游发展的六要素,因此县域特色产业的旅游化也围绕这六个方面来展开,要求产业打开大门,把新理念、新技术、新方法引进来,吸引游客走进去、留下来。主要有三个方面:一是在特色产业产品上进行创新设计,同时保留特色产业产品原有的商品属性,即价值与使用价值,保证产品的正常销售;又赋予其旅游商品的特性,即可观赏性与纪念性,迎合旅游者的消费需求。二是生产环节景观化、工艺化与体验化。在不影响正常生产的情况下,增加生产环节的景观配置,开放生产工艺的展示,让其变得具有可观赏性与体验性,甚至可以增添娱乐性,以满足游客的消费需求。三是增加展销环节的观赏性与体验性,产品的展示销售要充分体现产品特色与其蕴含的地方文化,加强该环节的观赏性与娱乐互动性。

(二) 其他资源要素的集聚与扩散

乡村特色产业旅游化,不仅特色产业资源要素的利用发生变化,县域其他资源要素也会围绕特色产业旅游化,而发生相应的集聚与扩散。

文化是一个民族的灵魂,也是一个地方软实力的象征。文化产业系统资源,如历史遗迹与人物事迹、地方节事、民风民俗和地方精神等,把它们在空间尺度上进行整合重组,是对县域产业融合整体性的一次升华。一方面,要利用好历史遗迹与人物事迹,搭建平台,以多种方式向游客传递其所包含的精神,如通过评书、戏曲、舞台剧等形式。节事活动是展示一

个地方民俗风貌，让游客产生地方认同感的重要途径，要合理组织与开展节事活动，既要保留地方特色，又要与时俱进、开拓创新，根据游客需求来增加符合时代发展的内容。另一方面，县域乡村文化是县域文化的重要组成部分，其载体主要包括农业、农村、农民。要改善农村生态环境与人文环境，保留村庄特色民俗风貌，增加体现特色产业与地方习俗的景观要素。农业文化上既要保留与传承古老的农业耕作方式，又要引进先进的现代农业技术。农民是县域文化的重要传承者，在保留固有生活作息方式的同时，又要展示出新世纪农民特有的精神风貌。乡村景观资源的整合，要利用好县域自然资源与人文资源，依托新理念、新技术，保护一批、改造一批、创造一批，使县域处处有景、四季有景、昼夜有景，且景景有别，形成完善的县域景观系统。

乡村设施服务系统是特色产业旅游化的重要基础条件。设施服务系统的布局与完善程度直接影响到游客的体验感，继而影响到游客是否会留下来或再次走进来。统筹规划，既要做好交通、通信、电力等基础性设施的规划，也要做好住宿、餐饮、娱乐、医疗等服务性设施的布局。

乡村特色产业旅游化离不开技术的支撑。构建技术系统，要保护与传承特色产业生产工艺，淘汰与改造不适宜产业融合发展的技术，引进新技术与人才，为技术创新提供良好的孵化环境，还可以依托互联网与新媒体技术，建设智慧旅游。利用好县域内标牌标识的引导作用，满足游客游览中的服务需求，形成标识系统。不仅要促进县域人民生产生活向特色产业旅游化靠拢，还要构建完善的安保系统。

三、乡村特色产业资源要素的重组方式

（一）功能式重组

乡村特色产业旅游化过程中，会开发出不同的功能区域，如观赏区、体验区、娱乐区、购物区、民俗文化区、餐饮住宿区等，以满足游客的游玩需求。县域资源要素本身有不同的功能倾向，重组可以根据其本身的功

能定位向不同的功能区聚集,物尽其用。功能式重组,将发挥资源的最大效能,丰富不同功能区的资源,增强不同功能区的旅游吸引力。

(二)等级式重组

对于乡村产业旅游化而言,乡村资源要素具有不同的资源禀赋,而且不同片区旅游开发条件不同,会形成不同等级的旅游景点。在乡村资源要素重组中,要推动低级资源向高级资源集聚或者旅游开发条件差的片区资源向条件好的片区进行集聚,使乡村特色产业旅游化,以高等级带动低等级,实现县域全域化发展,如图5-3所示。

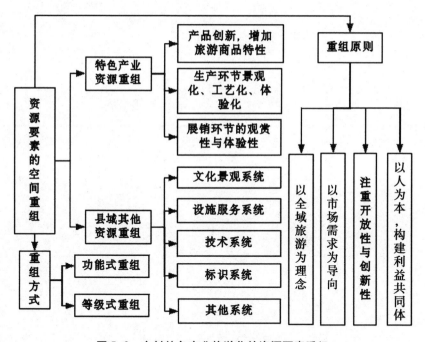

图5-3 乡村特色产业旅游化的资源要素重组

可见,乡村特色产业旅游化的多系统融合是对县域产业的一次优化提升,也是对县域经济社会资源的可持续利用。在全域视角下,运用旅游产业融合理念,以县域乡村特色产业旅游化为核心,对整个县域空间内的诸多要素进行系统性融合重组,深入挖掘并释放产业改造产生的经济效益与社会效益，形成多系统融合的产业形态。多系统融合使得县域要素围绕特色产业在空间尺度上流动重组，通过全域理念、市场需求导向、开放创新及以人为本的原则，优化组合，释放整体效能，形成综合性的县域旅游生态体系。

第六章　乡村旅游社区发展的利益机制

乡村旅游社区发展是以旅游带动农民致富的重要途径，是脱贫扶贫工作的重要手段。目前乡村发展日新月异，给乡村社区带来巨大经济效益和社区效益的同时，也暴露出了许多亟待解决的问题，即在乡村旅游社区的开发与经营过程中，涉及旅游开发者、旅游经营者、政府、当地居民等利益群体，在既得利益分配时，当地居民一般处于劣势地位。那么为乡村旅游社区发展构建一个合理的利益机制，保障利益群体的合法权益，就变得尤为重要。

第一节　乡村旅游社区开发中的矛盾与冲突

一、乡村旅游社区开发中的矛盾概述

近些年来，伴随着旅游产业迅猛发展和旅游业态的不断更新，取得了经济效益和社会效益的双丰收。政府大力支持、社会资本看好、民众喜闻乐见，使得社会各界把旅游业视为朝阳产业，纷纷涌入旅游开发的浪潮中来。在这样的大背景下，乡村作为优质旅游资源集中的地域空间，颇受人们追捧。乡村社区的旅游开发与经营活动，为乡村社会经济发展注入了活

力，推动了乡村社区经济、社会、文化、生态等诸多方面的发展，加速了乡村地域的社会空间重构。

众多社会力量的介入，在推动乡村旅游发展的同时，也使得乡村旅游社区开发过程中社会关系与利益关系错综复杂，暴露出诸多的矛盾与问题，如当地居民合法权益得不到保障、旅游开发忽视当地的生态承载力、牺牲长远利益来满足当前利益等。在社区旅游化进程中，各种矛盾与冲突已成为一个不可忽视的社会问题，使得旅游业的民生功能并未得到充分发挥，突出表现为旅游开发的主体与当地社区居民的利益冲突。那么如何合理分配乡村旅游社区发展的既得利益，保障各利益相关者的合法权益，缓和开发经营活动中各参与者间的矛盾，推进长期利益和短期利益的协调，这是其健康可持续发展过程中的核心问题。

二、乡村旅游社区矛盾冲突的表现

乡村旅游社区的开发与经营是由多个利益主体共同协作的过程。但不同的利益主体有不同的利益诉求，这使得各利益主体之间极易发生利益冲突与矛盾。比较突出的是旅游开发主体与当地社区居民之间的利益冲突，主要表现在四个方面：一是旅游开发主体过多注重旅游开发的自身经济效益，而忽视其他利益主体的切身利益。如 2013 年，凤凰古城实行捆绑销售，旅游者需要一次性购买 148 元的门票才能进入古城，使得古城游客数量锐减，而受这一结果影响最大的反而是古城居民的切身利益，古城居民多为古城中的个体商户，游客锐减使得他们的收益减少。① 二是土地征收、资源开发产生的各种矛盾与冲突，主要涉及开发商、政府、社区管理与居民间的利益冲突。如广东省的古村落兰寨村在发展旅游的过程中，古建筑年久失修，修缮维护的成本较高，大部分居民无法承担大额费用，最终由政府出资进行了修缮维护。在这一过程中产生了矛盾纠纷，政府认为这些

---

① 汪洋. 民族地区旅游利益相关者利益冲突与治理对策——以凤凰旅游开发为例 [J]. 北方经贸，2018（3）：154-156.

修缮后的古建筑产权应归集体所有，而居民认为产权应该归自己所有，由此在资源开发上产生了利益冲突。① 三是社区旅游地居民参与旅游开发的地位不突出，缺乏旅游开发的话语权、决策权。如云南洱源县梨园村在发展旅游过程中，村民被排斥在旅游发展之外，虽然当地旅游发展已颇具规模，然而很多村民依旧生活困难，同时还分摊了旅游业发展带来的成本。② 四是旅游开发收益和公共服务分配不均，造成旅游开发中弱势群体利益得不到保障。

在乡村旅游社区开发与经营过程中，社区居民往往处于弱势地位，这也直接导致其利益被其他利益相关者侵蚀，产生冲突。综合来看，其主要表现在：社区居民被"边缘化"，并受到排斥、角色地位不高；居民参与受到限制；居民缺乏"话语权"；旅游的收益分配不公；旅游发展的民生功效不足；管理协调不到位；忽视了社区居民的家园遗产等。

当地居民与游客之间利益冲突也是乡村旅游社区发展过程中重要的矛盾与冲突。主要表现在两个方面：一是旅游者的进入对居民思想文化领域的冲击。游客的进入使广大乡村地域思想文化发生质的改变，在改变乡村社区居民思想文化的同时，会产生新思想与旧思想的伦理冲突，主要涉及乡村社区居民的思想伦理、情感道德等方面。思想文化领域的冲击，对于乡村社区社会文化的影响具有双重性。简单来讲，外来文化的进入，能够让乡村居民接受新思想、新文化、新观点，使乡村居民能够进一步解放思想，适应时代潮流的发展，改造乡村思想文化面貌，引导乡村旅游业与时代潮流的有机融合；但消极的一面依旧不可忽视，业界专家认为，旅游业发展会给旅游地带来外界有争议的价值观念和腐朽的东西，从而对旅游地居民道德观念产生深刻的影响。二是旅游相关经营者在经营活动中对游客

---

① 伍百军. 古村落旅游开发利益相关者冲突和模式选择——以郁南兰寨为例 [J]. 国土与自然资源研究，2016（3）：93-96.

② 李菁. 少数民族社区农户参与旅游发展问题研究 [J]. 昆明大学学报，2008（2）：28-32.

利益的损害。旅游相关经营者（包括当地居民）在经营过程中，为了自身利益，不顾市场规则与法律，销售假冒伪劣产品或公然欺诈游客，这些行为在损害游客利益的同时，也对旅游景区或旅游地声誉产生影响，造成不可挽回的损失。

旅游过度开发导致短期利益与长期利益之间的矛盾，也是乡村旅游社区发展过程中矛盾的重要组成部分，主要表现在旅游开发对乡村自然生态环境的破坏。旅游业在发展过程中，有时会逐渐偏离旅游原本的产业定位，脱离人民群众，破坏生态环境，损害后代人利益。有学者认为，这些旅游乱象主要表现为"景区与地产""景区与会所""景区与富人"结合的旅游"三化"现象，即商业化、地产化、富人化。大量资本挂着旅游的招牌，侵占农用耕地和生态红线内的土地，搞旅游地产、休闲会所、跑马场、高尔夫球场等。恪守"绿水青山就是金山银山"的理念，是乡村旅游产业可持续发展的重要理论支撑。

第二节　乡村旅游社区发展的利益相关者

一、旅游利益相关者理论

随着乡村旅游成为旅游的重要业态，也逐渐成为业界研究的重点。在乡村旅游社区开发过程中，存在很多的利益主体，明确各个利益主体的利益关系，是乡村旅游社区健康发展的重要条件。利益相关者理论最早出现在管理学的研究中①，之后被经济学、旅游学、社会学等众学科广泛关注。该理论在弗里曼（FREEMAN R. E）出版的《战略管理——利益相关者方法》一书中明确提出，认为与组织目标实现结果有着密切关系的团体、组

---

① 李海军，谢继忠，周心圆. 乡村振兴背景下旅游利益相关者对旅游业发展效益认知研究［J］. 泰山学院学报，2019（4）：136-144.

织或个人都是利益相关者。在旅游研究中，国内对于利益相关者的理论研究相比于国外要晚。国内学者张广瑞在 1998 年最早使用旅游利益相关者概念①，之后旅游利益相关者理论得到旅游业界的逐渐认可，旅游利益相关者理论也逐渐完善。国内诸多学者依据弗里曼的理论，融合旅游业特点，将旅游利益相关者的概念不断丰富。旅游利益相关者是指影响旅游发展或被旅游发展影响的个人和群体②③。之后也有学者提出旅游核心利益者概念，指出他们的参与是旅游活动正常开展的关键环节，认为旅游核心利益者主要包括政府及相关职能部门、旅游开发商、社区居民、旅游规划专家和旅游者。④

二、旅游利益相关者界定与分类

根据旅游利益相关者的概念，诸多学者对旅游利益相关者的构成进行了归纳研究。阎友兵等人将旅游利益相关者分为直接利益相关者和间接利益相关者，其中，直接利益相关者包括旅游投资者、景区经营管理者、景区员工、债权人、游客、旅行社等，间接利益相关者包括社区居民、政府、媒体、社会团体等。⑤ 张维等人用归纳法将旅游利益相关者归纳为旅游景区经营者、旅游景区管理委员会、当地居民、外地旅游者、旅行社、其他供应商、景区员工、竞争者，如图 6-1 所示，并将其归类分为核心利益相关者、蛰伏利益相关者、边缘利益相关者，如图 6-2 所示。王纯阳等

---

① 刘文，冯玲玲 . 国内旅游景区利益相关者研究综述 [J]. 经济研究导刊，2019 (7)：173-177.

② 张维，郭鲁芳 . 旅游景区门票价格调整的经济学分析——利益相关者理论视角 [J]. 桂林旅游高等专科学校学报，2006 (1)：44-47.

③ 郭华 . 制度变迁视角的乡村旅游社区利益相关者管理研究 [D]. 广州：暨南大学，2007.

④ 潘小玲，邓莹 . 旅游景区开发中核心利益相关者分析 [J]. 现代商贸工业，2010 (7)：92-93.

⑤ 阎友兵，肖瑶 . 旅游景区利益相关者共同治理的经济型治理模式研究 [J]. 社会科学家，2007 (3)：108-112.

人利用多维细分法和米切尔评价法，从主动性、重要性和紧急性三个维度将利益相关者分为核心利益相关者、蛰伏利益相关者和边缘利益相关者。①

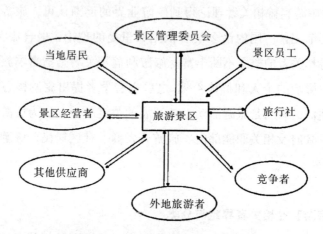

图 6-1　旅游利益相关者示意图

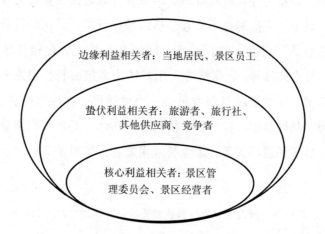

图 6-2　旅游利益相关者分类②

①　王纯阳，黄福才. 村落遗产地利益相关者界定与分类的实证研究——以开平碉楼与村落为例 [J]. 旅游学刊，2012 (8)：88-94.

②　张维，郭鲁芳. 旅游景区门票价格调整的经济学分析——利益相关者理论视角 [J]. 桂林旅游高等专科学校学报，2006 (1)：60.

　　综合诸多学者的研究来看，利益相关者主要包括经营者、消费者、政府部门、社区居民、媒体、环保主义等团体组织，甚至包括自然环境、人类后代等受到企业经营活动直接或间接影响的客体，可将其分为三个层次，即核心层、中间层和边缘层。核心层主要包括当地社区、企业、政府、居民等；中间层主要包括社会公众、竞争对手、合作者、非政府组织等；边缘层主要包括自然环境、人类后代等，如图6-3所示。

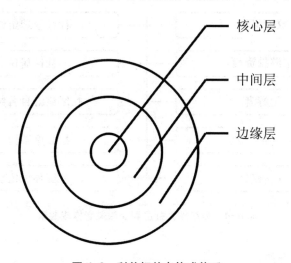

图6-3　利益相关者构成体系

　　从乡村旅游业态来看，还有学者对乡村旅游利益相关者的组成进行了总结，主要包括乡村旅游者、乡村旅游企业、非乡村旅游企业、乡村旅游从业人员、非乡村旅游从业人员、乡村社区集体组织、政府（旅游主管部门和相关职能部门）、非政府组织（包括环境保护主义者）、专家学者和科研院所、新闻媒体、乡村旅游规划设计者、乡村环境。① 根据旅游业可持续发展过程中各个不同旅游利益相关者所具有的影响力的强弱，将其划分为核心型利益相关者和非核心型利益相关者，其中核心型利益相关者包括

---

① 刘姗姗. 旅游利益相关者对乡村旅游环境影响感知的差异研究［D］. 杭州：浙江工商大学，2016.

政府旅游管理部门、社区、旅游者、旅游企业。① 综上所述，乡村旅游社区开发所涉及的利益相关者主要有政府组织、乡村社区管理组织、旅游投资商、乡村社区居民、旅游者、乡村社区旅游自营组织、乡村旅游供应商、乡村社区旅游协会、社会媒体和社区环保组织，如图 6-4 所示。

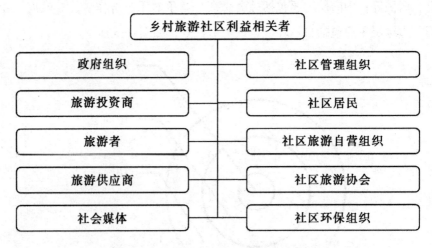

图 6-4　乡村旅游社区利益相关者构成要素

（一）政府组织

在乡村旅游社区的开发与运营过程中，政府组织扮演着重要角色。从政府等级上来看，主要涉及的政府部门有国家、省、市、县、乡镇五级政府，一般而言，国家与省政府及相关职能部门从政策、资金、立法等方面为乡村旅游发展提供良好的发展环境，县、乡镇两级政府是乡村旅游社区发展的主要参与者与国家政策的落实者，也是乡村旅游发展的监管者。从政府的职能部门上来看，主要涉及文化与旅游、农村农业、林业、环境保护、规划、文物保护、土地、财政等职能部门。文旅部是乡村旅游社区发展的核心参与部门，其他职能部门以不同的方式参与到文旅部的职能中

---

① 高静. 旅游目的地网络营销利益相关者分析［J］. 桂林旅游高等专科学校学报，2004（6）：87-90.

来，以发挥自身的服务职能。政府组织是乡村旅游社区发展的领导者，是乡村旅游社区发展的护航者，其职能行为深刻影响着乡村旅游社区的未来发展方向。我国政府是人民的政府，其利益追求是人民利益与社会整体利益，乡村旅游社区发展成果反哺乡村居民、乡村社会乃至整个中国社会。

（二）旅游企业

乡村旅游企业是乡村旅游社区发展的主体，他们为乡村旅游发展提供资金、技术、经营管理、人才等方面的支持。从类型上来看，乡村旅游企业主要包括四种，有政府背景的国有旅游企业或集体所有的旅游企业（包括村集体所有）、民营资本所属的旅游企业、混合所有制下的旅游企业和个体经营者。这四类企业背后代表着不同的利益群体，手里掌握着不同的资源，可以提供的服务有相同的地方，也有各自独特的地方，四类企业之间既是竞争关系，也存在共生关系，但他们的目的与其他领域的企业是一致的，那就是获得效益，而且是想方设法让自身的利益最大化，这是他们参与乡村旅游发展的最终目的。

旅游企业在乡村旅游社区发展中处于强势地位，使得他们在追求利益最大化的同时，不可避免地对其他利益相关者的利益造成损害。侵犯其他利益相关者利益的程度，取决于其损害行为所付出的成本。在低成本的条件下，他们不会过多考虑其他利益相关者的利益，尤其是社区居民利益和当地生态环境与社会环境利益。从整体产业效益上来看，旅游企业解决了当地居民就业、收入等民生问题，也在一定程度上改善了当地的生存环境。但由于地位的差异，旅游企业在提供这些民生效益的同时，也将旅游业发展的一些负面效益转嫁给了当地居民及其子孙后代。因此旅游企业不应仅仅从经济收益角度考虑，而应主动承担起自己的社会责任，以自己强势的利益分配地位，建立起一个兼顾自身利益与当地社区居民利益的利益分配机制，平衡与其他利益相关者之间的矛盾。负面影响及其成本转嫁，只能让企业自身陷入无休止的利益争端中，直接严重损耗了乡村旅游业发展潜力，最终殃及自身利益。

（三）乡村旅游社区居民

乡村旅游社区居民在整个乡村旅游产业链中是极为重要的，但在利益获取方面处于极为劣势地位，这一利益群体被摄取的利益要远大于他们所获得的利益。乡村旅游开发对乡村空间地域进行大规模的改造与重构，打乱了乡村原有的社会生态，其中包括乡村自然资源、农业资源、民俗文化资源、历史文化资源、社会环境资源、土地资源等，这些直接关系到乡村社区居民生存环境的质量和生产资料的获取。换句话说，乡村旅游开发影响到了乡村居民及其子孙后代的生存根基。

乡村旅游社区居民对旅游开发的重要作用体现在方方面面，主要有四个方面：一是提供建筑、土地、农业等物质性旅游资源；二是社区居民本身是乡村民俗文化的承载者，他们的生活方式、生活节奏、生活氛围、生活文化等，可以说是乡村旅游资源中的一部分；三是为乡村旅游开发提供人力资源支持，他们可以从事旅游解说、景区管理、景区维护等基层工作；四是作为个体经营者对旅游景区进行资源补充与景区服务，如他们作为农家乐、民宿、地摊等的经营者，分散景区的服务压力。

乡村旅游社区居民在旅游开发过程中，获取的利益有四类：第一类是资源入股，包括土地资源、房产资源等；第二类是旅游企业对乡村社区居民的分红或补偿；第三类是乡村社区居民在旅游开发中进行就业，成为景区员工或景区管理人员；第四类是自主就业，成为景区中的个体经营者。但这些利益与其付出是不对等的，作为乡村旅游社区的主人，他们要承担乡村旅游社区开发带来的长期负面影响，如生态环境破坏、社会文化受到外来文化的冲击、旅游资源破坏等，这些无形成本的转嫁让乡村居民的付出与收益不对等，这是潜在利益矛盾。然而在实际操作中，乡村居民的基本利益有时也得不到满足，这是乡村居民与其他利益相关者爆发矛盾与冲突的根本原因。

（四）旅游者

乡村旅游者处于整个乡村旅游产业链的终端，是乡村旅游产业完成的关键，也是乡村旅游利益的获得者。但与其他有利益相关者获得的利益有很大的区别，旅游者分享到的是乡村旅游社区发展带来的旅游产品，而非直接的经济利益，因此乡村旅游产品质量的好坏是直接与旅游者利益挂钩的。旅游者来到乡村旅游社区，其目的是通过消费手段，获得旅游产品的体验价值，而消费行为决定了旅游者在整个旅游产业中的关键地位。从经济学角度来讲，旅游者可以看作旅游消费者，而消费者是任何产业的"上帝"，无论旅游业处于买方市场还是卖方市场，旅游者的消费行为都是产业发展中的关键环节，缺失掉这一环节，产业就失去了存在的价值与意义。

旅游者与其他利益相关者之间的利益纠纷主要体现在两个方面：一是其他利益相关者对旅游者利益的损害；二是旅游者对其他利益相关者的损害。

从其他利益相关者对旅游者消费利益的损害方面来讲，对旅游者消费利益构成损害的其他利益相关者主要是旅游景区开发与经营者和当地社区居民，一方面旅游景区开发与经营者通过给旅游者提供不合格的旅游产品、劣质的旅游服务，甚至欺诈旅游消费者，使旅游者的消费金额与获得价值不对等，造成旅游者满怀期望而来，最终失望而归，这一矛盾与冲突关系到乡村旅游社区是否可以健康发展；另一方面当地居民通过自己的本土优势干预旅游者的旅游体验，如不合理的停车收费、为自家农家乐拉客抢客、旅游商品充斥假冒伪劣产品等，使得旅游者的体验价值大打折扣。

从旅游者对其他利益相关者的损害方面来讲，被旅游者损害的利益主体主要是景区拥有者与当地居民。一方面，旅游者不文明的旅游体验行为对旅游资源的破坏。如对长城砖、千年古树等历史文物资源乱刻乱画，对丹霞地貌等一些不可修复的自然资源践踏等破坏旅游资源的行为，也包括破坏乡村旅游社区生态环境的行为。另一方面，蜂拥而至的旅游者使得乡村旅游社区空间变得拥挤不堪，使得乡村旅游社区基础设施负荷运转，极大地降低了乡村旅游社区居民的生活质量。旅游者的到来，会对当地社会文化造成冲击，外来文化的进入对于当地居民来说是把双刃剑，在带来先进文化的同时，也会将糟粕文化带到广大乡村地域中来，如拜金主义、攀比等，给乡村居民生活带来了较大的不稳定性。旅游者给旅游地带来的负面影响在很长一段时间内，都会转嫁给当地居民，造成对乡村旅游社区居民隐形的利益损害。

第三节　乡村旅游社区的利益诉求

乡村旅游社区的健康可持续发展，不仅要明确有哪些利益相关者，而且还要明确各利益相关者的利益诉求是什么，厘清利益相关者的利益诉求，是进一步提出针对性措施的先决条件。乡村旅游社区发展过程中的利益相关者很多，可以认为参与即与之利益相关。其中，一些利益相关者在乡村旅游社区发展过程中起到了主导作用，这些利益相关者在乡村旅游社区的利益分配中占有主体地位，即利益相关者理论中的核心层，在旅游产业中称之为旅游核心利益者，主要包括了旅游者、乡村社区居民、旅游企业、政府等，他们的利益诉求对于解决旅游利益冲突与矛盾至关重要。

一、旅游者的利益诉求

旅游者是乡村旅游社区旅游产品的消费者，也是乡村核心利益相关者之一。但与其他核心利益者不同的是，旅游者的最终利益诉求并非为了经济利益，而是追求一次高质量的旅游体验，比如游客游览过程中的体验感知与出发前对旅游目的地的期望等，旅游消费体验过程中合理的旅游商品价格，对其感到物有所值。旅游者在乡村旅游社区的游览经历，是在追求一种特殊的体验利益[1]，如身心的放松、压力的疏解等，以期获得别具一

---

[1]　黄莹莹. 社区参与视角下乡村旅游利益分配机制研究 [J]. 中南林业科技大学学报（社会科学版），2016（5）：67-71.

格的乡村民俗文化熏陶，感知大自然的魅力和接受农业文化教育。旅游者体验利益的获得，需要乡村旅游社区提供良好的旅游环境作为基础，如良好的乡村自然生态、独特的乡村景观、有序的旅游环境、完善的旅游基础设施、合理的旅游商品价格、温馨的乡村生活氛围、丰富的互动活动、高质量的旅游服务、悠久传统的民俗文化等。

二、乡村旅游社区居民的利益诉求

乡村旅游社区居民是受乡村旅游活动影响最大的群体，也是最容易被忽视的利益群体。乡村旅游社区旅游活动开展的基础是乡村资源，包括自然资源、人文资源和社会资源等，这与乡村旅游社区居民的利益息息相关。因此，乡村旅游社区居民的利益诉求关系到旅游活动的正常开展，需要得到重视。乡村旅游社区居民的利益诉求主要有以下四个方面。

一是获得合理的经济利益。经济利益又分为权利出让获得的经济利益和自身劳动所得的经济利益。乡村旅游社区居民通过向旅游企业出让土地、房屋等来获得收益，收益方式包括获得一次性的经济收益或获得当地旅游企业的年终分红和相关福利，也可以通过自己的经营和劳动获得乡村旅游社区发展带来的利益。

二是获得合理的民生利益。乡村旅游社区通过发展旅游带来了资金的注入，使各个利益相关者获得了各自的收益，但不能忽视乡村旅游社区的民生利益。乡村旅游社区的发展，要解决乡村社区环境整治、社会保障、民生性设施建设、教育和就业培训等社会问题。

三是获得参与决策的话语权。乡村旅游社区是居民世世代代生活的地方，乡村旅游如何发展，对他们生活的环境会产生怎样的改变，他们有知情权和参与决策的权利。当地居民应该在乡村旅游社区发展的开发、规划、管理经营等决策过程中拥有一定的话语权，有权对乡村旅游社区的发展提出建议。

四是获得监督权。乡村旅游社区居民有权监督旅游社区发展进程中各项决策的实施，对影响旅游社区可持续发展的行为，有权向管理者提出异议并要求纠正。

三、旅游企业的利益诉求

旅游企业是乡村旅游社区发展中的核心利益相关者之一，也是乡村旅游社区发展的投资者、开发者、管理者和经营者。旅游企业主要是由投资商、开发商、供应商、代理商及各类经营企业构成的。旅游企业通过对乡村资源的整合、规划与开发，向旅游者提供旅游产品和旅游服务，继而获取经济利益。旅游企业在乡村旅游社区发展中拥有合法的收益权，在发展中投入资金、设备进行经营管理，寻求利益最大化是他们投资的最终目的，较为偏重于经济利益。旅游企业希望当地政府可以营造一个良好的营商环境，为其开发经营提供更多的优惠政策。旅游企业通过在政府、旅游者和当地居民面前，树立良好的企业形象，以期获得健康可持续的发展。旅游企业通过构建企业与旅游者、社区、政府等之间特殊的利益关系，获得最大化的利益诉求。

四、政府的利益诉求

政府作为人民群众利益的代表，决定了政府在乡村旅游社区发展中利益诉求的特殊性。在乡村旅游社区发展过程中，政府处于统领全局的地位，是乡村旅游社区发展的政策制定者和管理者。在各级政府中，当地政府及相关部门处于主体地位，通过对乡村旅游社区发展提供政策引导，制定相关地方法律法规和乡村旅游社区旅游行业标准，协调各利益相关者的利益矛盾与冲突，把控乡村旅游社区发展的宏观方向，希望通过旅游产业发展促进当地政治、经济、文化、生态和民生良性发展。当地政府的利益诉求主要有以下三个方面。

一是民生诉求。地方政府把乡村社区的旅游发展作为民生产业，为乡村发展提供产业支持，从而改变乡村贫困落后的状态，推动乡村居民返乡就业，增加村民收入，提高村民的生活水平。同时通过旅游业的发展增加地方政府的财政收入，对乡村地区教育、医疗、交通、乡村环境等民生问题进行改进和完善，为乡村居民生产生活提供便利，促进乡村社会的和谐稳定。

二是政治诉求。地方政府通过发展乡村旅游，树立良好的旅游形象，吸引更多的社会资金、人才、技术、先进的管理经验等，投入当地乡村旅游社区的发展中来。同时，也能够得到上级政府及有关部门的关注和认可，为当地乡村旅游社区发展争取更多的优惠产业政策和财政资金支持，推动乡村旅游社区的健康持续发展。

三是思想文化诉求。地方政府通过发展乡村旅游业，一方面挖掘了乡村地域传统民俗文化的经济价值，使乡村居民开始重视传统民俗文化，在丰富乡村居民文化生活的同时，使乡村传统民俗文化得到传承、保护与发展；另一方面使当地的传统民俗文化得到游客的认可，为地方发展打造优秀的文化品牌。乡村旅游社区的发展，使广大乡村地域成为城乡思想文化的交汇地。

五、核心利益相关者利益诉求关系

作为乡村旅游社区的核心利益相关者，旅游者、乡村旅游社区居民、旅游企业和政府四者之间存在着相辅相成、不可分割的关系，因此每个利益主体的诉求之间也存在着不可分割的关系。有国内学者以婺源古村落旅游发展中各利益相关者之间的关系为例，构建了古村落旅游利益者关系结构图①，如图6-5所示。

---

① 冀瑞鹏.古村落旅游利益主体诉求及表达途径研究［D］.芜湖：安徽师范大学，2013.

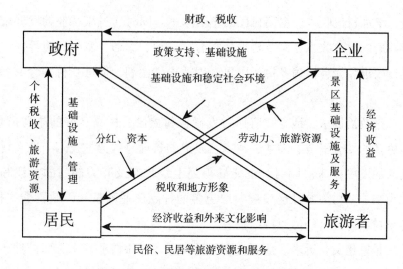

图 6-5　古村落旅游利益相关者关系结构

第四节　乡村旅游社区发展的利益分配

乡村旅游社区发展涉及不同的利益相关者，各个利益相关者的诉求也不尽相同，这也导致了各利益相关者在乡村旅游社区发展过程中会产生利益矛盾与冲突，这些利益冲突与矛盾的解决与否，关系到乡村旅游社区是否能够健康可持续地发展。因此在遵循合作共赢、可持续发展、平等参与、公平与效率兼顾的原则基础上，要构建乡村旅游社区的利益分配机制，以缓和各利益相关者之间的利益矛盾与冲突，形成推动乡村旅游社区发展的向心力。

一、利益均衡的发展思想

一般而言，在乡村旅游社区的利益分配和再分配过程中，旅游企业及政府处于主导地位，其利益诉求是优先得到保证的。旅游者是乡村旅游社区的消费者，是乡村旅游产业利益实现的最终环节，保障旅游者的利益诉求是实现利益最大化的关键，因此旅游者的利益诉求一般也会得到满足。而乡村旅游社区居民群体处于劣势地位，其利益诉求往往难以得到实现。在此情况下，利益均衡的发展思想就显得尤为重要，是建立公平与效率兼顾的利益分配和再分配机制的思想基础。乡村旅游社区发展的决策者，在规划开发、经营管理过程中，应从不同立场、不同角度考虑利益分配和再分配问题，要注意兼顾各个利益相关者的利益诉求，尤其要倾听处在劣势地位的利益群体的利益诉求，以实现兼顾各方主张、均衡各方利益的目的。

二、建立有效的监督管理与沟通协调反馈机制

乡村旅游社区发生利益的矛盾与冲突，在于各方之间沟通反馈渠道单一且不畅。部分利益相关者不能控制乡村旅游社区发展的所有利益，需要各利益相关者的合作与支持，在求同存异的基础上，寻找不同群体的利益契合点，实现利益均衡。政府、旅游企业等优势群体应通过多元化渠道，主动管理协调各方利益诉求，使得各利益相关者的意见得到充分表达，同时对措施的实施效果及时进行沟通，反馈实际操作中是否满足了各方利益诉求，以最大限度提高沟通协调的效率。政府及相关的专家学者应做好利益分配的顶层设计，通过制定法律法规、旅游行业管理制度、旅游行业标准等手段，建立起完善的利益分配管理保障体系。必要时，政府及相关部门应积极干预，保障利益分配的公平公正，以达到各利益相关者利益均衡的目的。

为了保障管理协调和沟通反馈机制的顺利运行，应建立包含所有利益相关者代表的协调监督反馈组织。一些利益相关者诉求的完成，可能会损害其他人的利益，产生恶性循环，导致利益分配与再分配措施实行不下去，继而产生冲突矛盾。因此，需要由所有利益相关者代表组成协调监督反馈组织，监督由各方共同协商达成的利益分配与再分配方案的实施，并及时反馈方案的实施效果。通过现代即时通信技术，打造一个信息发布和

搜集平台，及时把相关信息公之于众，同时也要及时搜集各相关利益群体对方案实施的看法与意见，保障信息的上通下达。

当利益相关者的利益矛盾在内部不可调和的时候，政府及其相关职能部门应该主动扮演起调和者的角色，主动帮助劣势群体争取自己的合法权益。当矛盾依旧不可调和时，政府及司法部门应该正确履行自己的职责，按照相应法律法规，维护受侵害利益群体的利益。需要关注的是，政府应该从长远角度出发，严格监督旅游开发及经营过程中对后代人利益的损害，如环境破坏、水污染等，要及时止损。同时应制定相关法律法规，加大损害后代人利益行为的付出成本，让责任与受益成正比。从而督促开发者与经营者自觉遵守相关法律法规，自觉承担起由于旅游开发与经营给乡村社会带来的社会隐形成本。

三、保障乡村旅游社区居民的知情权与优先参与权

当地居民是乡村旅游社区的主人，其他利益相关者都属于外来者，他们对于家乡如何发展、如何建设有知情权和参与权。让他们以主人翁的角色，参与到乡村旅游发展中来。政府及乡村旅游开发经营者应该公开乡村开发经营的全过程，积极主动甚至劝解、说服社区居民能够参与到乡村旅游社区规划的编制过程中来，征求社区居民意见，保障他们的意见能够得到切实的尊重。乡村社区居民也应该充分珍惜发表意见的机会，合法合理维护自己在乡村旅游开发与经营过程中的权利与利益。

在开发经营过程中，当地居民的优先参与权应得到充分考虑，其中可以交由个体经营的，应优先满足当地居民，保障居民的优先经营权和参与机会，甚至需要用量化的指标（如居民户占经营业总量的比例）进行强化。

在保障当地居民可以就业的同时，还要积极提高当地居民的从业水平，主要涉及四个方面。一是提高乡村居民的文化水平，改变乡村居民一些不文明的个人习惯，做到讲文明、讲卫生。二是提高乡村居民的旅游市

场意识，能够把握和抓住人们消费理念的变化，迎合人们的旅游消费习惯，做好旅游商品的创新，提高旅游商品质量和旅游服务品质。三是改善经营方式，尤其是个体经营者，涉及餐饮、住宿、旅游商品等方面，要搞好经营方式的创新，重视互联网技术的融入。四是提高乡村居民的经营能力，不仅能够引进来游客、留得住游客，同时还要能够吸引游客的再次光顾。

　　总之，乡村旅游社区的发展，其目的在于通过挖掘利用乡村自然与文化资源的经济价值，促进乡村社会经济发展。在促进旅游企业等相关利益者获得经济收入的同时，要注重其发展的民生功效，这对乡村社会发展与稳定具有重要意义。

第七章　两山理论与乡村旅游
社区生态环境优化

　　良好的生态环境是人类赖以生存发展的基础，也是旅游发展的重要吸引物。乡村旅游作为旅游产业的重要组成部分，是城市化快速发展的结果，也是城市以外良好的乡村文化和自然环境吸引的结果。因此，乡村旅游的核心是以乡土文明和良好生态为核心吸引物的旅游活动。随着乡村旅游客流规模的不断增长，城市以外的广大乡村社区依托自身优越的地理区位、生态环境、民俗文化等资源优势，大力开发旅游业，旅游业给乡村社区带来了经济收入、产业发展、民生改善的可喜局面。但随着乡村旅游开发规模的持续扩大，乡村社区的生态环境面临严峻的挑战，社区旅游地开发过度化、城市化、同质化，以及游客的消费行为导致的社区生态环境破坏，给乡村社区生产生活带来了负面影响。因此，借鉴"两山理论"的内涵与价值取向，在客观分析乡村旅游社区生态环境问题的基础上，着眼生态旅游的自然环境、人文环境、经济环境及生态建设要求，以乡村旅游地的社区生态优化为目标，系统构建乡村旅游地社区生态环境优化的指标体系，提出乡村旅游地社区生态环境的评价方法，对实现乡村旅游地社区生态环境保护及旅游产业的可持续发展，提供认识论和方法论借鉴。

第一节　"两山理论"的内涵特质与生态价值取向

一、"两山理论"的内涵特质

"两山理论"是 2005 年时任浙江省委书记的习近平到浙江安吉县余村考察时，针对该村关停矿山、发展绿色产业的做法，提出的科学论断。从字面看，"两山"是指两座山，一座是大自然的"山"，概括为"绿水青山"，一座是发展经济的"山"，可比喻为"金山银山"。因此，"绿水青山就是金山银山"便构成了"两山理论"的基本内涵。

"两山理论"揭示了我国多年社会经济发展中的本质遵循，即到底如何"靠山吃山，靠水吃水"。该理论从辩证、逻辑的角度，给出了科学答案。也就是说，在发展经济中，必须尊重自然，处理好人与自然的关系，只有把生态自然的环境优势转化为生态经济的优势，绿水青山也就变成了金山银山。[①]

"两山理论"是生态环境保护理念与经济发展理念的辩证扬弃，必须抛弃"饮鸩止渴式的发展观"，追求"诗意栖居的生态发展观"。[②] 可见，"两山理论"的内涵本质体现在两个层面：一是在发展经济的过程中，要优先保护生态环境，绝不能以牺牲生态环境去换取一时的经济发展，既体现了可持续发展观，又创新了绿色发展观，进一步丰富了科学发展观的内涵，为生态文明理念提供了重要的理论依据和实践指南[③]；二是生态环境本身就是经济发展的资本，只要坚持生态优先，生态环境也就变成了生态经济，生态环境就能够带来更大的经济效益。"两山理论"由此成为"生态兴则文明兴，

---

① 哲欣. 从"两座山"看生态环境 [N]. 浙江日报，2006-03-23（01）.
② 刘聪杰. "两山理论"的内涵和启示 [N]. 闽南日报，2017-10-10（03）.
③ 黎祖交. "两山理论"蕴涵的绿色新观念 [J]. 绿色中国，2016（3）：64.

生态衰则文明衰"① 论断的思想基石，也成为我国治国理政、加强生态文明建设、推动"一带一路"建设、共建人类命运共同体的理论基础。

二、"两山理论"的生态旅游价值取向

（一）生态环境是旅游扶贫的重要资本

在贫困、经济欠发达的乡村地区，有着良好的自然和人文生态资源，具有发展旅游业的天然优势，大力发展旅游业，可以通过劳务投入、旅游服务和直接就业增加居民收入，改善居民生活，实现以旅扶贫、以旅富民的功能。因此，旅游扶贫必须建立在良好的生态环境基础上，才能立足贫困地区的富集旅游资源，通过景区带动、美丽乡村建设、特色产业融合等途径，实施旅游的多渠道扶贫。

（二）生态效益是促进旅游可持续发展的基础

可持续发展与环境问题是生态旅游发展的着眼点和落脚点，它强调旅游开发效益的评价标准，不应单纯依据产生的经济效益为出发点，而应以谋求旅游开发的可持续利用为目标，注重旅游开发的生态效益。因此，从旅游发展的开发初期，就应将经济效益与环境保护有机结合，注重生态旅游的可持续发展，以实现资源的可持续利用。

（三）生态价值观是旅游发展观的前提

随着旅游业的迅速发展，旅游发展越来越关注环境保护和生态环境发展，旅游发展的价值取向开始上升到与旅游区的经济、社会、生态效益价值并重的高度，坚持以生态为本，在公共服务保障、保护性开发等方面，树立旅游开发的生态价值观。因此，发展生态旅游产业，不仅是践行"创新、协调、绿色、开放、共享"五大发展理念的体现，也是积极推进旅游供给侧结构性改革创新实践的探索。

---

① 习近平. 共谋绿色生活，共建美丽家园 [N]. 人民日报，2019-04-29（02）.

（四）生态伦理和谐是旅游伦理和谐的保障

生态伦理是人类与周围自然环境相处时表现出的行为道德规范和调节原则，其核心是保护自然资源、实现生态平衡与和谐共生。生态环境是构成旅游环境的基础，也是实现旅游可持续发展的保障。因此，旅游伦理是旅游经营开发及消费需求活动中所应该遵循的道德规范和行为准则。它主要包括四种基本的和谐关系：一是尊重爱护自然，实现人与自然的和谐；二是保护文物古迹，实现人与历史的和谐；三是实现人际关系的和谐；四是认真对待自我，实现自身身心的和谐。①

（五）生态规划是人本思想的体现

目前，旅游规划的价值取向主要体现在确保旅游开发目标实现的效益与公平上。其中，效益主要体现在经济效益、社会效益和生态效益的综合开发，公平则强调旅游规划作为旅游业前期管理的一部分，既要有利于旅游企业之间的公平竞争环境，更应体现人本主义价值观的旅游规划思想，不仅强调核心层各利益相关者的利益实现，更应突出人类后代利益享受的实现路径。

（六）生态供给是旅游供给优化的方向

旅游产品结构性失衡导致的供给不足，一直是制约中国旅游产业高质量发展的主要问题。随着旅游消费水平、规模和结构的提升以及消费方式的多元化，以自然景观、气候环境、清新空气、森林氧吧、乡土文化等为核心的生态旅游，开始成为旅游市场需求的主要内容。但许多具有较长开发历史的传统乡村旅游地，生态要素失却，生态旅游产业基础薄弱，缺乏对游客的黏滞性，甚至过度依赖项目门票收入，导致游客体验性活动偏少，逐步陷入客源微缩、产品老化、竞争不利等困境。因此，坚持生态文明并举，通过制度、技术和管理的创新，赋能旅游产业优化升级，不仅是

---

① 韩卢敏．我国乡村旅游发展动力和价值取向［J］．滁州学院学报，2011（2）：62.

供给侧改革的重要领域，也是创新发展理念的重要实践领域。①

三、乡村旅游发展的社区生态环境影响

乡村旅游的需求与开发热潮，既满足了广大游客不断增长的美好生活需求，同时也提升了乡村社区旅游地居民的生活水平和质量。多年来，我国乡村旅游规模呈不断增长趋势，据统计，2016 年我国国内旅游达 44.40亿人次，其中，休闲农业和乡村旅游达 24 亿人次，营业收入达到 5700 亿元，2018 年的国内旅游达 55.39 亿人次，其中，以乡村旅游为主体的游客达到了 30 亿人次，具体如表 7-1、图 7-1、图 7-2 所示。

表 7-1　2015—2019 年中国国内旅游与乡村休闲旅游增长规模一览表

年份	国内旅游总人次（亿）	乡村旅游人次（亿）	乡村旅游收入（亿元）	乡村旅游经营主体（万个）
2015	40.00	22	4400	26.00
2016	44.40	24	5700	30.57
2017	50.01	28	6200	33.00
2018	55.39	30	8000	—
2019	60.06	32	8500	—

注：数据通过检索 2015—2019 年的中国旅游统计公报、中国休闲农业与乡村旅游等资讯整理而成

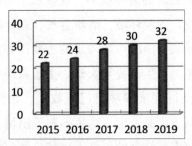

图 7-1　2015—2019 年中国乡村旅游人次增长情况

---

① 吴必虎，张栋平．以五大发展理念引领全域旅游发展［N］.中国旅游报，2016-02-03（04）.

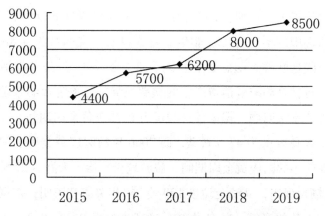

图 7-2 2015—2019 年中国乡村旅游收入增长情况

不可忽视的是，快速发展的乡村旅游，给乡村旅游地带来良好的经济效益和社会效益的同时，也给乡村社区的生态环境带来了一定的负面影响。这些问题，既有因旅游地开发而出现的问题，也有游客消费行为出现的问题。

其中，因旅游开发导致的社区生态环境变化的因素，主要体现在"五化"问题。一是开发过度化，如村落房屋整体翻新、街道全面硬化、公共街区墙面全面粉刷、削山造景、全面开花；二是氛围城市化，即出现了将乡村环境按照城市化氛围进行开发改造，出现了大投资、大广场、大草坪、大理石、大戏台、大楼房、大门楼、大牌楼的城镇化景象；三是形态同质化，即出现了千村一面、千篇一律、千菜一味的局面，失去了村落的原有生态环境，缺乏差异化、特色化、乡土化的氛围环境；四是环境沙漠化，即为了满足游客需求，过分渲染环境，自然环境退化、原生物产不足、乡村人文环境缺失，导致乡村环境的沙漠化①；五是业态初级化，即乡村旅游开发的商业业态，主要局限在初级的农家乐、农家饭、街边的农副产品销售等。

随着游客规模的不断增长，游客消费行为产生的社区生态环境问题，

①　魏小安. 中国乡村旅游十忧，2006 乡村旅游国际论坛演讲 [C]. 2006-09-05.

已成为一个值得关注和研究的社会问题。最具代表性的行为有两个方面，一是旅游活动中的不良行为、非生态行为以及不文明行为，如乱刻乱画、大声喧哗、随地吐痰、随意攀登、乱丢废弃物①②。二是各类活动产生的旅游垃圾，特别是旅游者消费产生的旅游垃圾，已成为影响旅游地生态环境不可忽视的现实问题。据统计，2016年的国庆黄金周期间，北京天安门广场收运游客垃圾量为47.9吨③，而2006年的国庆黄金周期间，曾接近100吨，2005年的国庆黄金周期间，旅游垃圾平均一天高达27吨，北京环卫出动38辆垃圾车，共清走垃圾190吨。④ 相关研究表明，依据黄金周垃圾量和游客人数的测算，每名游客平均产生垃圾0.25~0.3千克。⑤ 这些垃圾中，可回收垃圾占96%，其中，冷饮玻璃瓶68%、塑料26%、金属2%。欧洲旅游机构对过夜游客的抽样调查表明，游客每晚产生2.61千克的废物，50%以上的是固体废物，其中，废纸12%、有机废物31%。⑥ 可见，因游客消费产生的垃圾，是影响生态环境质量的重要因素。具体类型、来源及危害，如表7-2所示。

表7-2 旅游垃圾类型与危害

旅游垃圾分类	类型举要	垃圾来源	危害表现
可回收垃圾	纸类、金属、塑料、玻璃	游客、旅游地社区	难以分解，破坏土质，减少植物生长、污染地下水和大气

---

① 李天元. 旅游学（第3版）[M]. 北京：高等教育出版社，2002：118.
② 赵月华，李晶晶，沈和江. 旅游景区游客非生态行为的影响与对策研究 [J]. 经济研究导刊，2016（4）：122.
③ 刘可. 环保意识强，广场垃圾减量近一半 [EB/OL]. 人民网. http：//env. people. com. cn/n1/2017/1010/c1010-29577551. html，2017-10-10.
④ 方芳. 天安门广场黄金周日产垃圾27吨创5年之最 [EB/OL]. 新浪新闻中心. https：//news. sina. com. cn/o/2005-10-09/14487122534s. shtml，2005-10-09.
⑤ 薛瑞. 国庆节登泰山拿垃圾能"换钱" [N]. 齐鲁晚报，2016-09-25.
⑥ 晋秀龙，陆林. 旅游废弃物研究进展与启示 [J]. 地理研究，2009（6）：1694.

续表

旅游垃圾分类	类型举要	垃圾来源	危害表现
湿垃圾	剩菜剩饭、骨头、菜根菜叶	游客、餐馆、旅游地社区	滋生蚊蝇、细菌繁殖，产生有毒气体和沼气
有害垃圾	废电池、废日光灯管、废水银温度计、过期药品	游客、旅游地社区	含有毒有害重金属、腐蚀土壤、水和空气
干垃圾	砖瓦陶瓷、渣土、卫生间废纸	旅游地社区、游客	破坏土壤、污染水质、滋生细菌

乡村社区旅游地，既是游客旅游消费的场所，也是社区居民赖以生存的家园。因旅游经营与旅游消费导致的生态环境问题，具有旅游与社区的叠加功效，影响也更为深远。因此，深入探讨乡村旅游地社区生态环境的优化机制，应成为旅游与社区共生、共享、可持续发展的当务之急。

第二节 乡村旅游地社区生态环境优化机制

一、用"两山理论"指导乡村旅游地社区生态环境建设

思想是行动的基础，有认识才能有行为。因此，必须深入理解"两山理论"的真谛，明晰"绿水青山"与"金山银山"的逻辑关系，树立生态环境保护观就是民生观、生命观的思想，切实将生态环境保护作为乡村社区发展方式和生活方式的常态，划定乡村旅游地社区生态红线，用乡村社区生态环境规划统筹乡村社区的各项建设事业。

二、构建乡村旅游地社区生态环境评价指标体系

乡村旅游发展，既关系到旅游者的消费满意度，还关系到旅游经营主体的利益，更关系到旅游地社区民生改善。因此，以乡村社区旅游地为核心吸引物开发的旅游各类业态，必须将生态环境保护与质量评价，作为兼顾各利益相关者的利益诉求的有效手段和方法。基于此，结合上述生态环境的影响因素，将衡量乡村旅游地社区生态环境质量的评价指标体系，如表7-3 所示。

表7-3　乡村旅游地社区生态环境质量评价指标体系

项目（4）	指标因素（14）	考量因子（40）
乡村社区自然环境	社区地形地貌环境	山地、平原、海拔
	社区水体流域环境	河流、水文、水质
	社区生物气候环境	植被、气候、PM2.5、负离子、噪声
乡村社区人文环境	社区人口	规模、素质、结构
	社区聚落	房屋、街区、环卫设施
	社区历史	古建筑、古寺庙、人物、事件
	社区文化	民俗、风俗、节事
乡村社区经济环境	社区产业结构	一产、二产、三产（比重）
	社区旅游业	旅游人次、经营主体、业态类型
	社区旅游就业	社区旅游就业规模、结构
	社区经济收入	旅游总收入、居民旅游收入
乡村旅游利益相关者生态行为	社区居民	生产方式、生活方式
	旅游者	旅游行为、消费行为
	旅游经营主体	营业场地、经营行为

三、加强乡村旅游地社区生态环境监测

　　依据上述生态环境指标体系，按照客观实际、全面系统、动态发展和综合效益的原则，通过走访、暗访、普查、抽样、问卷等形式，借助大众评价、专家评价、模型评价，以及第三方评价等方法，将表中的相关因子，进行量化评估，将综合评估及量化评估有机结合，针对评估结果，细

化乡村旅游地社区生态环境监测措施。

其中，应将体现社区生态环境质量的代表性参考指标，作为常态化监测指标。如体现社区承载力的容人量和容时量，社区居民的生活习惯，各类旅游垃圾的分类与处理，高峰时段的游客控制，旅游功能的区划（旅游厕所、停车场、餐饮区、游览区、服务区等），利用一定的仪器、测量技术，对体现社区生态环境的气温、PM2.5、空气负离子含量等质量，进行测度。同时，通过不同区域的比较分析，从而增强环境质量下降地区的生态优化力度。需要特别强调的是，应将乡村旅游社区环境容量的测定，作为衡量社区生态环境质量的重要指标，即一定时期内不会对社区的经济、社会、环境及游客游览质量造成影响的最高限度，其量化指标一般用接待的旅游人数最大值。① 具体测算方法很多，针对乡村社区旅游地的地形地貌复杂、村落空间狭小、居民与游客混杂等特点，可采用面积容量法和线路容量法，其计算公式分别为②：

面积容量公式：$Dm = S/d$

$$Da = Dm \times (T/t)$$

Dm 为社区瞬时游客容量（人），S 为社区的游览面积（平方米），d 为游览活动最佳密度（平方米/人），受多种因素的共同影响，如社区外围自然空间允许的游客密度、社区村落有效空间允许的游客密度、社区环卫干预下允许的游客密度、游客因个人空间需求所允许的密度、各种噪声造成的游客感知氛围允许的密度等，即 $d = \max(d1, d2, \cdots, di, \cdots)$。

Da 为社区的游客日容量，T 为游客游览一次平均所需时间（小时），t 为社区每天有效游览时间（小时）。

线路容量公式：$Dm = L/d'$

$$Da = LT/d't$$

---

① 匡林. 论旅游业极限容量及其确定问题［J］. 旅游经济，1995（4）：17.

② 卢松，陆林，徐茗，等. 古村落旅游地旅游环境容量初探——以世界文化遗产西递古村为例［J］. 地理研究，2005（4）：584.

L 为社区可供游览线路的总长度（米），d' 为游客在线路上的合理间距（米/人）。

当然，由于考虑人数规模因素给社区环境带来的影响，往往容易忽视一个群体，即社区居民人数的规模。因此，在进行测算时，应将社区居民人数纳入考量范畴。

结合上述相关方法，可对乡村旅游社区内不同时段的游客规模进行控制，并由此预测游客、服务主体产生的旅游垃圾量，并有针对性地采取有效管理措施。

乡村旅游既是旅游产品体系的组成部分，也是旅游活动要素弹性供给的重要方式，更是产业融合的重要体现。恰恰是乡村旅游的这一特殊性，将旅游者、乡村社区、乡村产业以及乡村生态关联在了一起，由此使得乡村社区旅游地成为一个环境较为脆弱的地带。因此，必须从制度创新出发，加强乡村旅游地社区生态环境保护。

实践表明，旅游标准化建设是促进旅游地服务质量提升优化的重要制度，标准的最大优势或特点，是可以共同使用、重复使用的一种规则、规范、秩序。对此，为加强乡村社区旅游地生态环境建设，从标准内容看，可从乡村旅游经营业态、环境设施、服务品质、卫生环境、生态元素、生态评价等方面，制定以生态环境为导向的旅游服务体系；从标准层次看，可从团体标准、企业标准、地方标准、行业标准及国家标准等方面，制定以生态环境为导向的标准层次体系；从标准要求看，可从推荐性和强制性角度，制定以生态环境为导向的制度安排体系。同时，结合已有标准制度在行业中的应用效果，一方面加强新标准的制定，另一方面加强已有标准的修订，以适应市场变化的要求。

四、乡村旅游社区生态环境展望

生态环境是多年来人类共同面临和应对的热点问题，在发展经济与生态保护的关系博弈中，大量事实表明，生态环境问题的本质，是社会发展方式和生活方式问题，在自然面前，竭泽而渔、饮鸩止渴的行为和方法，无疑是不可持续的。旅游业作为一项低碳产业、朝阳产业、无烟工业，在学界和业界虽有共识，但因产业规模的不断扩大，特别是游客量规模的不断增长，导致空气污染、水质污染、噪声污染、垃圾排放、过度开发、生态退化、风貌破坏等诸多生态环境问题，在以开发旅游为目的的乡村社区地带，同样成为不容忽视的社会问题。

　　坚持用"两山理论"为指导，深入领会"绿水青山就是金山银山"的内涵本质，将生态环境建立在经济发展基础上，优先考虑生态保护、优化环境，认清旅游活动给乡村社区带来的负面影响，构建乡村旅游地社区生态环境评价体系，加强生态环境的常态监测，制定社区生态旅游标准体系，是旅游产业与社区经济协调共生、创新发展的重要机制，也是建设美丽中国、建设社会主义新农村、构建生态文明的必由之路。

第八章　乡村旅游社区特色商品
开发的民生价值

乡村旅游社区特色商品是反映乡村旅游地形象特征的旅游工艺品、纪念品、食品和地方特产的总称，具有鲜明的地域性、经济性和文化性特征。大力开发乡村社区旅游特色商品，对挖掘和传承地方文化、促进乡村旅游地经济发展、增加农民收入等，具有多方面的民生效应。因此，区域乡村旅游商品开发要遵循政府引导、统一规划管理、突出地方特色等组合式、后备厢式以及线上线下联合的开发模式，促进乡村旅游业健康发展。

第一节　乡村旅游社区特色商品范畴与特征

一、乡村旅游社区特色商品的范畴

旅游特色商品是乡村旅游发展的重要业态和旅游吸引物，立足乡村社区特色，深入挖掘地方特色文化，开发具有鲜明地方特色的旅游商品，对传承地方文化、提高乡村旅游地知名度、延伸旅游产业链、丰富旅游业态类型、增加乡村社区居民的收入等，都具有重要意义。

国外学者对于旅游商品的研究主要是关于旅游纪念品与旅游艺术品两

个方面的。斯旺森认为旅游艺术品、民族艺术品和工艺品只是旅游纪念品的一种表现，与其同义的术语是"旅游商品"，指的是打算购买并带回家的物品。① 世界旅游组织对旅游购物支出的定义是为旅行准备的以及为旅行（不包括食品、饮料和服务）所做的支付。

国内学术界研究旅游商品问题主要侧重三个方面。第一种观点认为旅游商品是指在旅游活动中游客以观赏、体验等为目的购买的有形商品，如旅游纪念品、收藏品等。② 第二种观点是把旅游经营活动中的所有项目设施、景观产品等相关方面都纳入旅游商品的范畴中来③，这将旅游商品的概念进行了扩大，不仅局限于有形的商品实体。第三种观点则是从需求者、供给者、商品流通三个维度来看，旅游商品是不同"角色"的商品，是旅游者购买的、生产系统生产的以及旅游商品市场流通的商品。④ 总的来看，旅游商品就是以有形商品实体和内含的无形服务来满足旅游消费者的需求。

可见，乡村旅游特色商品是乡村旅游业发展的一个重要组成部分，依托乡村所具有的独特资源，大力开发具有乡土特色的旅游商品，这不仅成为乡村旅游业发展程度的重要标志⑤，更能激发旅游者购物消费的热情，有效推动乡村经济的发展。因此，乡村社区旅游特色商品开发，是伴随乡村旅游活动而产生的特有经济范畴，是一般意义上的旅游商品与乡村特色的有效结合，主要包括乡村旅游地的纪念品、地方特产及地方艺术品等。

---

① SWANSON K K, TIMOTHY D J. Souvenirs: Icons of meaning, commercialization and commoditization [J]. Tourism Management, 2012, 33 (3): 499.

② 苗学玲. 旅游商品概念性定义与旅游纪念品的地方特色 [J]. 旅游学刊, 2004 (1): 27-31.

③ 刘裕圭, 董爱萍, 余红娟. 有关旅游商品开发的几点随想 [J]. 武汉工业学院学报, 2000 (1): 51.

④ 卢凯翔, 保继刚. 旅游商品的概念辨析与研究框架 [J]. 旅游学刊, 2017 (5): 116-126.

⑤ 高素艳. 中国旅游商品行业的现状及对策研究 [J]. 首都师范大学学报（自然科学版）, 2008, 6 (29): 67.

二、乡村旅游社区特色商品特质体现

一是乡土性。乡土性是乡村区别于城市的最显著特征，是乡村文化与精神的核心体现，代表的是我国广大乡村地区千百年来的历史文化积淀。乡村旅游特色商品源于乡村，便与生俱来地带有乡村的乡土性。因此乡村旅游商品利用自身产于乡村的优势，与吃、住、行、游、购、娱等旅游活动有机地结合起来，把乡土情怀融入其中，展现具有地方特色的原汁原味的乡土、乡情、乡韵与乡村味道，满足旅游者对于乡村的情怀需求，从而有效地放大乡村社区的旅游吸引力，释放乡土旅游的红利。

二是经济性。发展商品，其目的就是获得经济利益。而旅游购物是创造旅游收入和促进经济发展的主要手段。[①] 对于乡村社区而言，发展乡村特色旅游商品，可以依托旅游业整合乡村旅游资源，带动乡村经济发展，以旅游兴农富农，促进城乡差距逐步缩小。乡村旅游特色商品的一大优势在于其成本低于同类产品，依托于乡村自己生产的原材料，依靠乡村丰富的劳动力来生产、销售，使旅游商品在打上乡村烙印的同时，降低了在各个环节的成本，促进了乡村旅游特色商品市场需求的扩大。对旅游目的地而言，发展旅游商品市场，有利于激发当地旅游市场的活力，促进旅游市场规模的扩大，为旅游目的地带来规模效益。对旅游地居民而言，可以参与到有关旅游商品的生产、销售等环节中，获得可观的经济收入。

三是文化性。乡村旅游特色商品不单具有商品的使用功能，还是旅游目的地的一种文化符号，它展现了旅游目的地所特有的文化特征。[②] 旅游商品在开发设计、材料选取、制作工艺等各方面都融入了地方文化元素，展现了乡村历史文化风貌。旅游商品是旅游目的地形象的载体，代表了当

---

① LITTRELL M A, PAIGE R C, Song K. Senior Travellers: Tourism Activities and Shopping Behaviors [J]. Journal of Vacation Marketing, 2004, 10 (4): 348-362.

② 陈刚，白廷斌. 川滇泸沽湖地区民族文化旅游商品市场调查——以工商人类学为视角 [J]. 黑龙江民族丛刊，2012 (3): 55-60.

地的文化品格，应当成为地域文化的象征。旅游者购买旅游商品的过程，也是旅游体验的过程。① 购买地方特色旅游商品，是在消费其所蕴含的独特的地域文化。旅游商品是旅游者了解乡村文化的一个重要窗口。旅游者在消费旅游商品的同时，潜移默化中实现了与旅游目的地文化之间的碰撞，增强了旅游者对旅游目的地的主观感受。

四是地域性。所谓地域性，就是指一定地域范围内的人们在特定自然环境下，长期的生活实践中形成的与其他地方明显不同的特征，表现在人文环境、社会经济环境等方面。乡村旅游特色商品产自于特定的地域，每个地域生产的旅游商品都带有明显的地域符号特征。旅游商品是一个地域所特有的，是某一地域内的人在长期生活和实践中创造的，体现地域特点的物质和精神文化的产物。旅游者在乡村社区购买带有地域风格的旅游商品的过程，也是体会和感受旅游目的地乡土乡情的过程。旅游商品的地域性对旅游目的地而言，塑造了其区别于其他旅游目的地的显著特征，增加了对游客的吸引力，有利于乡村旅游业的持续发展。

五是体验性。体验性延伸了旅游商品的价值，不仅仅是经济价值，更多的是其文化情感上的价值。乡村旅游特色商品多为乡村社区的手工艺者制作，而旅游者消费这些旅游商品的同时，更多地关注到了商品背后的人、事、物。手工艺者当场制作，讲述旅游商品制作工具、流程和商品与人的故事，使游客重温古老的工艺流程，体会旅游商品背后的历史文化意义。这一体验使人、情、景三者融合，促使旅游者对于旅游目的地产生强烈的归属感和认同感②，无形中增添了游客对旅游商品的消费意愿，甚至可以增加旅游者重游的概率。

六是创意性。旅游商品如果不能适应时代的需求与变化，会被市场抛弃。保持旅游商品的创意性，是促使其持久发展的重要手段之一。在传承

---

① 石美玉．关于旅游购物研究的理论思考［J］．旅游学刊，2004（1）：32-36.
② 陶伟，陈慧灵，蔡水清．岭南传统民俗节庆重构对居民地方依恋的影响——以广州珠村乞巧节为例［J］．地理学报，2014（4）：553-565.

地方特色的基础上，以游客的需求为导向，借鉴古今中外文化元素，不断对其品牌、形态与功能等方面进行创新性开发，使乡村社区旅游特色商品不断更新，紧跟市场需求变化，在市场竞争中立于不败之地。

第二节　乡村旅游社区特色商品开发的民生价值

一、挖掘与传承地方特色文化

中国历史悠久，幅员辽阔，五千多年文明为我们留下的优秀传统文化遍及各个角落，使我国大江南北都拥有各自独具魅力的地方文化和传统习俗，这些都是乡村旅游业开发中的宝贵财富。基于此，进一步挖掘地方特色文化，融入乡村旅游特色商品中，以推动地方特色文化的传承与保护。这是将旅游商品与地方优秀传统文化进行同步开发的实现途径之一。

二、直接增加旅游地居民的经济收入

旅游商品是旅游业发展中的一个重要环节，在旅游业收入中占有重要地位。对于乡村社区而言，旅游业是带动乡村振兴的关键性产业，而旅游特色商品是提高乡村居民经济收入的重要途径。地方特色旅游商品，是乡村旅游商品开发的关键所在，因其特殊的属性与价值，在地方旅游商品收入中占有很高的比重。游客购买具有吸引力的地方特色旅游商品，不仅是提高旅游消费水平的有效方式，也是提高旅游地居民经济收入的有效途径。

三、提升乡村社区的就业规模

在现代化的今天，各种先进的生产技术涌入乡村，在解放乡村劳动力的同时，也使得乡村出现了大量的剩余劳动力，给乡村社会经济发展带来

了严重的问题。而乡村旅游特色商品在加工、销售等各个环节都需要大量的劳动力来完成，就地吸纳乡村劳动力，这对解决乡村社会问题具有积极作用。同时乡村特色旅游商品的开发，会带动其他相关行业的发展，如农业、食品加工业、服务业等，促进乡村产业结构优化调整，也为有效增加乡村居民就业提供了广阔的空间。

四、完善旅游产业链，推动乡村旅游产业发展

乡村特色旅游商品开发是乡村旅游产业链中的重要一环，它的开发对于完善乡村旅游产业链和推动乡村旅游产业的发展具有重要意义。[①] 目前，地方特色旅游商品仍是我国旅游业态中的薄弱环节，有研究表明，在旅游业相对发达的国家，如美国、泰国等，旅游商品收入在旅游总收入中占比达 50% 以上，而德国、日本等国更是占比 60% 以上。[②] 而据马蜂窝旅游网公布的《全球旅游消费账单》显示，我国 2017 年旅游购物消费额较 2016 年下降 41.5%，而在文化娱乐方面的消费额却较 2015 年增长了 334%。随着我国旅游发展步入全域旅游时代，以乡村文化为核心的乡村旅游业快速发展起来，逐渐受到游客的肯定与追捧。为广大乡村社区依托地方特色产业、文化、饮食、农产品等的创意旅游开发，提供了良好的机遇。

五、扩大乡村社区旅游地知名度

旅游商品在满足游客购物需求的同时，也在向游客传递旅游目的地的精神文化价值和传播旅游目的地的形象。[③] 乡村旅游特色商品在完成被购买这一经济行为后，也在承担着地方精神文化的传播功能，不仅在潜移默

---

① 何玲玲，徐宏. 浅谈旅游商品在旅游业中的作用 [J]. 法治与社会，2008（8）：254.
② 李贺. 如何打造农垦旅游的"后备厢经济"——以呼伦贝尔垦区为例 [J]. 中国农垦，2017（8）：41-42.
③ 高素艳. 中国旅游商品行业的现状及对策研究 [J]. 首都师范大学学报（自然科学版），2008（6）：68.

化中影响了游客，同时通过游客本身的一些行为，间接影响着游客身边的
人，影响范围逐渐扩大。因此，乡村旅游特色商品开发对树立旅游目的地
良好的形象和扩大旅游目的地的知名度发挥着不可替代的作用。

第三节 乡村旅游社区特色商品开发路径模式

一、乡村旅游社区特色商品开发路径

（一）政府引导，统一规划管理

地方政府应通过一系列有效的政策、措施，积极引导、组织、支持、
规范乡村旅游商品开发，加强文旅、工商、卫生等各部门间的协作，制定
与完善乡村旅游特色商品在研发设计、生产销售、质量控制等环节的相关
制度规范，并制订乡村旅游特色商品总体发展规划，健全旅游商品市场监
管体系，为乡村旅游特色商品的发展保驾护航。

（二）凸显地方乡土特色

乡村旅游特色商品离不开"乡土"二字，因此在开发中，应把握地方
文化脉络，把地方文化元素融入商品中，用有形的旅游商品来传承与表达
地方精神文化。整合地方乡土文化资源，深入挖掘地方乡土文化内涵，选
择合理的产品创意表达，赋予旅游商品更多的创意元素和文化内涵，以彰
显独特的地方乡土文化个性。开发设计具有当地文化特色、能够代表区域
文化形象和具有纪念意义与收藏价值的旅游商品，以满足旅游者求新求异
的文化消费倾向。[①] 从具有地方特色的产品入手，强调地方的原汁原味，
如农产品、手工艺品等。乡土特色产品展现乡村特有的生产生活场景和传
统社会习俗，迎合旅游者到乡村来的乡土情怀，弥补旅游者到乡村来只能

---

① 武其楠. 贵州民族村寨文化旅游商品创新开发研究［D］. 贵阳：贵州大学，2016.

观看体验、不能带走的遗憾。

（三）加强乡村旅游特色商品的品牌化建设

随着我国旅游商品市场体系逐渐完善，品牌化建设成为旅游商品发展的必由之路。乡村旅游特色商品要想得到持久发展，就要有属于自己的品牌。品牌中蕴含了乡村旅游特色商品背后的产品质量、企业信誉和地方文化，会产生一种向心力和吸引力，无形中影响游客的消费倾向，促使游客形成对品牌旅游商品的优先选择；同时乡村旅游特色商品用品牌架起游客与旅游目的地之间沟通的桥梁，通过一个品牌展现一个地方特有的文化精神，继而产生良好的社会经济效益。因此在乡村旅游特色商品体系构建过程中，要注重品牌建设，利用新媒体技术加强品牌宣传，塑造良好的品牌形象；同时要完善乡村旅游特色商品品牌管理体系，制定相关的法律法规，建立健全旅游商品的市场监管体系，为旅游商品品牌发展提供良好的社会环境①，从而为其品牌体系建设创造坚实的基础。

（四）增强乡村特色旅游商品的创新性开发

单一的、一成不变的旅游商品容易造成旅游者消费疲劳，对旅游商品失去消费兴趣，从而对旅游目的地产生厌倦情绪。迎合旅游者的消费需求，保持地方特色旅游商品持续性更新，才能拥有更为长久的产品生命力。地方特色旅游商品要创新性地把地方传统文化元素和现代文化元素融合在一起，例如故宫生产的旅游商品——口红，这一现代化商品融入故宫元素，使该旅游商品受到游客的欢迎。还可以针对不同人群开发不同层次、不同类别的产品，以丰富产品种类。地方特色旅游商品的创新性开发，关键还是要注重地方文化内涵的传承，开发具有乡土特色的旅游商品创意表达方式，使其将经济性和文化性融为一体，增加商品的产品附加值，提升其在旅游商品市场的核心竞争力。

---

① 高力群，冀巧英. 河北旅游商品开发对策探析 [J]. 河北学刊，2010（6）：220.

（五）加强乡村旅游特色商品的知识产权保护

旅游商品同质化是国内很多景区所面临的共同问题，而加强旅游商品的知识产权保护，是解决该问题的重要途径之一。地方要有保护自己特色旅游商品的权利意识，若本地的特色旅游商品被其他景区抄袭仿制和挤占旅游商品市场，要学会用法律维护自己的合法权益。对于地方特有的创新性的旅游商品，尤其是具有品牌影响力的产品，要积极申请发明专利和设计权（如 LOGO），设计和注册特色旅游商品的商标，为其加上法律的保护膜。在国家政府层面，要制定与旅游商品保护相关的标准，促进旅游商品市场的良性发展。

二、乡村社区特色旅游商品开发模式

（一）组合式模式

组合式开发是许多地区旅游商品开发成功的经典方式，具体包括互补性组合开发、层次性组合开发与区域联动式组合开发。

互补性组合开发，即把功能上具有互补性的旅游商品进行组合打包式出售，从而提高组合商品的销量与吸引力。如贵州省是一个少数民族聚集的大省，各个民族的服饰不仅形态各异，而且图饰、色彩也千姿百态，在特色旅游商品组合开发过程中，可把这类型服装旅游商品与其少数民族妇女喜欢的银饰品进行互补性组合开发，组成"服装+饰品"的互补性开发模式，对于游客的吸引力将会进一步提升。

层次性组合开发，是指把旅游商品有针对性地按照不同消费人群、不同消费能力进行层次性开发，从而使旅游商品最大限度地满足不同旅游群体的消费需求。如单价较为昂贵的旅游商品，可以依据不同的量来划分价格等级，满足不同消费水平人群的消费需求；还可以依据不同性别、不同职业与不同年龄段来设计旅游商品。总之，层次性组合开发就是将旅游商品种类进行细分，覆盖不同的旅游目标消费群体，形成完善的旅游商品供给体系，进一步提升乡村社区旅游特色商品的市场竞争力。

　　区域联动式组合开发，是指把地理区位邻近的区域特色旅游商品进行整合开发，如图8-1所示。例如，京津冀区域，地缘关系紧密，文化关联度较高，结合区域内乡村特色产业、民俗文化、特色农副产品等类型，将三地乡村社区特色旅游商品按连片式、连带式的组合开发，打造具有竞争力的区域乡村特色旅游产品，有效扩大区域乡村社区的知名度和美誉度。

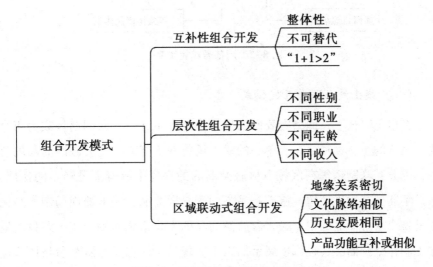

图8-1　组合开发模式的组织构成

（二）后备厢模式

　　后备厢模式是通过各种旅游活动，在自驾游游客旅游体验的同时，激发其对旅游商品的消费体验热情，把后备厢装满地方特色旅游商品，如图8-2所示。换言之，这也是对旅游目的地另一种方式的认同。因此，这种模式的关键在于如何让自驾游游客对旅游目的地产生认同感，如何激发自驾游游客的消费热情，如何让自驾游游客自愿进行旅游商品消费。一是要有完善的旅游商品体系，释放旅游商品的内在文化价值，游客想要的商品都应该开发，满足不同游客的不同需求。二是通过各种旅游活动，把这些旅游商品推介出去，让游客在体验参与乡村旅游的同时，看到旅游商品背后特有的意义，如文化价值、纪念意义、收藏意义等，引导其购买旅游商品。

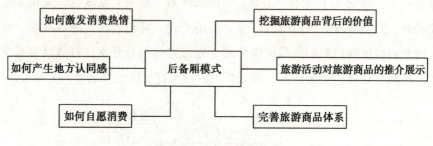

图 8-2　后备厢模式体系

（三）线上线下联合开发模式

在信息时代下，网络在我们的生活中无处不在，互联网销售成为当今商品销售的主流途径之一。单一的线下销售并不能充分挖掘旅游商品的市场，因此互联网销售在区域乡村旅游商品的销售中有着举足轻重的作用。但是不能摒弃线下销售，旅游商品不同于普通商品，线下的现场制作与销售是整个旅游商品的根，融入着旅游商品的文化情感内涵。在旅游目的地加工制作旅游商品，也可以展示加工工艺现场，让现场的游客参与体验进来，现场销售旅游商品，最好能让游客买到自己制作的旅游商品；同时在线上开通工艺直播展示，并进行线上旅游商品的销售；在加工过程中，记录下每件旅游商品的原材料来源、制作流程信息，制作成视频等类似的形式，与旅游商品一起销售。在开发区域特色旅游商品线上销售渠道时，要建立起一个区域性的网络销售站，将网络销售站作为运营销售的中心；那么这个销售站既是一个完善健全的个体性地方特色旅游商品购物网站，也是大宗客户的网络购买平台。最终形成完善的区域特色旅游商品销售链，如图 8-3 所示。

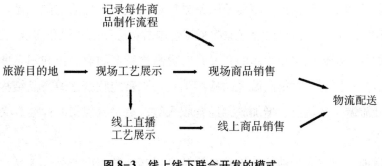

图8-3 线上线下联合开发的模式

第四节 乡村旅游社区特色商品开发的案例创意方略

乡村旅游社区特色商品是体现旅游目的地形象的一张名片，是全域旅游发展模式下乡村社区以旅扶贫、改善民生的重要渠道。立足于乡村旅游社区特色商品的六大特征，充分挖掘乡村历史文化内涵，以突出乡村旅游特色商品的旅游价值，形成完整的乡村旅游社区特色商品体系。同时，坚持政府引导规划、品牌建设、创新性开发和知识产权保护等开发路径，积极探索旅游商品销售的多样化商业模式，从各个环节完善乡村旅游特色商品的产业链，有效提升其在旅游商品市场的影响力和知名度，助力乡村旅游业发展，从而增加乡村社区居民经济收入，继而产生良好的社会民生效益。

一、抱犊寨旅游特色商品开发现状

位于石家庄市鹿泉区的抱犊寨景区，是我国4A级旅游景区，景区辐射周边的获鹿、白鹿泉、石井等乡镇，是华北地区集山体自然旅游景观和丰富的历史人文景观为一体的名山古寨风景区，在河北省众多旅游景点中占有重要的地位，每年吸引众多游客。但从游客观光游览的消费结构来看，主要集中在餐饮、门票、缆车、停车及当地土特产等方面，而旅游纪念品的消费量明显偏低，主要原因是景区内缺乏特色的旅游纪念品。据调查，80%以上的游客有在游览地购买特色旅游纪念品的愿望和需求。因此，注重抱犊寨特色旅游纪念品的开发，对提高抱犊寨的影响力和知名度具有重要意义，同时，对提高游客的旅游消费、丰富抱犊寨旅游产品结构、扩大当地旅游生产就业、增加旅游经营收入等，更是有现实的社会意义和经济意义。

目前，抱犊寨当地特色旅游商品基本以当地的农副产品、食品、外来的手工艺品和艺术品为主，旅游服饰品、旅游装饰品和旅游民俗用品、特别是体现景区核心文化特色的旅游纪念品缺乏，现有旅游纪念品难以体现景区内涵和当地的特色文化，由此导致众多旅游商品经销商经营不善，销售额不高，只能勉强维持生计。

二、抱犊寨乡村旅游特色商品开发的依据与体系

抱犊寨乡村旅游特色商品开发的依据主要体现在四个方面。一是抱犊寨名称的由来。抱犊寨不是一个村庄，而是一座山的名称，据说在北魏葛荣起义时，当地人为避战乱，抱犊上山，因此才有了抱犊之名。山的四面都是峭壁，山路很险，而山顶上又有约0.4平方千米耕地，所以民间又有"抱犊（小牛）上山，养大耕田"的说法。而早于北魏，两晋时期的《玉匮》中，即有"抱犊山"的记载。"抱犊"与"寨"相连，是在金末元初时，金将武仙在山顶屯兵建寨，抗击蒙古军队，这样此山便有了"寨"的名称。二是抱犊寨承载的古代军事文化思想。三是抱犊寨的民间传说文化。四是历史上的抱犊寨附近乡村，形成了淳朴、自然、乡土的农耕文化。

因此，依据当前旅游消费结构中的旅游购物行为、结构、比例等消费特征，对抱犊寨景区旅游商品现状、游客认知度及购买行为进行系统调研，深入挖掘开发体现抱犊寨特色旅游商品的文化元素，经过形象化的构思，凝练出抱犊寨特色旅游商品的主题、内涵寓意、产品形态及市场

卖点。

抱犊寨乡村旅游特色商品开发体系，主要围绕五个方面开展。一是旅游商品的内容结构（农夫抱犊、招财童子、生肖护法、男耕女织、历史典故、卧佛文化、装备用品、乡土特产、DIY 体验）；二是旅游商品的载体结构（根雕、木雕、石雕、黑陶、白瓷、砚台、服饰、笔筒、扇子、杯子、饰件等）；三是旅游商品的产销结构（定点生产、统一销售、产销对接）；四是旅游商品的功能结构（工艺品、纪念品、日用品、食用品）；五是旅游商品的店面布局结构（一街两厢、一心两店）。

三、抱犊寨乡村旅游特色商品开发的品类

（一）农夫抱犊系列

形象：北魏时期，当地农民（以古代汉人形象为主）为躲避战乱，抱着牛犊上山的形象。

寓意：勤劳致富、财运亨通。

元素：小牛犊；憨厚朴实的农民形象（汉服、发髻）。

设计形态：不同尺寸、不同表情的农夫及牛犊形象。

载体形态：根雕、木雕、石雕、黑陶、白瓷等工艺品。

市场卖点：勤劳、勇敢、智慧的象征。

（二）"童子抱财""童子戏牛"系列

形象：由"农夫抱犊"引申出"童子抱财""童子戏牛"系列形象，如"抱元宝""抱白菜""戏牛"等。

寓意：可爱、天真、童趣。

元素：元宝、小孩、牛。

设计形态：不同表情的牛及童子形象。

载体形态：根雕、木雕、石雕、陶瓷、砚台等工艺品。

市场卖点：财富、福气、可爱的象征。

（三）生肖护法神系列

形象：依据山顶生肖殿（元辰殿）内各十二生肖的生辰护法神形象，设计拟人化的塑像，刻上不同年代的生辰，游客可以根据自己的生辰，购买对应自己的护法神。

寓意：好运、财富、吉利。

元素：十二生肖、护法神。

设计形态：不同表情的护法神形象。

载体形态：木雕、石雕、泥塑、陶瓷等工艺品。

市场卖点：共有60尊，12年为1组，恰好5组。5组中的同一个生肖命运是绝不相同的，寓意相同生肖不同命运。

（四）男耕女织系列

形象：以牛郎织女在抱犊寨山顶生活的传说为原型，设计一系列恩爱夫妻劳作的美好画面。

寓意：恩爱夫妻、自给自足、丰衣足食。

元素：山顶田园。

设计形态：男耕田、女织布；男耕田，女送饭；男耕田，女侍子；男耕田，女望夫；男耕田，女喂蚕等的形象画面。

载体形态：木雕、陶瓷、书画、扇子、钥匙链等工艺品和纪念品。

市场卖点：自然田园、家庭和睦、夫妻恩爱的象征。

（五）历史典故系列

形象：以西汉大将韩信在鹿泉征战的故事为背景，依据历史文献和传说，设计系列与韩信有关的历史典故。如胯下之辱、乞食漂母、登坛拜帅、射鹿得泉。

元素：大将韩信。

寓意：大智若愚、气度非凡。

设计形态：写实手法，体现韩信将军的传奇与智慧。

载体形态：陶器、书画、扇子等工艺品。

市场卖点：大度品德、鸿鹄之志的象征。

（六）卧佛文化系列

形象：以抱犊寨山体"卧佛"造型为基础，延伸设计一系列不同姿态和内容的"卧佛""抱佛""闹佛"形象。

寓意：与众生同乐。

元素：小孩子、大肚弥勒佛、观音等。

设计形态：童子戏佛、童子闹佛、佛抱童子、卧佛等形象。

载体形态：木雕、泥塑、陶瓷、玉坠等工艺商品和纪念品。

市场卖点：宽容大度的象征。

（七）装备用品系列

帐篷、睡袋、旅行包、旅行帽、手杖、雨衣、雨伞、服饰等。

元素：抱牛图、卧佛图、牛郎织女图等。

市场卖点：休闲旅游体验

（八）乡土特产系列

以本地特色绿色农副产品为主，如香椿、小米、高粱、槐花蜜、柴鸡蛋、山鸡蛋、红薯粉等。

产品形态：鹿泉绿色五谷、杂粮等土特产。

市场卖点：生态、田园、自然、绿色。

（九）DIY 体验系列

依据上述有关特色旅游商品的种类及内涵，挑选若干具有代表性的商品，将商品的制作过程、山顶农田耕作作为游客体验消费的一个重要环节，设立"手工制作体验店""山顶农耕区"和"娱乐 PK 区"，作为游客参与的主要内容。

"手工制作体验店"产品形态：抱犊陶艺、抱犊木雕、抱犊印章 DIY、抱犊模型拼图等。

"山顶农耕区"产品形态：坐牛车、套犁耙、耕农田、拍照片、印礼品。

"娱乐 PK 区"产品形态：吹牛皮（"牛气冲天"——测肺活量）、吹牛角（声音）、对牛弹琴（用琴声带动牛的动作）、庖丁解牛（图形分割）等。

四、抱犊寨乡村旅游特色商品产销方略

将"九大系列"商品的研发思路落到实处，抱犊寨景区应成立专门机构，全面负责旅游商品开发工作，对旅游商品的生产与销售采取"统一管理、统一设计、统一生产、统一价格、统一销售、统一推广"的"六统一"模式，以此作为激发景区活力机制、创新景区管理体制、调整景区产业结构、拓宽景区产业链条、培育景区新增长点、促进景区转型升级的重要抓手，具体包括以下三个方面。

（一）成立抱犊寨旅游商品开发中心

抱犊寨旅游商品开发中心作为景区的直属部门，由景区任命一名经理全权负责管理。开发中心的主要职能：一是制订旅游商品开发计划；二是全面落实策划方案提出的"系列"旅游商品的设计生产与销售推广；三是山脚广场旅游购物环境的规划设计与购物中心的运营管理；四是旅游商品种类的创新研发与生产。

开发中心的人员组成：一是从抱犊寨现有职工中进行分流与选拔；二是聘请一些民间艺人；三是引进一些美工、设计师及市场营销专业的大学毕业生；四是聘请一些对旅游商品开发有一定研究的兼职专家教授。

开发中心的主要部门：一是管理部（含办公、财务）；二是研发设计部；三是生产部；四是市场推广部；五是营销部。

（二）旅游商品的研发与生产

抱犊寨旅游商品开发中心对旅游商品的研发与生产，应遵循以下五种发展模式。

一是开发中心应采取自主研发生产与委托研发生产相结合的模式。

二是开发中心起步与运行阶段，对于一些自身具备研发生产条件的旅游商品，以自主研发和生产为主，对于一些复杂、高档而自身缺乏生产条件的商品，采取委托其他厂商生产的方式，同时也可采取与其他厂商合作的方式。

三是开发中心发展与成熟阶段，坚持以自主研发生产为主，委托研发生产为辅。

四是开发中心未来的发展目标是打造成为面向全国市场、具有一定规模和知名度的旅游商品研发生产基地。

五是开发中心应加强与生产厂商及高等院校的联系与合作，建立广泛的资源网络，如旅游专家咨询信息库、旅游工艺厂商信息库等。

（三）抱犊寨乡村旅游特色商品的销售与市场推广

依据"一街两厢、一心两店"的店面结构布局，旅游特色商品的销售实行景区独家经营管理或代管经营，规范景区山脚广场及步道沿线各类摊位旅游商品的经营种类，在景区山脚广场建立"游客咨询服务中心""抱犊寨旅游特色商品中心""抱犊寨旅游特色精品店""乡土特产一条街"，统一经营具有知识产权的系列特色旅游商品。

抱犊寨旅游特色商品的市场推广。设计具有"抱犊"文化内涵的景区标识，将其用在各类旅游商品的外包装上、景区入口显要位置标牌上、景区工作人员的名片上、工作证件上等，以起到品牌宣传作用。

建立网络营销推广平台。一是建立网店（如淘宝店、拍拍网店等），在网上销售特色旅游商品；二是建立景区的公众微博账号，吸引更多的微博粉丝，利用微博每日推发抱犊寨的相关活动、旅游产品价格及相关旅游信息；三是建立微信公众号平台，设计景区的二维码，以达到更加广泛地宣传景区形象、旅游信息及特色商品的目的。

建立抱犊寨景区展示馆。展示馆利用图片、实物、文字、音像等多种形式，作为展现景区建设历程和企业文化建设的重要场所，主要展示的内容，如景区开发建设的历程、景区开发建设的成就、景区的企业文化、景区的景观特色、发展远景规划以及景区特色商品等。展示馆配备相应的讲解，一方面可作为游客景区游览前的参观景点，另一方面也对旅游商品的销售起到一定的促进作用。

第九章　我国旅游发展民生观的历史演进

改革开放以来，在对旅游业的产业性质认识上，我国学界和业界虽有不同的声音，然而，随着社会经济发展和对外开放步伐的不断加快，旅游业的产业功能已得到普遍认可。不论是政府的政策引导，还是旅游业的规模提升，旅游业作为重要的经济产业，对我国经济的发展、对外影响的扩大、促进就业、带动地方经济快速发展等，都起到了巨大的作用。因此，从国家到地方、从省域到县域，甚至到广大的乡村地带，都把旅游业的综合开发作为战略性的支柱产业，并将旅游业纳入国民经济和社会发展的五年规划中。由此也形成了我国旅游产业发展效益的宏观经济产业统计标准，发展旅游的着眼点始终停留在传统的产业经济和部门经济层面，即整体的出入境人数、国内旅游人数、旅游收入等宏观经济指标，以及旅游景点、旅游饭店、旅行社、旅游交通、旅游购物等部门经济指标，这表明了我国旅游业发展的经济动机。

第一节 旅游发展的民生演进

一、旅游发展的民生价值

我国旅游业发展的历史表明，发展旅游业只有旅游企业致富是不行的，一定要让老百姓参与进去，要让农民在旅游发展中富起来。而目前我国各地在处理旅游产业与社会发展关系的问题上，更多关注的仍是旅游经济的产业功能。很多地区因资源产权非社区归属及旅游投资主体的利益追求，使得旅游的产业功效对旅游地社区的发展意义体现得不够，从而使得旅游地的各类景点、旅游交通、旅游食宿等旅游核心部门，独立于社区发展之外，旅游地社区难以主导旅游产业的发展，只能被动接受旅游产业发展带来的利益与影响，难以充分享受旅游发展的成果。各类旅游部门和旅游经营主体与社区的矛盾冲突成为当前旅游地更为普遍或更为严重的社会问题，导致旅游产业的惠民功能不足。旅游产业的民生意义，虽在产业发展的制度引导层面有所体现，但缺乏旅游民生产业发展功效的具体统计指标，难以凸显旅游的民生价值。

而国外旅游学界早就关注到了旅游地的社区参与、社区旅游利益保障等问题，如社区参与旅游的影响、居民态度、社区旅游就业等方面对社区利益与变化的影响。20世纪90年代以来，特别是近10年以来，随着我国国内旅游的迅猛发展，国内学者开始广泛关注旅游发展对区域社会的影响。其中，旅游与民生问题就是重点研究的热点之一，但研究的视角更多站在了旅游需求角度，即旅游者的旅游权益、旅游活动质量、生活品质提高等方面。可喜的是国内学者已注意到了旅游发展对旅游地民众的民生意义。如2010年《旅游学刊》第7—9期，在"中国旅游发展笔谈"专栏，连续刊登了18篇"旅游与民生"的系列文章，系列成果对创新旅游民生研究范畴具有重要的理论价值。

目前，我国已将旅游业提升为国家层面的重要产业，2009 年年底，国务院印发的《关于加快发展旅游业的意见》中明确提出要"把旅游业培育成国民经济的战略性支柱产业和人民群众更加满意的现代服务业"，明确了旅游与民生并重的发展理念，为改变"过分注重旅游业的经济或产业功能属性而忽视旅游业的民生价值倾向"指明了方向。① 加尔布莱斯（Galbraith J K）认为"经济价值和文化价值综合起来用一个价值指标来表示，这个价值标准就是公民的生活质量"。② 孙中山认为"民生为社会进化的重心，社会进化又为历史的重心，归结到历史的重心是民生，不是物质"。③ 基于此，面对我国旅游产业的转型升级，改变旅游发展的单一经济取向，立足"一切从人民的利益出发，而不是从个人或小集团的利益出发"的旅游民生发展思路④，将旅游经济与民生发展有机结合，充分发挥旅游促进社会全面发展的作用，树立旅游发展民生观，坚持"以旅兴业、以旅扶贫、以旅富民"的发展思路，积极引导和推动旅游民生产业可持续发展，建立健全旅游产业发展的民生统计指标，激活旅游产业的民生功能，不仅对广大乡村区域、少数民族地区、经济欠发达地区"保增长、扩内需、调结构"具有重要意义，而且对"促改革、惠民生"更具有现实意义。

二、旅游产业属性认知的历史演进

从旅游业发育的起点考察，我国将旅游业作为一项产业去发展，是改革开放以后的事。改革开放以前，我国仅将旅游业作为一项事业去发展，其业务核心是政治接待，未能将旅游作为产业去引导。1978 年实行改革开

---

① 汪宇明. 彰显旅游民生价值，提升旅游业发展质量 [J]. 旅游学刊，2010（8）：7-8.
② 约翰·肯尼尔·加尔布雷思. 富裕社会 [M]. 赵勇，周定瑛，舒小昀，译. 南京：江苏人民出版社，1980：56.
③ 孙中山选集：第 2 卷 [M]. 北京：人民出版社，1981：812.
④ 毛泽东选集：第 3 卷 [M]. 北京：人民出版社，1991：1095.

放政策，我国将工作重心转移到经济建设上来，旅游业由此成为我国对外开放的重要标志之一。但如何发展、怎么发展，主要思路仍与当时的国情密切相关。于是，改革开放初期，我国便选择了以创汇导向为核心的旅游发展道路。旅游业的性质是什么，当时虽没有明确，但从发展旅游的思路和政策供给来看，显然是将发展旅游作为创汇的主要经济部门，主要表现为四点。一是 1984 年我国将旅游的外联权下放，基本精神是"允许更多的企业经营国际旅游业务，并授予它们业务经营所必需的签证通知权"。①从而打破了国旅、中旅和青旅"三大"旅行社旅游外联权三足鼎立的局面，允许更多的旅行社经营入境旅游业务，推动我国入境旅游规模的快速发展。二是 1984 年 7 月国家旅游局在提交中共中央办公厅和国务院办公厅的《关于开创旅游工作新局面几个问题的报告》中提出的"五个一起上"方针，即"国家、地方、部门、集体和个人一起上"的方针，鼓励各种性质的投资主体进入旅游业，以缓解旅游接待设施不足的压力，在当时还不允许外资进入生产领域的条件下，"五个一起上"有效推动了我国旅游接待设施的规模与数量的增长，如饭店业，1978 年我国能够接待外来旅游者的饭店仅有 137 家，客房 15539 间，其中绝大多数是国家宾馆和招待所，数量少、设施陈旧、功能单一、条件简陋。②而到了 1985 年年底，我国已拥有涉外饭店 710 家，约 24 万张床位，比 1978 年翻了三番。③不仅解决了我国旅游发展急需解决的投资问题，也直接促进了我国入境旅游接待能力的提高。三是 1985 年我国颁布旅游业历史上第一部具有行政法规性质的《旅行社管理暂行条例》，这部法规颁布的重大意义是国家开始将旅行社行业作为相对独立的经济行业统一纳入国家行业管理范畴。四是大力兴建旅游饭店，进一步提高我国入境旅游的接待能力。这些足以说明，早在改革

① 杜江. 旅行社管理［M］. 天津：南开大学出版社，1997：145–146.
② 魏小安. 旅游行业管理工作纲要［M］. 北京：旅游教育出版社，1996：181.
③ 张辉，等. 转型时期中国旅游产业环境、制度与模式研究［M］. 北京：旅游教育出版社，2005：26.

开放初期，我国便将旅游业作为促进社会发展的重要产业经济去发展了。

从旅游业促进社会发展的角度考察，早在改革开放初期，我国便将旅游业纳入国民经济和社会发展的五年计划。实践证明，旅游业不仅具有产业经济的功能，还能有效促进社会的发展，于是，在"六五"计划期间我国入境旅游接待的快速发展，创汇导向指引下的旅游业迅速发展，特别是旅行社行业成为我国带动入境旅游业绩增长的中坚力量。于是，在执行"七五"计划的第一年，我国首次将旅游业纳入了国民经济和社会发展的五年计划，并将旅游作为纲要的第 37 章，明确提出"大力发展旅游业，增加外汇收入，促进各族人民的友好往来"，并提出了"1990 年，争取接待国外旅游者 500 万人次"的目标，同时也明确了"在国家统一规划下，动员各方面的力量，加强旅游城市和旅游区的建设；加快旅游人才培养；扩大旅游商品的生产和销售"的具体要求。有关统计资料显示，到"七五"计划中期的 1988 年年底，我国旅行社的规模由改革开放初期的国旅、中旅、青旅"三大"旅行社"猛增至 1573 家，并由此彻底打破了我国旅行社寡头垄断的局面"。入境旅游人数达到 3169.48 万，国际旅游外汇收入达到 22.46 亿美元，比 10 年前的 1978 年分别增长了 17.6 倍和 8.5 倍。"七五"计划对旅游发展的定位，表明了我国对旅游促进社会发展的价值取向已有了深刻的认识。

从旅游业的性质认知角度考察，我国已将旅游业定性为产业。改革开放以来，旅游业是不是一个产业，虽是旅游学界、业界争议的焦点，但从旅游发展的起点看，我国从启动旅游发展的那一刻，就将旅游作为一项产业去发展。党和国家领导人对旅游的认识为我国旅游业的产业定位奠定了认知基础，如邓小平、陈云等，其中，1978 年 10 月至 1979 年 7 月，邓小平曾多次论及旅游的发展问题，认为"旅游事业大有文章可做，要突出地搞，加快地搞"，为旅游业的发展指明了方向。1978 年 3 月 5 日中共中央转外交部党组《关于发展旅游事业的请示报告》，做出了"大力发展旅游业""国务院成立旅游工作领导小组""中国旅行游览事业管理局改为直属国务院的中国旅行游览事业管理总局""各省、市、自治区成立旅游局"的重要指示。在这一指示指导下，各省市纷纷成立旅游局，管理各地旅游事业的发展，说明在改革开放初期我国就已经认识到了旅游的经济意义。经过 10 多年的发展，直到 1991 年，我国才对旅游业的性质进行了产业定位。1991 年是我国执行"八五"计划的第一年，在"八五"计划中，不仅提出了大力发展旅游业，更有价值的是，我国首次将旅游业的性质正式定性为产业，明确提出"大力发展第三产业，包括金融、保险、信息、旅游、咨询、房产以及生活服务业"，并将旅游业作为"扩大对外经济技术交流与合作""经济发展布局"及"进出口贸易"的重要内容。这一定位对旅游业的发展具有重大的指导意义，一方面反映了旅游产业化成长的阶段性特征，另一方面也是 10 年来我国旅游业发展的经济效益功能得到充分发挥的体现，实际上体现的是我国对旅游业性质的准确把握，"也是对于旅游发展的规律性的认识"①。在 1998 年年底召开的中央经济工作会议上，朱镕基指出"继续增加基础设施建设，积极培育电子信息、住房、旅游等新的经济增长点"。从战略高度上，不仅肯定了旅游业的产业属性与地位，还要将旅游业培育成为"国民经济新的增长点"。2009 年年底，国务院印发的《关于加快发展旅游业的意见》，进一步提出了我国旅游业未来的发展方向，明确了旅游产业在国民经济和社会发展中将扮演的重大角色，指出"把旅游业培育成国民经济的战略性支柱产业和人民群众更加满意的现代服务业"，至此，我国对旅游业在"国计"中地位的认识提升到了空前的高度，这显然与旅游业的产业地位在我国社会发展中发挥的重要经济功能密不可分。有关我国对旅游产业属性定位认知的演进节点简要列表，如表 9-1 所示。

---

① 魏小安，韩健民. 旅游强国之路——中国旅游产业政策体系研究 [M]. 北京：中国旅游出版社，2003：28.

表 9-1　我国对旅游产业属性定位认知的演进节点

年度	认知定位	备注
1986 年	纳入国民经济和社会发展	"七五"计划开局年
1991 年	将旅游业的性质定为产业	"八五"计划开局年
1998 年	将旅游业确定为国民经济新的增长点	年底中央经济工作会议
2009 年	将旅游业定性为国民经济战略性支柱产业和人民群众更加满意的现代服务业	国务院印发的《关于加快发展旅游业的意见》
2018 年	发展全域旅游，以旅游业为优势产业，更好满足旅游消费需求	发布《关于促进全域旅游发展的指导意见》

第二节　我国旅游民生发展的制度导向

　　旅游作为一项经济产业，对旅游目的地的社会发展而言，也是一项重要的民生产业。发展旅游产业，不仅具有创汇、促进国民经济发展、拉动相关产业发展的"国计"功能，而且具有拉动旅游地居民就地就业、增加旅游地居民收入、提高居民素质、保护遗产资源与生态环境等的"民生"功能。因此，旅游不仅是国计，更是民生。

　　发挥旅游经济功能的同时有效激活旅游的民生功能，制度安排尤为重要。改革开放以来，我国在探索、引导入境旅游创汇的发展经验基础上，开始将旅游民生纳入调整产业结构、拉动内需、扩大就业、促进增长的惠民举措上来，并在旅游产业化进程的重要节点期，安排有利于促进民生的旅游制度，以有效引导旅游的民生发展。

一、次第启动三大旅游市场的制度设计

　　改革开放以来，我国在启动旅游发展的模式上，采取的是政府主导型

"非常规"路径模式，即优先发展入境旅游，再启动国内旅游，最后启动出境旅游。并提出了"大力发展入境旅游，积极发展国内旅游，适度发展出境旅游"的三大旅游市场政策。其中，入境旅游市场和国内旅游市场，对有效促进民生发展具有重要意义。但由于受入境旅游整体的规模限制，以及入境后游客主要流向旅游资源丰富、旅游接待设施完善、经济水平较高的东部地区和优秀的旅游城市，使得旅游发展的民生效益更多依靠的是规模不断扩大的国内旅游市场。因此，1985 年国务院印发的《旅行社管理暂行条例》中，明确将旅行社划分三类，并从制度的安排上，规定了三类旅行社不同的旅游业务范围，即一类社具有招徕和接待入境旅游者的业务，二类社只负责接待一类社招徕的旅游业务，三类社只经营中国公民的国内旅游业务。这一制度的安排，一是表明了我国旅游发展的重心仍是入境旅游，二是我国正式启动了国内旅游市场，由初期单一的国际入境旅游业务发展成为国际入境旅游业务和国内旅游业务并举，由此成为促进旅游民生发展的制度取向。

二、全面提升国内旅游的制度调整

我国国内旅游发展的历史进程表明，20 世纪 80 年代的旅游民生制度，由于市场发育的不完善，发展的结果大大滞后于制度的安排。到 20 世纪 90 年代末期，特别是进入 21 世纪以来，我国国内旅游需求市场才正式进入大发展时期。面对蓬勃发展的国内旅游市场，在"十五"规划末期的 2005 年，我国及时调整了三大旅游市场的政策，其中，对于国内旅游市场由以前的"积极发展"调整为"全面提升"，其调整的背后，揭示了我国国内旅游民生功能的缺失，而"全面提升"意味着国内旅游将起到促进社会全面发展的重要作用，旅游民生将成为国内旅游市场的重要发展方向。特别是"十一五"期间，旅游业充分发挥了促进国家社会主义新农村建设战略的作用，2006 年实施的"中国乡村游"旅游主题年和 2007 年实施的"中国和谐城乡游"旅游主题年，使旅游发展的着眼点从原有以优秀旅游城市和国家级风景名胜区为主体的旅游成熟地，开始转向城市以外占旅游资源70%的广大乡村地带，广大乡村地区的旅游开发迅速成为新时期社会发展的重要内容，乡村旅游、农业旅游、农家乐游、民俗村游不仅成为新时期旅游需求的时尚，也成为旅游促进民生发展的重要抓手，乡村地带旅游开发与发展使国内旅游得到了全面提升。对此，针对我国乡村旅游发展的制度安排及良好的发展趋势，有的学者将其称为我国旅游业的"半个太阳"，并强调"注重乡村旅游从而带来的乡村发展与旅游发展的良性互动，其前景将是难以限量的"。

三、旅游"主题年"促进民生的制度安排

旅游主题年制度，是我国20世纪90年代以来实施的重要旅游促进制度。所谓旅游主题年是指"旅游目的地旅游主管部门以其独特的自然、生态、物产、历史、文化、民俗、风俗、宗教、艺术等资源为基础，经过精心组织与研究而形成的以某一核心理念为价值取向的旅游发展战略"。可见，旅游主题年就是某一年度内确定的主题旅游，"实施旅游主题年，表明了旅游组织和政府机构对旅游产业发展的主导战略，是培育旅游产业、引导旅游业健康发展的保障机制"。[①] 我国实施旅游主题开始于1992年，当年的旅游主题是"友好观光年"。纵观我国旅游主题年的主题，不难发现，我国每年实施的旅游主题无不与当时的社会发展总体要求相适应。其中，有关民生发展问题，在我国旅游主题年的实施历程中，便得到了充分体现。从1992年到2018年的27年旅游发展的主题中，涉及旅游与民生相关的就占13个，如民俗风情、华夏城乡、生态环境、体育健身、民间艺术、烹饪王国、百姓生活、乡村游、和谐城乡游、生态游、中华文化、欢乐健康、智慧旅游及全域旅游。显示了民生问题是我国旅游产业化进程中重点破解的问题。现将我国1992—2018年与民生相关的旅游主题年的主题

① 沈和江，王雪晶，王敏．"世界旅游日"主题理念及效应影响研究 [J]．石家庄学院学报，2007（6）：92-93.

及理念列表，如表9-2所示。

表9-2　我国1992—2018年与民生相关的旅游主题年的主题及理念

年度	旅游主题及理念	年度	旅游主题及理念
1992年	友好观光年：游中国、交朋友	2007年	中国和谐城乡游：魅力乡村、活力城市、和谐中国
1995年	民俗风情游：中国——56个民族的家	2009年	中国生态旅游：走进绿色旅游、感受生态文明
1998年	华夏城乡游：现代城乡、多彩生活	2011年	中华文化游：中华文化，魅力之旅
1999年	生态环境游：走向自然、认识自然、回归自然	2012年	欢乐健康游：旅游、欢乐、健康
2002年	民间艺术游：悠久的文明古国，神奇的民间艺术	2014年	智慧旅游年：智慧旅游，让生活更精彩
2004年	百姓生活游：深入中国社会，体会百姓生活	2018年	全域旅游年：全域旅游，全新追求
2006年	中国乡村游：新农村、新旅游、新体验、新风尚		

四、旅游民生法制化的制度供给

制度供给差异对产业发展具有重要影响，改革开放以来，我国积极探索不同层面的旅游法律制度，以促进旅游业健康持续发展。旅游产业化不同时期的法律制度也成为旅游促进民生发展的重要体现。综合起来，旅游民生法律化的制度体系，主要包括四个层面：一是旅游行政法规，这在旅游产业化的历史进程中，突出表现在旅行社、导游人员、风景名胜区等方面制定的法规条例；二是部门章程，即以原国家旅游局为主体颁布的引导旅游行业执行法规条例的实施细则，以及针对旅游业的某些方面出台的规章制度,如《旅行社条例实施细则》《导游人员管理条例实施细则》《旅行社质量保证金存取管理办法》《旅游投诉处理办法》等;三是地方制定的促进本地区旅游发展的法规、章程、标准,如《河北省旅游条例》;四是旅游基本法,即全国人大的旅游立法,这是旅游业最高的法律制度,如2013年10月1日正式实施的《中华人民共和国旅游法》。这些法律共同构成了促进旅游民生发展的制度体系。

五、旅游扶贫开发的制度机制

发展旅游业具有重要的扶贫功效,旅游扶贫就是通过旅游发展实现富民的目标,即通过开发贫困地区丰富的旅游资源,使旅游业成为贫困地区重要的产业形态,以此带动贫困地区脱贫致富。可见,旅游扶贫开发的主要目的是通过旅游来改变贫困地区落后的面貌,使贫困人口的经济利益最大化。因此,旅游扶贫与一般的旅游开发最具有本质的区别,旅游扶贫强调并注重贫困地区的民众的旅游受益程度和发展机会。

我国实施旅游扶贫开发战略,有过3次历史高潮,分别是20世纪80年代中后期、20世纪90年代中期和21世纪初期。[①] 事实上,我国正式提出旅游扶贫开发制度是20世纪90年代初,并将旅游扶贫写入了《中国旅游业发展"九五"计划和2010年远景目标纲要》,但将旅游业作为重要的民生产业去引导发展,并形成一种重要的促发展、惠民生的机制,是21世纪以来的"三五"计划期。2001年,我国正式发布《中国农村扶贫开发纲要(2001—2010年)》,为"十一五"规划期间我国扶贫攻坚打下了制度基础。"十一五"规划是我国实施新农村建设、拉动内需、扩大消费的重要机制期。其中,大力发展乡村旅游,走"以旅兴农""以旅促农""以城带乡"的旅游扶贫发展之路,成为我国旅游扶贫开发的重要指导思想。原国家旅游局和各级地方政府不断开拓旅游扶贫新路径,从政策的鼓

---

① 向延平,彭晓燕.旅游扶贫开发的思考与建议 [J].宏观经济管理,2012(4):66-67.

励与引导，到扶贫开发实验区试点建设；从旅游扶贫项目开发，到旅游专项资金的设置；从贫困乡村的资源普查，到连片贫困区域规划；从部门联手，到区域合作，形成了当前我国着眼民生发展的旅游扶贫开发制度体系。同时，原国家旅游局通过委托旅游扶贫专项课题研究与原农业部和国务院扶贫办合作等多种途径，不断探索旅游扶贫开发的路径与方法。

到"十三五"规划时期，为实现全面建成小康社会的战略目标，我国的旅游发展模式由景点旅游开始转向全域旅游，有效发挥了旅游在区域扶贫开发、精准扶贫、乡村振兴和美丽乡村建设中的重要作用，旅游扶贫成为全国各地建成小康社会的重要抓手。乡村旅游在乡村社区发展的地位和角色上不断凸显。到"十三五"规划末期的 2019 年，我国乡村旅游收入达到了 8500 亿元，乡村旅游需求规模达到了 32 亿人次。乡村旅游小镇、美丽乡村、农家乐、传统村落、山水林田等景观，成为乡村社区大力发展旅游的重要载体。

第三节　我国多类型旅游民生指标统计的缺失

衡量一项产业效益的大小，其指标不仅仅体现在宏观的经济产出效益上，还应包括产业培育与成长路径形成的社会效益和生态效益，而不论是经济、社会还是生态，其受益对象的主体都是建立在民生基础上的。如果产业效益忽视了民生功效，产业发展的落脚点将发生偏差。由此导致产业聚集区产生诸多不稳定的社会问题，进而给产业的可持续发展带来不利影响。因此，区域旅游发展的成效指标，应体现在旅游地的民生功效上。

改革开放以来，旅游产业成为我国经济领域发展最快的行业，有关资料显示，我国旅游业的经济效益每年以 10% 的速度递增，超出了国民经济的整体增长速度，在国民经济体系中的产出比重不断提高。"中国国家级旅游卫星账户"的数据显示，中国旅游业占国民经济的份额超过 4%。对比近年我国旅游业总收入占国内生产总值的比重，也不难发现，我国旅游业已接近支柱产业5%的标准。旅游业如此良好的发展成效，对民生的促进发展显然是客观存在的。但纵观我国多年来多类型旅游统计的结果发现，由于缺乏有关旅游民生功效的具体指标，形成了旅游发展成果显著下的旅游民生成果缺失的尴尬局面。

一、旅游民生发展成果统计的必要性

旅游发展的最终目的是促进区域社会全面发展，因此，当旅游业成为区域发展的重要产业形态时，旅游促进民生发展的成果就应成为衡量旅游产业发展水平的重要指标。其理由主要体现在四个方面，一是旅游地居民是各类旅游活动的直接影响者，理应享受旅游发展的成果，成为旅游经济效益的直接受益主体，也就是说，旅游发展理应是目的地居民"最大的红利"，目的地社区理应享受旅游发展的成果；二是旅游民生是旅游开发的着眼点和落脚点，旅游产业发展必须着眼于旅游地的民生，让更多的人通过旅游服务改善民生，让更多的从业者通过旅游就地就业；三是旅游民生体现了旅游地居民参与旅游的"话语权"。旅游资源开发、旅游项目规划、旅游业态经营等旅游经营活动，与旅游地居民的权益密切相关，在旅游产业发展中，旅游地居民的"话语权"是关系到民生保障的重大问题，更是旅游地各种利益关系和谐发展的基础，是旅游发展对"人的提升"，从而使人"超越基本的生存需要而具有真正意义上的人的生活"①，同时，旅游地居民的"话语权"能将"舆论、实践活动、管理制衡"等能力赋予当地社会，从而"激发当地居民的主动参与"②；四是旅游民生体现了旅游政策中的政府责任。实践证明，"社会政策缺失或不到位，是导致民生问

---

① 段希铸. 马克思的需要理论在改善民生中的现实意义 [J]. 世纪桥，2008（11）：48-49.

② EBBE K. Building Community Benefits and Village Tourism Associations [J]. An Anthology of Works From The 2006 International Forum on Rural Tourism，2006：200.

题不断涌现进而出现大量社会问题的重要根源"①。民生问题"不仅是构成社会生活的最基本内容，也是国家和社会组织活动的重要目的"。② 因此，政府作为重要的公共组织，负有保障公民权利、促进民生发展的责任，如提供更多的公共服务、切实加强弱势群体的社会保障、提高低收入人群的收入水平、创造更多的就业岗位等。同样，发展旅游业，政府更应加强旅游地公共资源的合理配置，并充分发挥财政税收的调节功能，调动居民旅游参与的积极性，有效引导社区居民树立保护文化遗产资源、生态资源的价值理念，让旅游发展的成果更多地惠及当地百姓。

由此不难看出，旅游发展的成果，对旅游地的民生改善显然是一个绕不开的社会问题，也是旅游促进社会发展进程中必须回答的问题。忽视了这个问题，或者在旅游发展中出现了民生问题，以旅游促发展的目标将会受到严重的质疑。因此，树立旅游发展的民生理念，建立衡量旅游民生发展的指标，对充分认识旅游促民生、旅游促发展的功能与作用，意义重大。

二、当前我国旅游统计的方法与偏差

众所周知，统计是一项十分重要的经济技术活动，对国民经济和社会发展的重要性毋庸置疑，统计的结果对组织决策、发展导向具有重大影响。因此，只有建立一套科学的统计方法，才能得出客观准确的统计数据，统计结果才能起到"晴雨表"和"风向标"的作用。由于旅游统计的经济导向和旅游者流向与规模的差异，我国的旅游统计中更有意义的是旅游地的旅游接待规模，而在我国的三大旅游市场体系中，国内旅游市场规模最大、影响最广，统计难度也最大，由此成为我国旅游统计中的重点。

我国旅游统计开始于 1993 年，当时主要是针对城镇居民国内旅游的抽

---

① 王强. 论民生问题中的政府责任 [J]. 湖北社会科学，2007（9）：32-33.
② 肖小明. 论民生视角下责任政府的构建 [J]. 中国井冈山干部学院学报，2010（3）：79-80.

样调查，调查的指标主要是出游人数和旅游收入。为进一步加强旅游统计的科学性、准确性和完整性，1998 年原国家旅游局颁布了《旅游统计管理办法》，明确了旅游统计的任务、内容、制度和方法。到 1999 年原国家旅游局和国家统计局联合颁布了《旅游统计调查制度》，旅游统计方法主要采取了抽样调查的方法，其主要做法是：城市调查队在 40 个城市中选择 1 万多城镇居民作为样本户，农村调查队选择 1 万户农村居民作为样本户，通过让城镇居民填写调查问卷，对每户城镇居民的出游次数、旅游花费进行统计，在此基础上去推算全国的国内旅游人次和国内旅游收入。

同时，国家统计局和原国家旅游局结合各地进行的地方国内旅游统计做法，向各地推荐了一套《地方接待国内旅游者抽样调查实施方案》，以进一步规范各地的国内旅游统计工作。依照国家的统计方案，各地对国内旅游的统计采取了直接面对旅游者的统计方法，即以在旅游住宿点调查过夜旅游者的情况为主，以在景点调查一日游客和在亲朋好友家过夜的旅游者为补充。可见，各地的统计数据直接来源于旅游者的出游行为。

不难看出，全国地方国内旅游统计采取了完全不同的方法，由此形成的统计结果具有很大的偏差，即全国和地方的统计数据不一致。相对而言，全国的统计数据更笼统宏观，而地方的统计数据更真实完整。

当然，理论上两种统计标准可以互补，即"两种调查方法能有效地消除误差，防止遗漏"[1]，但从实际情况看，地方采取的方法难以避免旅游者一次旅游活动在不同城市的重复统计。因此，各地国内旅游人次数的统计总和势必大于全国居民出游人次的总和，这样，各地国内旅游收入和全国的国内旅游收入难以吻合，旅游统计数据的偏差很难反映我国国内旅游发展的真实情况。

更大的偏差是，目前我国的国内旅游统计，主要是针对国内旅游者的统计，统计标准也侧重于旅游者国内旅游的总人次、城镇居民旅游人均消

---

① 王晶．我国旅游统计现状分析［J］．内蒙古统计，2008（1）：41-42.

费及国内旅游总收入，以及主要旅游企业数量规模、资产结构、营业收入等宏观经济的统计指标。这在很大程度上忽视了以旅游目的地为主体的旅游发展成果，以及旅游地居民和社区的旅游受益程度，由此导致了我国旅游民生成果统计的缺失。

三、我国旅游统计文献中民生指标的缺失体现

目前，反映我国旅游发展的统计文献资料较为齐全，种类多样。各类统计文献均能反映我国旅游年度宏观发展的成就。综合起来，旅游统计文献资料主要有六类：一是《中国统计年鉴》（国家统计局编写，中国统计出版社出版）；二是《中国旅游年鉴》（原国家旅游局编写，中国旅游出版社出版）；三是《中国旅游统计年鉴》（正副本）（原国家旅游局编写，中国旅游出版社出版）；四是《中国国内旅游抽样调查》（国家统计局、原国家旅游局编写，中国旅游出版社出版）；五是中国旅游业统计公报（每年下半年由原国家旅游局通过官方网站发布）；六是黄金周旅游统计报告。我国旅游产业发展成就的几种统计文献，其内容大致包括七大层面：一是我国年度旅游总收入；二是我国年度国内旅游总人次；三是我国年度入境旅游总人次；四是我国年度出境旅游总人次；五是我国年度旅游企业经营业绩，主要以旅行社、星级饭店为主；六是我国年度旅游人才教育，主要反映中高等旅游院校的规模和行业培训情况；七是某一时段的旅游发展情况，如五一、国庆、春节。这些内容最大的不足是旅游民生成果的缺失，具体表现如下。

一是年度旅游发展的收入指标中，难以体现旅游收入对民生发展的贡献度。如旅游总收入下，仍是宏观的国内旅游收入、入境旅游收入，反映民生发展的旅游收入是多少不得而知，如每年重点乡村旅游区域的旅游收入、一些重点的民俗旅游区、重点风景名胜区内的乡村社区旅游收入等。

二是旅游接待总人次指标中，没有对其进行细化。如城市社区接待的规模、乡村社区接待的规模，特别是城市以外的广大乡村社区通过开发旅

游而接待的游客数量，没有具体的统计数据。如一些乡村旅游示范点（村）、民族村寨、民俗村、农家乐等旅游接待规模的统计数据仅能在一些官方会议、节假日统计中零星找到，缺乏年度旅游民生接待规模的统计数据。

三是年度旅游就业统计数据的整体缺失。旅游就业是民生发展的重要体现，因此，年度发展的成果中，旅游就业是一项重要的指标。不可否认，我国十分重视旅游就业功能的发挥，并将旅游业作为吸纳劳动力的重要行业去引导，也提出了不同时期我国旅游年度就业的目标。如"十一五"规划期间我国年度旅游直接就业目标是50万，"十二五"规划期间为70万，但在实际发展进程中和几种年度旅游统计文献中这一目标的实际实现情况数据并未有所体现。同时，一些重要的旅游目的地，通过旅游发展带动当地社区居民的旅游就业的数据更为缺乏。

四是旅游民生教育培训成果的统计不足。从历年的旅游教育统计数据中不难看出，我国每年中高等旅游教育的数量规模、人才培养规模不断提高，但对旅游行业的培训教育成效反映不足。事实上，国家及地方十分重视社区居民自主经营旅游业的培训教育，也出台了一些行业标准，颁发了营业资质，但仍缺乏年度完整的行业培训教育统计数据。

五是旅游民生发展的质量统计缺乏。旅游民生发展的质量是生活质量的重要体现，发展旅游有利于旅游地民生质量的提升，如生态环境的建设、旅游经营者生活条件改善、当地居民旅游接待水平的提高、旅游社区公共服务的提升，以及旅游开发规划的社区主导、社区旅游组织的成立、旅游收入分配的社区参与等，都关系到旅游地的民生质量。但各类年度旅游统计中，缺乏上述相关内容的数据资料。

六是反映旅游民生权益保障的统计数据缺乏。谈到旅游的权益保障，我们更多想到的是旅游者在旅游活动中购买旅游产品或接受旅游服务后的权益保障问题，如旅游者的吃、住、行、游、购、娱等消费，其合法权益一旦受到侵害，自然属于民生的权益范畴。但旅游民生的权益保障，更应包括旅游目的地居民及旅游从业者的权益保障问题，"旅游发展应充分考虑社区利益"，"让社区居民能真正从旅游发展中获得实惠，实现社区与旅游和谐发展"。① 原因很简单，旅游业作为旅游地的重要产业形态，其目的是通过提供旅游服务满足旅游者的需求来改善当地居民生活条件、提高生活质量。从这个角度上看，旅游地居民不论是否从事旅游经营和服务，势必受到旅游发展的多种影响，如何保障旅游地居民的多种权益问题，便成为旅游发展中的重要民生问题。

总之，旅游民生统计应成为旅游发展成果统计体系中的重要内容。诚然，一些旅游民生指标的统计活动实施起来有相当的难度，但只要认识到了这个问题的重要性，实施方法将不再是难题。因此，针对当前我国旅游民生统计存在的诸多缺陷，构建一套科学的旅游民生发展成果的统计标准，应成为今后旅游统计工作需要加以改革的重要内容。

第四节　旅游民生统计的认识论与方法论

构建旅游民生发展的统计指标，并不意味着原有的各类旅游统计结果是错误的，而是在原有旅游统计思路、方法、结果的基础上，加强对旅游民生问题的认知与研究，探索旅游民生的构成层次、量化标准及指标体系，形成不同形式的旅游民生统计成果，以全面反映和体现我国旅游"国计"与"民生"协同发展格局。

一、旅游发展的民生观
民众的基本生存状态、生活状态、发展机会、发展能力以及权益保护等民生问题，是一个最基本的社会问题，也是最大的政治问题。而旅游发

---

① 曹诗图.旅游哲学引论［M］.天津：南开大学出版社，2008：100.

展对促进民生改善与质量提升具有先天的比较优势。因此，在引导区域旅游发展过程中，以民生为导向，充分认识旅游的民生功能，"在发展规划中谋划民生、在战略决策中重视民生、在实践中实行民生"，① 将旅游作为重要的民生产业去发展，旅游的民生功能就能得到充分发挥。因此，在区域旅游发展的指导思想上，必须树立民生理念，用民生标准衡量旅游发展的质量。

第一，旅游发展对旅游地民众生存、生活状态的改善程度。民众的生存、生活状态是最基本的民生问题，社会发展必须有利于民众最基本的民生改善。旅游业作为重要的民生产业，在引导旅游业发展的任何时期，都应把旅游地民众生存、生活状态的改善，作为发展的出发点。从理论上讲，发展旅游，从旅游资源规划、开发，到旅游基础设施建设，到旅游服务接待，都会引起旅游地环境的极大改善，如道路的修建、旅游公共服务设施的配置、社区居住环境的绿化等。但大量的事实表明，许多地方的旅游发展，因指导思想上的错位，导致旅游地民众的生存、生活状态非但没有改善，反而质量下降。如旅游地社区居民原有的活动空间变小、生活环境杂乱、物价上涨、犯罪率上升等不稳定因素增多。因此，旅游发展必须对旅游地民众的生存、生活状态高度重视，时刻把旅游发展对旅游地民众生存、生活状态的改善程度作为衡量旅游发展的质量标准。

第二，旅游发展给旅游地民众是否带来了发展机会。发展机会是民生发展的重要体现，社会发展应给民众提供更多的发展机会。同样，旅游业所具有的综合性、拉动性特征，势必在旅游地得到充分体现，如促进经济快速发展，带动交通、餐饮、住宿、景点、商贸、娱乐、通信、保险等相关行业迅速跟进，由此使得旅游地产业类型增多，特别是第三产业迅速崛起，这无疑给旅游地民众带来更多的发展机会。当然，如果对此问题认识不足，就有可能出现旅游的"飞地"现象，即旅游地的产业发展所需要的

---

① 李含琳. 旅游产业要与民生工程融合发展 [EB/OL]. 人民网. http：//theory. people. com. cn/n/2013/0624/c40531-21953941. html, 2013-06-23.

人力、物力、资金等资源被外来资源控制，就会影响旅游地民众的发展，给旅游地带来诸多社会矛盾。因此，发展旅游必须把如何促进旅游地民众的发展机会增长作为重要的民生标准。

第三，旅游发展是否促进了旅游地民众的发展能力。发展能力体现的是一个组织（如国家、集体、部门、社区、企业等）或个体（如企业职工、社区居民等）所具有的竞争力和进一步壮大实力的潜在能力。区域旅游发展能有效推动旅游地民众的发展能力。旅游地民众通过参与旅游、经营旅游，改变了以往从事第一产业或第二产业的劳作模式，在从事旅游业务、提供旅游服务的过程中，既要考虑市场的需求，还得考虑供给的现状，既要跟旅游者打交道，还得跟经营者合作。这无疑能大大提高旅游地民众的素质，开阔民众的视野，提升民众的竞争力，从而提高旅游地民众的发展能力。如一些民族村寨、民俗村、古村落等旅游社区中最早从事旅游业的"精英"，不仅有效带动了社区旅游业的发展，也提高了这些经营者自身的社会影响力。因此，发展旅游必须把如何提高旅游地民众的发展能力作为重要的民生标准。

第四，旅游发展是否给予了旅游地民众应有的利益保障。发展旅游能产生重大的经济效益、社会效益和生态环境效益，这是旅游地最大的"红利"，显然，旅游地民众便成为旅游发展的最大受益者。如增加民众的旅游就业、带动旅游地多类型产业的聚集、促进旅游地经济增收、提高民众家乡自豪感、通过旅游扶贫致富等。但在现实旅游发展中存在民众利益得不到保障，甚至存在伤害民众权益的现象，如旅游项目开发给予民众的补贴难以满足民众的要求；古村落旅游发展的收益分配不公；社区居民参与旅游的政策不明；只注重旅游资源开发后的经济收入而不考虑社区发展的长远利益；等等。从而造成大量旅游地，如旅游社区、风景名胜区、文物旅游区区域内的民众与游客、民众与社区组织、民众与旅游企业、民众与投资商等方面的突出矛盾，出现民众集体上访、告状等严重的矛盾冲突，甚至出现刑事案件。究其根本乃是未充分考虑到旅游发展与旅游地民众的利益保障，结果导致居民的权益受到损害。因此，利益保障是关系民生发展的核心问题，旅游发展必须充分认识到旅游地民众权益保障的重要性，在发展旅游的过程中，始终把群众的合法权益、利益保障作为重要的民生标准。

由此可见，旅游不仅是经济产业，更是民生产业，旅游发展目的是提高旅游地社会发展水平，而社会发展目的是提高人民群众幸福指数，发展旅游的出发点说到底是通过旅游产业提高民生质量，促进人的发展。马克思主义认为，民生问题就是人的生存和发展问题，发展经济只是人的发展和解决民生的手段。马克思曾强调指出"人是人的最高本质""人的根本就是人自身"。① 因此，只要充分认识到了旅游发展的民生意义，树立旅游发展的民生理念，把民生质量作为旅游产业发展质量的重要标志，旅游产业就能成为促进社会全面发展的民生产业。

二、旅游民生发展统计标准的构建

树立旅游民生产业观是实现区域社会可持续发展的基础，只有抓住了衡量旅游民生的标准，促进旅游民生发展才能有的放矢。仅有认知而没有方法或标准，旅游民生发展就缺乏抓手。因此，在我国原有旅游统计标准、方法的基础上，构建一套科学的、可操作的衡量旅游民生发展成果的统计标准，结合旅游发展的民生功能及上述旅游发展的民生观认知，参照学界有关居民或公民生活质量及社会发展的评价指标等成果。一般而言，衡量旅游民生发展成果的标准及构成要素，至少应包括以下五个层面。

一是旅游地民众的生存状态。该标准的构成要素可以有不同差异，主要看旅游地旅游产业的发育程度。在旅游产业发育初期，重点放在旅游开发的环境变化上，如空气质量、水质、垃圾处理水平、生态环境质量、污染物排放程度等；在旅游发展成熟期，重点放在旅游地的拥挤程度上，如

---

① 马克思恩格斯全集：第 1 卷 [M]. 北京：人民出版社，1956：461.

游客来访的规模、旅游企业规模；旅游地民众生产状态，如生产方式、劳动强度等；旅游地民众生活状态，如经济收入水平、生活节奏、子女教育等。其中，有些要素容易量化，有些要素量化难度大，在进行综合分析概括的基础上，可以针对一些具体问题加以量化。

二是旅游地民众的发展机会。该标准的构成要素可根据旅游产业发育及居民参与的程度进行量化。在旅游产业发育初期，主要看旅游地民众受益旅游发展的数量、旅游精英人物的带动效应、从事旅游服务项目的类型；在旅游产业成长、成熟期，主要看旅游地民众在旅游参与规模、旅游经营的理念变化、就业岗位中的角色、旅游发展中的决策地位、旅游影响的辐射范围。同样，有些要素量化有难度时，可以采取意见征求、专家赋值等方法获取。

三是旅游地民众的生活质量。该标准的构成要素可侧重旅游发展进程中民众的生活改善程度，具体要素指标可包括主观指标和客观指标，其中，主观指标包括收入现状满意度、收入预期、生活成本、医疗保障满意度、生活环境满意度、生活节奏、生活便利程度等；客观指标包括人均财富、通货膨胀率、绿地面积、恩格尔系数等。这些指标能较好地反映旅游发展对旅游地民众的生活节奏、生活成本、生活水平和生存环境的影响程度，提升旅游在生活水平、营养卫生、医疗保健和国民教育等方面的发展水平。

四是旅游地民众的就业增长。旅游就业是旅游发展成效的重要体现，有关研究表明，旅游业能带动100多个相关产业的发展，具有很强的拉动作用。因此，旅游发展给旅游地民众带来的就业增长便成为民生发展的重要成果。该指标的构成要素主要包括旅游地民众从事旅游服务的人数、增长率；民众旅游就业的层次与规模，以及旅游发展给旅游地增加的就业岗位前景和吸引外来居民旅游就业的能力。

五是旅游地民众的权益保障。前文已述及，旅游地民众应是旅游发展的最大受益者，发展旅游就是要给旅游地的民众带去更大的"福利"。因此，衡量旅游民生发展质量的重要标准之一，就是要看旅游地民众从旅游发展中获得的利益大小。该指标的构成要素较为复杂，量化难度也较大，但可以通过对一些客观要素的观察、民众的主观反映等途径，进行综合测度。总体而言，该指标的构成要素主要包括旅游公共服务组织，如乡村旅游协会、社区旅游协会；土地征收的资金补偿、旅游收入分配与公共福利、民众利益诉求途径、民众医疗卫生条件、医疗保险与教育质量保障、矛盾与社会纠纷处理、民众与旅游相关主体的关系等。

针对上述五大指标及构成要素，可将旅游民生发展功效的描述性统计指标构建如表9-3所示。

表9-3 旅游民生发展功效的描述性统计指标

项目	指标体系	考量因子
生存状态	生态环境	空气、水源、垃圾、污染
	旅游拥挤程度	游客规模、企业规模
	生产状态	生产方式、劳动强度
	生活状态	经济收入、生活节奏、教育
发展机会	旅游服务项目	精英人物、业态类型
	参与规模	人数、岗位
	旅游决策	岗位层次、人数规模
	影响范围	培训教育、品牌营销
生活质量	旅游收入	收入来源、收入水平
	生活成本	商品价格、购买能力
	生活环境	住房面积、出行交通、医疗
就业增长	旅游就业	就业人数、增长率
	就业层次	岗位类型、规模
	就业前景	岗位数量、岗位提升
	就业影响	外来人口就业规模

项目	指标体系	考量因子
	旅游公共服务组织	旅游政府组织、民间组织
	土地开发	补偿金、入股
权益保障	旅游收益	收入分配、公共福利
	医疗教育	医疗保险、教育资源
	利益矛盾	诉求途径、纠纷处理

考虑到相关考量因子的多样性及交叉性特点，在对相关因子进行量化时，标准的确定就成为一个重要问题。对此，可以将因子进行分类，即主观因子和客观因子，衡量主观因子的方法可采取综合描述、因子分析及问卷调查等，对于客观因子，可通过调研对象数据统计进行考量。总之，旅游发展的民生成果反映的是在旅游地旅游产业发育、演进和成长历程中，旅游地民众的生存、生活状态的改善程度。

三、旅游民生发展统计的方法论

构建旅游民生发展统计的指标体系，是旅游民生发展观的理论深化，但如何实施旅游民生统计，仍需要有一套可操作的方法。由于旅游民生发展统计指标及因子构成的复杂性，必须将旅游民生统计上升到战略高度。实施旅游民生发展成果的统计，是加强社会管理、促进社会和谐、引导社区良性发展的重要组成部分。对此，加强旅游民生统计，应按以下四种方法落实。

第一，研究和制定"旅游民生发展统计"的实施办法，即将旅游民生统计上升到法规制度层面，规定旅游民生统计的宗旨意义、组织保障、统计标准、统计内容、实施路径与汇总分析等基本内容。

第二，建立旅游民生发展统计的组织体系，即落实旅游民生统计的组织领导、责任义务、工作内容、协调机制。具体而言，建立自上到下的旅游民生管理组织体系，其中，国家负责全国旅游民生发展成果统计的领导，各地方具体负责本地旅游民生发展成果统计。

第三，建立信息化的旅游民生统计网络，即利用现代网络技术，开发旅游民生发展成果统计系统，针对上述旅游民生发展的指标因子，开展不同层次、不同区域和不同时段的旅游民生统计。

第四，发布旅游民生成果统计分析报告，旅游民生的统计分析是体现旅游发展的民生成果最为重要的一手资料。因此，依据旅游民生统计管理的责权义务，各地首先负责对本辖区旅游民生资料进行汇总，然后对相关信息进行分析，发布本地旅游民生发展成果公报，最后上报国家旅游民生成果统计信息中心，形成我国旅游民生发展的年度统计成果，并通过官方网站、出版社等媒体发布公报。

旅游发展的功效表明，旅游不仅是一项经济产业，更是民生产业。我国对旅游的产业性质的认知过程，以及不同时期旅游产业发展的制度安排与制度导向，已体现了以旅游促发展的民生理念。但我国区域旅游发展的现状表明，我国旅游产业的民生功能没有被激活，旅游发展的理念仍以单纯的产业经济和部门经济为主，旅游发展的成就指标仍以三大旅游市场宏观的数据为主，反映我国旅游民生发展成果的资料，十分零散。

毋庸置疑，发展旅游民生产业是一项复杂的系统工程。因此，树立旅游产业发展的民生观，充分认识旅游产业的民生功效，必须站在旅游业作为国家战略性支柱产业的高度去考虑，改变单纯的旅游经济发展思路。在我国原有旅游统计思路、方法与标准的基础上，研究旅游民生的层次与要素构成，构建我国旅游民生发展成果统计的量化指标体系，探索旅游民生统计的路径方法，引导旅游产业更好地服务民生、保障民生和改善民生，形成旅游"国计"与"民生"协同发展的格局，是打造我国旅游产业"升级版"的当务之急。

第十章　河北省全域旅游促民生的
典型片区与长效机制

　　2016 年以来我国旅游发展的模式发生了重大变化，由传统的景点旅游转向全域旅游。全域旅游由此成为我国以旅游促发展、以旅游调结构、以旅游促扶贫、以旅游惠民生的重要抓手。[①] 全域旅游的发展模式也成为业界、学界探讨的重要问题。作为全国旅游资源大省的河北省，积极探索全域旅游发展促民生的长效机制，一方面，充分发挥旅游产业的拉动作用，按照全域旅游发展的模式要求，优化配置各类资源，加大旅游公共服务体系建设，统筹规划区域旅游发展；另一方面，发挥"旅游+功能"，建立大旅游、大产业的综合管理体制，成立全省旅游工作领导小组，统筹协调旅游产业发展，不断探索旅游产业融合模式，着眼区域旅游发展的优势基础，以典型片区为引领，不断探索全域旅游促民生的长效发展机制，有效发挥了旅游产业的扶贫示范效应。

---

　　① 曾博伟. 全域旅游发展观与新时期旅游业发展 [J]. 旅游学刊, 2016（12）：13-15.

第一节　河北省全域旅游典型片区开发机制

一、省、市、县三级联动机制

"十三五"规划以来，河北省坚持每年举办一届省级旅游产业发展大会，同时带动市级旅游产业发展，积极探索召开一届大会、打造一个亮点的办会模式。经过多年的实践，现已经形成了省、市、县三级联动共谋旅游发展的推动机制。如 2016 年 9 月河北省第一届旅发大会在保定市举办，保定市依托涞水、易县、涞源 3 县的区位优势、发展基础、品牌景区的影响，以"转变旅游发展方式 实现旅游跨越发展"为主题，成功打造了"京西百渡休闲度假区"，成为河北省全域旅游示范创建的样板。

二、典型片区示范引领机制

"十三五"规划以来，我国旅游产业的发展模式，已经实现了从单一发展到全域协调发展的转变。河北省正式认识到了新时代旅游发展的内在要求，通过省、市两级旅游产业发展大会的举办，以区域样板为抓手，以片区引领为亮点，在空间上进行科学规划，对片区内统筹开发，在产业上进行合理布局，从而实现了全域旅游典型片区的示范引领效应。"十三五"规划期间，河北省通过五届旅游产业发展大会的举办，示范创建了五大旅游片区。

三、文旅融合的可持续发展机制

河北省是全国文物资源大省，发展文化旅游具有得天独厚的优势。为此，河北省在探索全域旅游发展模式的路径上，积极探索文旅融合的可持续发展机制。如第三届河北省旅游产业发展大会依托承德的历史文化资源、草原林地资源，将生态绿色、文旅融合的发展理念融入全域旅游的规划设计、项目开发、文创研发及遗产保护中去，开发建设了系列旅游新业态，如驿站、营地、特色小镇、美丽乡村等，大大突破了以单一旅游景点为核心的传统旅游开发模式。

四、旅游扶贫红利的共享机制

旅游发展的目的一方面满足旅游市场的需求，另一方面有旅游扶贫、促进城乡融合发展的作用。河北省通过省、市两级旅游产业发展大会，促进全域旅游深度发展。通过全域开发，带动更多的区域参与到旅游发展之中，带来更多的就业岗位，帮助更多的贫困村庄脱贫。如在秦皇岛召开的第二届河北省旅游产业发展大会打造的"滨海康养旅游度假区"，范围涵盖了23个乡镇、394个行政村的71.83万人，将青龙县、抚宁县、昌黎县串联在一起，为扶贫开发提供更多的就业岗位，带动更多的人群脱贫。

第二节　河北省全域旅游示范创建的典型片区

"十三五"规划期间，河北省充分发挥旅游产业发展大会的推动机制，紧紧抓住2017年河北省纳入国家全域旅游示范区建设单位的契机，坚持从实际出发，围绕市、县旅游发展基础好的重点片区，通过示范带动、线性片区开发，将全域旅游发展模式有效地融入河北扶贫开发、全面建成小康社会的整体发展战略，形成了区域影响大、品牌形象优和民生效果好的典型片区。

一、京西百渡休闲度假区

京西百渡休闲度假区是河北省第一届旅游产业发展大会打造的旅游片区。该片区位于河北保定的北部、北京的西部，包括易县、涞水县和涞源县三县，覆盖面积达 6646 平方千米，是河北省首届旅游产业发展大会重点开发和观摩的旅游片区。该片区依托涞水县的野三坡 5A 景区、涞源县的白石山国家地质公园景区、易县的狼牙山红色旅游经典景区和世界文化遗产的清西陵景区等高品质旅游资源，以山地旅游为核心，融合山地观光、康养度假、红色教育、乡村休闲、冰雪运动和文化体验等为一体，围绕涞水县、涞源县和易县三县传统旅游景区的优化升级，开发多类型的旅游业态，完善道路、停车、餐饮、娱乐、购物等基础设施。共投资建设了 83 个旅游项目，总投资达 300 亿元。形成了山地旅游、生态旅游、康养旅游、冰雪旅游、乡村旅游、红色旅游、旅游小镇等多业态融合发展的综合性度假旅游区，也形成了河北省全域旅游跨区域开发的典型片区。

二、秦皇岛滨海康养旅游区

多年来，旅游业一直是秦皇岛的基础产业、首位产业和主导产业。其中，依托北戴河和山海关两个重要的滨海旅游区，形成了以老龙头、天下第一关为核心的长城文化旅游带，也形成了以鸽子窝景区、碧螺塔景区、沙雕大世界等著名景点为核心的滨海休闲旅游带，同时，还形成了以祖山为代表的山地观光体验旅游带。

秦皇岛滨海康养旅游区是河北省第二届旅游产业发展大会打造的旅游片区。该片区主要依托秦皇岛天然滨海旅游资源，同时，充分发挥燕山山脉的山地生态旅游资源，形成山地与海洋一体化的康养度假旅游地。总面积达 2000 平方千米，涵盖了秦皇岛 7 个县（区）、23 个乡镇的 394 个村。经过科学规划、统筹开发，形成环景区风景廊道、葡萄庄园、娱乐休闲、冰雪运动、渔家生活、山地康养、长城文化和滨海度假的"一环、七组团"的旅游产业发展体系。从产品系列上，形成了全域、四季、生态、健康的旅游理念，从空间上，形成了北部山区和滨海呼应的全域新格局。

三、承德坝上国家 1 号公路旅游带

承德坝上国家 1 号公路旅游带是河北省第三届旅游产业发展大会打造

的旅游片区。该片区位于承德坝上的围场满族蒙古族自治县、丰宁满族自治县和御道口牧场管理区。北起国家森林公园塞罕坝林场，向西南经御道口牧场、御道口村、鱼儿山镇，到丰宁满族自治县的大滩镇，将承德坝上和坝下有机连接在一起，全长 180 千米。沿线开发了具有历史文化、草原风情、坝上高原的系列休闲旅游设施，诸如度假小镇、主题客栈、休闲农庄、游客服务中心等。并且将张家口的草原天路、京承皇家御道、张承高速公路以及御大公路串联成线，将承德的金山岭长城景区、避暑山庄及周围寺庙景区、塞罕坝国家森林公园景区等传统旅游景点连接在一起，成为我国北方四季自驾旅游的黄金线路。

四、石家庄西部山前大道及太行天路旅游带

石家庄西部山前大道及太行天路旅游带是河北省第四届旅游产业发展大会打造的旅游片区。该片区位于石家庄西部鹿泉区的山前地带和井陉县西部太行山境内。其中，石家庄山前大道紧邻石家庄市区，经过升级改造，形成了西部山前贯通南北、串联 15 个旅游景点、途经 7 个乡镇 31 个村和众多旅游业态的 50 千米休闲观光大道，沿线开发了 10 多个特色景观带，有效带动了鹿泉区生态旅游的快速发展。太行天路依托沿途的山地文化、地貌景观、村落风情等，将秀林镇、于家乡、天长镇、南障城镇的 26 个古村落串联在一起，是石家庄西部太行山典型的旅游扶贫线路。该线路分为西线和东线，西线从平涉公路的西柏山村北侧起，到大梁江村，长达 18.5 千米。主要经过狼窝、高家坡、史家、于家石头村、南张井、张井沟、大梁江、吕家等传统村落，现已通车。东线起于井元公路的良河西村，终于南障城镇，长达 17.3 千米。沿线主要途经栾家窑村、半沟村、塔寺坡村和北障城村。太行天路沿线修建了井石、南良都、栾家窑、塔寺坡、太行古镇、史家等驿站服务场所，成为井陉县全域自驾旅游的标志性工程，极大提升了井陉全域旅游发展水平。

五、京张体育文化旅游休闲带

京张体育文化旅游休闲带是河北省第五届旅游产业发展大会打造的旅游片区。该片区主要位于张家口市区和周边县域,通过我国第一条智能化高速铁路与北京相连,覆盖面积达 13633 平方千米。依托张家口特色旅游资源,突出了冰天雪地、体育运动、旅游休闲、文化赋能的区域特色,构建了以大境门的长城历史文化、崇礼区的冰雪运动、张北县的草原天路、怀来县的葡萄酒庄、赤城县的康养旅居为空间布局的体育文化旅游带,打造了张家口全域四季的旅游产品体系,形成了集生态、文化、体育、康养和休闲为一体的国际旅游目的地。

第三节　河北省全域旅游促民生的长效机制

一、积极探索旅游助力乡村全面振兴机制

充分发挥"十三五"规划期间的旅游扶贫成效,积极组织开展乡村旅游重点村全面摸底调查,通过申报、现场考察和评选,推出和落地一批旅游发展成效好的重点示范村加以推广;总结乡村旅游扶贫的有效机制,不断完善和提升重点旅游村的基础设施建设力度;实施典型案例旅游示范引导模式,加强旅游扶贫向旅游富民持续发力的政策支持和业务技能培训;加大乡村地区文化旅游资源的挖掘、保护、利用与传承的项目开发,大力推进旅游产业扶贫富民开发工程。① 积极探索乡村旅游助力脱贫后的全面振兴路径与机制。

---

① 文传浩,许芯萍. 流域绿色发展、精准扶贫与全域旅游融合发展的理论框架 [J]. 陕西师范大学学报(哲学社会科学版),2018,47 (6):39-46.

二、进一步丰富乡村社区旅游新业态

着眼乡村社区良好的自然、人文、田园等资源环境优势，立足于游客休息观光、农事体验、乡村娱乐、文化教育等多种需求，通过区域联动，突破原有景点景区发展的传统模式，大力开发多种乡村旅游业态，如田园景观、房车营地、特色餐饮、特色民宿、村落研学、乡村文创等业态，强化带动乡村旅游发展。① 通过开发与整合乡村旅游资源，实现旅游新型业态的全域发展。

三、不断加大美丽乡村建设力度

充分利用乡村特色产业、村落文化、农业景观和生态环境，规范乡村旅游开发建设规划，保持传统乡村风貌。加强乡村旅游精准富民，扎实推进乡村旅游富民工程。统筹利用惠农资金，加强乡村卫生防疫、环境保护、休闲场地等的基础设施建设，完善乡村旅游服务体系。建立健全乡村社区居民旅游从业的培训体系，鼓励旅游管理类专业的毕业生、旅游相关专业的志愿者以及艺术设计和科技工作者驻村帮扶，为美丽乡村建设及乡村旅游发展提供智力支持。

四、不断提高乡村旅游服务质量

乡村旅游的快速发展是大众旅游进入休闲旅游和体验旅游的必然选择，因此，提高乡村旅游服务品质既是满足旅游需求市场的要求，也是拓宽和延伸乡村旅游产业链的基本路径。根据各地具体条件，积极配置"休、养、商、学、奇、情"旅游的新要素。依据有关标准，挖掘乡村传统手工技艺规范，创新乡村创意文化设计，加强农家乐、乡村民宿、休闲农庄、自驾露营、户外运动等乡村休闲度假产品的服务质量评价，实施休

---

① 裴爱香. 全域旅游视阈下县域乡村旅游发展的机遇与挑战 [J]. 旅游纵览（下半月），2018（9）：155.

闲农业和乡村旅游服务标准的质量提升工程，将乡村旅游服务品质的考核纳入乡村振兴的重要内容。

五、积极推进全域旅游融合的深度和广度

根据区域内特色资源，加强产业布局，通过空间的广度和产业的深入融合，做大做强全域旅游产业，实现旅游产业健康良性发展新格局。同时，通过政府投入、银行贷款、社会投资等途径，加大新基础设施的投入，强化旅游富民的功能认识，真正认识到旅游不仅是经济产业，更是民生产业，切实把全域旅游发展与民生改善、优化产业结构和生态环境建设有机结合在一起，推动全域旅游的深度与广度的有效融合。

第四节　河北省全域旅游乡村社区发展的优势与要求

一、河北省全域旅游乡村社区发展的优势基础

（一）环京津、环渤海的地缘优越和客源优势

河北处于环京津、环渤海经济圈的腹地，具有良好的地缘优势，这是发展乡村旅游难得的区位条件，这样的地理优势，使得河北广大乡村地带，具备了良好的环游京津"旅游小时圈"优势。同时，京津作为我国北方两个最大的直辖市，具有强大的消费能力，其中，旅游消费已成为京津日常生活的重要消费领域。每逢节假日及日常闲暇时间，旅游消费"外溢"现象便成为京津消费市场的重要特点。有关资料表明，"黄金周"及传统节假日期间，京津两大市场的"空城化"现象，已显示其极高的出游率，其中，一日游客已超过80%，这也说明京津两大客源市场的日常短途旅游地以周边区域为主，这一区域恰恰是河北环首都经济圈范畴。因此，建设河北乡村旅游社区具有先天的客源优势。

（二）区域差异化的旅游资源优势

河北是全国唯一拥有高原、山地、平原、丘陵、盆地、湖泊、海洋的省份，区位优势独特、自然风光优美，拥有十分丰富的乡村风貌、乡村生活、农业景观等乡村特色旅游资源。既有以山村环境生态为主的自然资源，也有以乡村文化为核心的乡土资源，还有以农业种植为基础的农耕资源，同时，由于历史悠久，遗留下了十分丰富的历史文化资源，如历史古迹、红色资源等。这些资源对河北广大乡村旅游开发而言，是实现差异化需求的重要优势资源。

（三）河北乡村旅游开发已有的基础条件

改革开放以来，河北环京津区域内的很多乡村地带，依托当地特色资源，通过开发旅游业，已成为以旅游业为核心产业的"旅游社区"。同时，"十一五"规划以来，在实施新农村建设的战略中，为充分发挥旅游的扶贫功能，河北通过示范带动作用，于2006—2011年先后推出了100个省级"乡村旅游示范（点）村"和71个全省农业旅游示范点，其中，50%的示范点属于贫困地区。因此，建设乡村特色旅游社区已有了较好基础，且积累了一定经验。

（四）精准扶贫和乡村振兴的政策推动

"十三五"规划以来，围绕农村一、二、三产业融合发展、农业现代化规划、农村旅游用地、美丽乡村建设、全域旅游发展等方面，出台利于乡村地区旅游产业发展的利好政策，摸清贫困村规模数量，通过建档立卡，加大旅游扶贫开发工作力度，积极探索旅游精准扶贫、全面振兴乡村的开发机制，为乡村旅游社区的开发与建设，提供了良好的政策基础。

二、河北省全域旅游乡村社区发展的基本要求

一是明确目标，狠抓落实。充分认识河北脱贫后的全面振兴乡村的艰巨性，树立旅游富民、旅游振兴的乡村建设目标，把旅游作为惠民的重要

抓手，狠抓落实，走出一条"以旅游惠民生、以旅游促发展、以旅游强建设"的乡村社区可持续发展之路。

二是重点引导，示范推进。在原有乡村旅游示范（点）村和农业旅游示范点基础上，重点引导有基础、有条件、有经验的乡村社区将旅游业作为社区发展的主导产业，使其起到示范推进的作用。

三是培育品牌，突出特色。以乡村社区依托的特质资源为核心，积极培育环首都经济圈、西部太行山区、燕山山脉区域内的乡村旅游社区品牌，突出优势特色，防止同质化，真正形成以市场为导向的"一村一品""一村一业"的系列乡村旅游社区的特色品牌形象。

四是加大扶持，奖补结合。在原有鼓励政策的基础上，加大扶持力度，建立补贴和奖励相结合的双重激励机制，以提高乡村旅游社区建设的积极性与主动性。

五是科学规划，统筹发展。全域旅游发展模式下的乡村旅游社区建设，并不具有普遍性，不能搞一刀切，要坚持实事求是，切忌盲目开发，防止重复建设；要在科学考察、论证与规划的基础上，统筹协调乡村旅游社区的建设与发展。

总之，全域旅游发展是河北美丽乡村建设、连片综合开发、以旅促农、以旅惠民、改善民生的模式选择。因此，着眼河北乡村旅游社区的全域建设要求，对促进乡村产业结构优化、推动乡村经济社会发展、提高乡村居民生活质量、发挥旅游产业精准富民功效、全面振兴乡村战略等，均具有重要的现实意义。

第五节 石家庄西部长青休博城乡村旅游片区开发的模式与机制

一、石家庄西部长青休博城乡村旅游片区开发现状

石家庄西部长青休博城旅游地位于石家庄市区西部山前西侧的沟谷盆地,此地群山环绕,沟谷纵横,林木交织,地貌形态复杂,生态环境优良,土地类型以山地为主,主要包括村镇建设用地、矿业用地、水域、基本农田、果园、旱地、草地等。旅游地呈南北走向,长约5千米,南北中心轴内有梁庄、水峪两个完整的自然村落,同时,还包括了西部边缘区的荷莲峪、武家庄、上聂庄等村落。地理区位、内外交通优势明显。东距石家庄中心市区15千米、30分钟的车程,北距鹿泉区8千米、20分钟车程,西、北、东三面紧临石太、京昆和青银高速。旅游地东侧是石家庄西山森林公园和西部山前观光大道,与贯通石家庄东西的和平路、新华路、槐安路、南二环西延相连,同时,与南二环西延隧道及北段连接山前大道的环山路相通,旅游区内,环山路、摆渡车、小火车、市内公交等,构成了旅游地极为便利的内外交通网络。

西部长青旅游地于2009年正式立项,经过多方论证、调研、考察,聘请北京绿维集团编制了总体发展规划,随后按照规划要求,进入一期规划建设阶段。截至目前,西部长青已建成德明古镇、柳仙谷、亦禾观光园、冰雪小镇、自然儿童乐园、金蟾山地质园、水上乐园、璞祯酒店、露天温泉、山野长城观光带、滨水生态景观带等旅游业态,并全部进入正常运营。

"十三五"以来,西部长青借助河北省旅游产业发展大会推动全域旅游示范建设的机制,经过多方论证,将城市服务理念融入旅游地各类业态

的规划开发与运营管理中，以"休博城"的形象定位，以多业态服务大众
对美好生活的向往，从而提高民生质量服务旅游地的乡村振兴。不断突显
经济效益、社会效益、生态效益以及扶贫富民效益。2019 年接待各类游客
超过 200 万人次，综合收入超过 1 亿元。其生态景观、休闲氛围、品质特
征，还引起了学界的广泛关注，产生了文艺创作、城郊旅游及冰雪旅游发
展个案分析等科研成果①②③④。2020 年以来，受新冠肺炎疫情影响，西部
长青在严格落实新冠肺炎疫情常态化的管控措施基础上，游客接待量、业
态营业水平，均达到了往年同期的 80%。

目前，西部长青依据旅游地总体发展要求，积极对接鹿泉区的国土空
间规划，在旅游新业态开发项目的选择上，白鹿泉漂流、小三亚、阳光绿
道健身带等业态，正在建设中。康养小镇、溪山生态休闲小镇、红石小
镇、庄园民俗体验带等业态，正在规划设计中。

二、西部长青休博城乡村旅游片区开发管理的服务模式

（一）西部长青旅游地开发的形象定位

西部长青已建有北方的烟雨江南——德明古镇、天然生态氧吧——柳
仙谷、浪漫打卡点奇幻夜游地——亦禾观光园、孩子们的成长乐土——自
然儿童乐园、刺激有趣的冰雪运动基地——冰雪小镇、康体养生的健康福
地——温泉谷、别具海滨风情的夏威夷谷、雄奇秀丽的钟乳石洞、丰富多
元的吃住环境，成为华北太行山地区集休闲王国、游乐世界、购物天堂、
创意天地、会展中心、人居乐园于一体的 RBD（游憩商业区）休闲旅游目
的地。

---

① 田永芳. 林海行吟之西部长青游记 [J]. 河北林业，2014（9）：36-37.
② 庞晓玮，陈琪，李鹏飞. 结庐在人境而无车马喧——走进西部长青度假村 [J]. 河
北画报，2014（5）：78-79.
③ 包丽媛. 石家庄市近郊旅游开发策略研究 [D]. 桂林：广西师范大学，2014.
④ 朱冬雨. 京津冀协同发展背景下河北省冰雪小镇建设路径研究 [D]. 石家庄：河北
师范大学，2021.

对此，西部长青从整体规划到项目建设，旅游地开发管理有明确的形象定位，即"全家人都能收获快乐的地方"。

从这一形象定位的外延不难看出，西部长青的服务模式，从单纯的旅游服务，扩展到了美好生活之上，那就是"美好生活的体验区，振兴乡村的样板区"。

对此，西部长青在服务理念上，强调三个方面，一是凡是客人看到的必须是整洁美观的；二是凡是提供给客人使用的，必须是安全有效的；三是凡是员工看到客人都应是热情有礼的。

(二) 西部长青休博城的旅游服务模式

旅游开发与管理的关键是创造价值、增加收益、服务游客。在全域旅游发展模式的推动下，过去单一的旅游景点开始向旅游业态全域发展的模式转型，旅游经济开始由门票经济转化为产业链经济，通过融入嫁接多种服务业态，拉动了亲子游乐、户外康体养生、夜游夜生活经济、商务休闲等需求规模的扩大。

对此，西部长青瞄准近郊城乡交错带半小时经济圈内具有乡村地域特色的山地旅游片区，以"自然山水景观+乡村文化+休闲业态"为目标，结合旅游消费多样化的诉求与需求，积极探索旅游消费过程中的审美需求、愉悦需求、健康需求、文化需求、求知需求、精神需求特点，让旅游要素"吃、住、行、游、购、娱"融入各项旅游服务业态和旅游消费体验活动中，通过专门化、细分化、专业化的服务技术，凸显旅游产品的吸引力，让游客看有绝色、玩有喜色、住有暖色、吃有绿色、买有特色、疗有起色、行有各色、说有亮色、学有真色、享有本色。从而构成了西部长青以人为本、着眼美好生活的"十色"旅游服务模式体系。如图10-1所示。

(三) 西部长青旅游服务模式的创新体系

一是模式创新。即从单一到综合，复合型产品、多元化发展，成为西部长青的服务方向。将酒店景区化、景区度假化、度假生活化。强调景区是观光的核心，度假是酒店的核心，休闲是生活的核心。

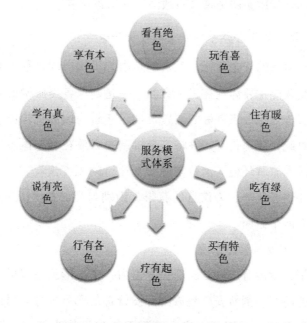

图 10-1　西部长青旅游服务模式体系

　　二是产品创新。即从阶段性服务到全年服务，延长全年经营时间，塑造新形象，延长客人停留时间，不断丰富产品业态内容，不断开发四季产品，促进游客的二次消费。

　　三是管理创新。通过加强队伍专业化、流程标准化、服务品质化、管理精细化建设，达到"5C"品质标准。即信誉（诚信经营，口碑相传）；清洁（绝对清洁的环境、整洁的员工、卫生的食品）；方便（完善的配套设施、人性化设计）；舒适（安全的环境）；关注（微笑、友善、主动的员工，满意的服务）。

　　四是体验创新。休闲旅游重在体验，对此，西部长青强调游客更多的体验感，通过精心设计互动体验项目，如登高祝福、中秋祭月大典、探险寻宝之旅、自然科考营、户外拓展、七夕文化节系列活动等，不断提高游客的满意度，以得到游客的认可和参与。

三、西部长青旅游服务模式有效运行的决策机制

（一）强化旅游服务体系的安全与质量决策

旅游服务体系的安全运行，反映的是内部机构履职过程中的安全管理体系建设。其职能主要体现在三个方面，一是确保各类旅游设施设备的安全，二是为服务对象提供良好的消费环境，三是为内部机构员工提供安全行为准则。对此，西部长青始终将安全机制决策放在服务体系建设的首要位置，强化区内旅游环境、消费空间安全运行的制度建设、队伍培训、常态化监测、评估考核等，为信息的获得、识别与交流提供决策依据①，具体体现在以下四个方面。

1. 建立区内安全管理系统

没有安全，就没有旅游。西部长青作为一个地形地貌多样的复合型旅游区，区内的游览、消费安全是旅游开发管理的第一要务。对此，西部长青从项目建设初期，就把区内安全管理系统建设作为管理决策的重要内容。通过多年的积累与实践，目前，西部长青旅游区已建立由控制机制系统、信息管理系统、安全预警系统、应急救援系统4个子系统构成的安全管理系统。

2. 建立联防联控救援系统

山地型休闲旅游度假区由其特色的人文自然旅游景观组成，对游客体验、观光、互动的需求，具有很大的吸引力。但同时，也具有事故多发的特点。对此，西部长青结合旅游地内的地貌环境、山林防护、食物安全等，建立了完善的联防联控旅游救援体系，将游客的游览安全、消费安全、体验安全、生物安全、野外安全等可能发生的事故，通过多部门联合、职能机构巡查、电子监控、紧急电话、救援配备等措施，作为旅游服

---

① 陈红霞. 智慧旅游背景下景区危机决策机制转型研究——以黄山风景区火灾救援决策机制为例［J］. 中国西部，2018（2）：60.

务管理的重要内容，建立了高效、快速、专业的旅游救援服务体系。

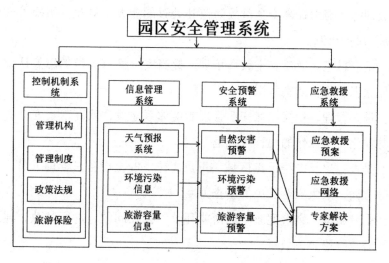

图 10-2　西部长青园区安全管理系统

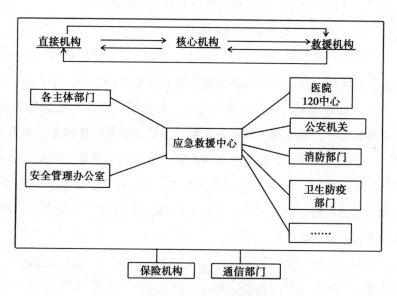

图 10-3　西部长青旅游联防联控救援体系

3. 强化园区安全检查

安全检查是落实安全管理制度、防范安全事故发生的重要手段。多年来，西部长青不断强化园区的安全检查与安全防范的教育培训、队伍建设和实战训练，努力提高安全事故防范和处置的能力。对此，明确了安全的"五查"决策机制。

一是查思想。通过安全教育培训，提高安全检查人员的思想认识、安全责任意识和职责落实意识。

二是查管理。积极加强安全管理制度体系建设，认真落实安全管理制度，并强化安全操作的规程与规范。

三是查隐患。围绕重点区域、重点岗位、安全设备、管理人员、工作环境等方面，加大安全隐患的巡查力度。

四是查整改。结合巡查中的薄弱环节、存在问题，进行整改，通过回头看，督查隐患整改效果。

五是查事故处理。针对具体事故，跟踪处理事故的上报、立案、处理、效果、反馈等环节，纠正和预防事故处理的偏差。

4. 确立"四化"质量安全服务体系

服务体系有赖于系统化的制度与专业化的队伍。西部长青坚持服务品质的提升与优化，着眼游客的满意度与服务效率，构建了一个完整、系统的"四化"服务体系。一是队伍专业化，提高员工素质，提高业务水平；二是流程标准化，积极落实各项业态管理运营的服务标准体系，规范服务水平；三是服务品质化，提升游客满意度，减少人为摩擦；四是管理精细化，针对工作内容、项目进展、质量要求、安全隐患、事故预防等方面，积极做到精益求精、细致入微。对此，西部长青形成了一套完整、科学、有效的质量决策方案。

一是时刻提醒三个问题，即什么地方存在问题、怎么做才能避免那些问题的发生、万一出了问题怎么办。

二是认真遵循"3E"事故预防原则，即 Engineering——工程技术改进，运用工程技术手段消除不安全因素；Education——教育，说服教育和人员调整，通过培训，掌握安全生产知识和技能，树立"安全第一"思想；Enforcement——强制或惩戒，就是采取必要的行政和法律手段约束人们的行为。

三是积极落实"三不放过"，即责任不落实不放过、工作不到位不放过、问题不解决不放过。

（二）确保旅游服务安全落地运行的环境决策

服务体系的安全运行决策，离不开外在环境因素的影响。只有内外协同，才能达到总体决策的目标。在多年的经营管理中，西部长青积极面对旅游区内村庄的利益诉求，加大区内生态建设与火灾隐患排查力度，同时严格执行新冠肺炎疫情防控下的游客管理，认真谋划，积极决策，形成了服务创新与安全运行的环境决策体系。

1. 与旅游地内村庄和谐共建

西部长青休博城园区内有 5 个村庄，解决好村庄与园区在土地利用、风景资源利用等方面的矛盾，实现园区与村庄、村民和谐发展，成为旅游服务模式有效运营的重要保障。

土地流转的利益保障。西部长青充分考虑区内村庄居民的利益，通过多方沟通、商讨、论证，西部长青将规划范围内的土地全部流转过来，在土地价格、村户补贴、公共服务、住房保障等诸多方面，充分满足居民的诉求。从而形成了与区内村庄和谐共生、利益共享、共同发展的局面。

为区内村庄积极提供就业岗位。区内的吃、住、行、游、购、娱、研、学、体、商、养等各类业态，为村民提供千余个工作岗位，村民人均收入由过去的百余元增加到 2 万余元，90%的家庭添置了小汽车。村民们的吃穿住行和精神面貌发生了巨大变化，生活质量得到显著改善。

规划建设村内道路，改变村庄出行难问题。村庄原有道路系统不完善，各级道路不完整，村内道路未硬化，衔接不通畅，影响通行和环境，也影响着村民日常生活。园区通过道路规划建设，强化村道与园区道路的联通，将道路拓宽，规划停车场及公交站台，大大改善了村民的出行状况。

建设新村庄，改变村容村貌。由于交通闭塞，原有村庄建筑质量差，内部环境有待提升，公共设施及公共空间匮乏。新村庄建设突出自身的环境特色，维护乡村风貌。村庄规划深入农家实地调查，充分征求意见，充分尊重村民在生产、土地使用和农房建设上的主体地位，建设项目与村民利益相结合。项目建设的 10 年，也是村企整合发展，帮助群众脱贫致富，共建美丽乡村的 10 年。

2. 绿化防护区内的自然生态环境

西部长青旅游开发项目启动以来，累计投入 16 亿余元用于发展区域基础设施，改善生态环境，打造绿水青山，受到百姓的称赞。10 年来，西部长青共计植树造林 2000 多万棵，绿化荒山荒地约 13.3 平方千米；修建道路 20 千米，建设健身绿道 17 千米，形成了环景区交通网；修建地下引水、引气综合管廊 7 千米；建设塘坝 13 座，蓄水能力达到 300 万立方米/年。

同时，积极预防春秋景区山地林草防火安全。由于北方天气干燥，景区常年游客 100 多万人次，山林茂密，私坟多处，农作物分布广泛，火患高危。对此，西部长青多管齐下，一是规定禁火季及禁火区，采用中红外探测器全天候监控；二是采用无人机定点巡查，防火巡逻小组对进入景区人员进行防火宣传与检查；三是做好入山管理和火源管理，把住火源入山关；四是在景区内动火施工作业启动《动火审批制度》，加强消防安全培训及应急演练；五是与县、乡各级防火机构联动联防、密切配合。

3. 强化新冠肺炎疫情常态化防控策略

2020 年以来，新冠肺炎疫情给景区旅游接待带来了严重冲击，在新冠肺炎疫情严控及旅游恢复期，西部长青坚持新冠肺炎疫情常态化防控，将景区环境、游客安全、人身健康放在重中之重。一是加强对员工的新冠肺炎疫情管理，要求全体员工养成正确洗手习惯，佩戴可靠的防护用具，加强锻炼，增强免疫力；二是环境消杀，强化环境及物品消毒管理，要求公共区域家具和设备等物品表面清洁消毒，公共区域地面和地毯的清洁消毒，食品接触面及食品加工设备的清洁消毒，并加强冷冻食品的管理，废弃物的消毒处理以及游步道、游览活动空间的消毒管理；三是加强区内村庄社区新冠肺炎疫情防控，通过调拨新冠肺炎疫情防护用品，派遣新冠肺炎疫情防控人员，与区内的社区组织密切合作，防止新冠肺炎疫情进乡村社区；四是对游客的新冠肺炎疫情管理，严格采取限流、网上预约购票、控制进入园区游客数量等措施，坚持园区入口及各游览点入口扫码测温。成立新冠肺炎疫情防控工作组，展开流动巡查，劝导游客戴好口罩，排队区域设置1米间隔线，充分保障游客游览安全。组建体温监测组、消毒实施组、医疗救护组、宣导培训组，加强对入园游客的管理。

4. 加大智慧旅游服务体系建设力度

随着信息化技术的快速发展，大数据、云计算等技术广泛应用到了旅游供给与需求之中。对此，西部长青积极适应智慧旅游发展的趋势与要求，不断加大区内信息化建设的投资、管理与服务的决策力度。

一是建设景区官方网站，全面展示和介绍西部长青概况、主要业态、餐饮住宿、地理区位、出入交通等基本信息；二是在新冠肺炎疫情防控期和旅游旺季，开通网络预约入园系统，并将二维码通过官网、官方微信向社会公布；三是在园区重点游览、消费领域，提供无线网络服务，使到访的游客能快速、便利地获取多类型网络平台的信息；四是停车场、重点游步道、餐饮消费区等区域，安装视频监控系统，确保旅游设施设备、游客游览的安全；五是利用微信公众号、手机 App、抖音小视频等平台，建立景区服务动态、产品体系、活动推广等诸多方面的信息推送系统，使游客进入景区就能通过微信平台自动获取区内旅游服务、安全提示、天气预警、客流规模等信息。

四、石家庄西部长青休博城乡村旅游片区开发的启示与展望

我国扶贫开发与全面建成小康社会的实践，进一步提高了旅游产业在我国国民经济体系中的比重，旅游消费在区域经济发展、居民生活品质提升中扮演的角色越来越重。由此推动和促进了城郊区域休闲旅游业态的开发，激活了民营资本投资旅游行业的活力与机制，并在旅游开发管理的创新实践中，产生了良好的经济与社会影响。

西部长青作为河北省重点支持的旅游项目，经过10年的开发，投资规模、区域影响、品牌竞争力不断提升，旅游综合效益不断凸显，究其根本，与开发投资主体的发展定位、服务模式与决策机制密切相关。由于瞄准了旅游地区位特征，多层面、多角度地考察论证，立足全域发展的视角格局，以旅游地生态环境优化及当地乡村居民利益保障为先导，明确了开发管理进程中的服务理念与服务模式，创新了管理决策的服务机制，呈现出了区内项目建设与村庄发展的和谐共生、旅游服务与旅游消费共享的良好局面。

当然，面对当前新冠肺炎疫情发展的持续影响以及西部太行生态红线的制约，在深化决策机制体系的创新上，西部长青也面临着诸多压力和挑战，如由于游客减少导致的景区投资设施的闲置、新冠肺炎疫情防控常态化的成本投入、春秋季区内防火封山的压力、规划项目的土地利用及指标划拨的困境以及在建项目的盈利模式与运营管理等问题。破解当前面临的系列挑战，既有赖于集团公司的远见卓识和科学决策，更有赖于集团上下的团结协作与创新进取。因此，立足旅游服务美好生活的理念模式，不断加强景区内涵建设，积极练好管理内功，是创新服务模式、破解决策难点、提升管理质量、拓宽发展路径的应有之义。

第十一章　石家庄县域旅游消费的空间差异与民生取向策略

县域是由一些中小城镇和大量乡村地域构成的行政单元，是城乡经济的接合部①，即城市经济与乡村经济的结合。其中乡村是除城镇地域以外的一切地域②，是县域土地和人口的主要集中地，是人们生产生活的重要地理单元。县域为我国社会经济发展和民生改善提供了丰富的生产生活资料和劳动力资源，为社会主义现代化建设做出了突出贡献。其中，在扶贫开发、全面建成小康社会以及全面振兴乡村战略的发展进程中，县域旅游在促发展、惠民生、保就业等诸多方面，扮演了重要的角色。随着全域旅游的发展，县域旅游不再拘泥于时空格局的影响，展现出较强的可塑性与包容性，使得旅游产业成为县域发展的重要民生产业。但由于受县域自然环境、旅游资源、县域经济、游客感知等方面的因素影响，县域旅游消费的空间差异，从而影响了县域旅游经济带动乡村社区发展的民生功效。

---

① 李业斌. 县的经济地位和作用 [J]. 理论学刊, 1985 (4)：5-8.
② 张小林. 乡村概念辨析 [J]. 地理学报, 1998 (4)：3-5.

第一节　县域旅游消费的认知层次

一、乡村旅游是县域旅游的主要消费形态

我国丰富的乡村旅游资源和诸多政策红利，使得近几年来，乡村旅游产业快速发展，产业规模逐渐扩大，这展示出乡村旅游产业较强的经济拉动性。乡村旅游业态不断丰富，供给端不断完善，在国内已经形成乡村旅游的热潮，乡村成为游客最为关注的旅游地之一。据统计，2019 年，全国旅游人数 60.06 亿人次，旅游收入达到 6.63 万亿元；其中，乡村旅游人数 32 亿人次，旅游收入达到 8500 亿元，这显示出了我国乡村旅游具有巨大的消费市场。整合乡村地域的自然、社会、历史文化、农业等资源，发展乡村旅游，振兴乡村经济，重塑乡村社会生活面貌，这既是对乡村的产业扶持，也是对乡村的"精神"扶贫。

乡村旅游产业在乡村振兴战略中的重要地位，使其受到我国各级政府的重视。在保护原有村落自然生态与历史文化的基础上，支持各地积极开展县域乡村旅游活动，目的在于以旅促农、以旅兴农、以旅富农。文旅部从 2019 年至今，先后公布两批全国乡村旅游重点村名录，共 1000 个，将优先获得国家政策的支持。但县域旅游消费在旅游产业消费体系中的比重仍较低。有关研究显示，2019 年县域旅游收入均值约为 44.69 亿元，游客量均值为 519.35 万人次，平均每人次消费约 860.50 元，低于全国平均每人次的消费水平。随着各地方加强县域旅游设施的建设和大力整治，强迫消费、野导游、店大欺客和以次充好等旅游消费问题得到逐步改善。

二、县域旅游消费具有鲜明的乡村性

以县域为尺度的乡村旅游研究，一直受到学界的高度关注，其中，侧

重于不同县域空间尺度下的旅游消费现状、问题及重要性等基础性研究和不同群体的旅游消费行为研究，是研究和探讨的热点问题。**在全域旅游发展模式的宏观背景下，从地理学视角出发，充分考虑区域内对县域旅游消费产生影响的各类因素，包括政治、经济、生态、文化等因素，构建县域旅游消费影响因素的评价体系，通过实证分析对其进行评价分级，找出发展短板，并有针对性地提出优化建议，以丰富县域旅游消费的理论体系，完善县域旅游消费和乡村旅游供给的研究内容。**

因此，县域旅游是发生在县域广大乡村地域空间内的乡村旅游活动，其活动具有明显的乡村性，目标群体是城市居民，是游客在乡村旅游目的地体验具有农业、乡村文化等乡村性特征的休闲消费活动，是第一、第三产业融合形成的新兴产业。① 可见，乡村旅游消费是伴随乡村旅游业的出现而产生的，且消费场所在乡村地域、消费主体为城镇居民、消费活动具有乡村性。

三、县域旅游消费的民生价值

县域旅游消费在促进旅游业发展的同时，也推动了广大乡村地域的发展，是乡村摆脱贫困、实现全面小康的重要民生产业。旅游消费作为消费的重要组成，不仅能够对地方经济社会发展产生深刻影响，还能够起到调结构、促就业、惠民生的作用。因此，县域旅游消费有利于县域民生质量改善，带动县域旅游就业的规模性增长，从而推动县域旅游供给端优化升级。对游客而言，能充分体验县域旅游消费环境，把更多的精力和时间投入旅行中，获得身心愉悦和精神享受，缓解现代生活带来的压力。

实践证明，旅游消费属于高层次的消费，是人们在满足基本生活需求之后，为追求更高生活品质和精神享受，在旅游过程中产生的一种消费行

---

① 郭焕成，韩非. 中国乡村旅游发展综述 [J]. 地理科学进展，2010，29（12）：1597-1605.

为和活动。① 旅游消费可以分为基本消费和扩展性消费，基本消费主要包括交通、餐饮、住宿、门票等，而扩展性消费包括纪念品、特产等旅游商品和文旅服务。旅游收入是经营主体向游客提供旅游产品与服务所获得的总收入。可以看出旅游收入规模是旅游消费的最直接表现形式。因此，旅游者的自身因素、旅游客源地需求水平、旅游地产品供给不仅是影响旅游需求与旅游消费的重要因素，也是有效改善县域民生的重要力量。

四、县域旅游消费的制约因素

县域旅游消费是乡村旅游需求过程中产生的各种消费现象，即旅游者在乡村旅游期间的花费支出总额。因此，从宏观方面来讲，地区经济发展水平、人们生活方式的变革和城市化水平影响着旅游消费水平，其中地区经济发展水平决定旅游消费水平。② 经济的活跃与繁荣为旅游消费创造了条件，具体而言，经济的发展带动了人民收入水平的提高，增加了休闲时间和促进了交通等设施的发展，这为旅游消费的发展奠定了基础。③ 因此，在收入助力旅游消费增长的条件下，城乡二元化结构、收入阶层分化和非自费向自费消费转化等，是影响县域旅游消费的重要条件。

同时，季节性特征也深刻影响着旅游消费的发展，季节性既与气候季节相关，也与我国传统旅游消费淡旺季有关。前者是我国季节气候的出游适宜性影响，后者与我国的节假日、传统文化、出游与消费习惯等相关。当然，这与县域旅游资源景观、基础设施、生态环境等，有着一定的关系。旅游消费者的自身特征与行为，对旅游消费也有着深刻影响，如旅游者的年龄、性别、文化程度、职业类别、婚姻状况、家庭结构等不同，产

---

① 郭来章，郭鲁芳. 试论旅游消费的特点 [J]. 商业经济与管理，1989 (3)：73–76.
② 宁士敏. 影响中国旅游消费的经济和社会因素分析 [J]. 旅游学刊，2000 (3)：75–76.
③ 唐未兵. 论旅游消费与经济增长 [J]. 消费经济，1997 (5)：4–8.

生的旅游消费就具有很大的差异性。同样，城乡居民的旅游消费行为也有很大的不同，城市居民更多追求自驾游、远途游和文化、教育等方面的旅游消费①，乡村居民出游意愿、消费水平明显低于城市居民，其中，收入和旅游价格是影响消费的主要因素。②

第二节 县域旅游消费空间差异的影响因素构成

一、县域旅游消费空间差异的影响因素选取

对县域旅游消费的空间差异，既有县域社会、经济、政治、文化、生态等宏观供给因素，也包括游客个人情感、喜好、意愿等需求因素。结合县域旅游消费发展现状，从影响因素的客观、统一、可获取与可量化的角度，选取自然环境、旅游资源、社会经济、游客关注与体验、旅游产业集聚五个方面，具体包含空气质量综合指数、人均森林面积、旅游资源丰度、文化资源丰度、A 级景区密度、区位优势、交通可达性、公路里程、经济发展水平、旅游收入、网络关注度、综合评价、游客情感感知、旅游产业集聚度和旅游产业聚集效应 15 个子因素，如表 11-1 所示。

表 11-1 县域旅游消费空间差异的影响因素构成

因素	子因素	解释说明
自然环境	空气质量综合指数（X_1）	X_1表示县域年度的空气质量综合指数
	人均森林面积（X_2）	X_2表示县域每万人森林面积

① 郭伟，李京，李胜芬．城市居民国内旅游需求演变的灰色关联分析 [J]．统计与决策，2011（9）：97-99.
② 周文丽．西部典型区农村居民旅游消费特征及影响因素研究——以甘肃省农村居民为例 [J]．人文地理，2013，28（3）：148-153.

续表

因素	子因素	解释说明
旅游资源	旅游资源丰度（X_3）	$X_3 = 5.0*a+2.5*b+1.5*c+0.75*d+0.25*e+0.15*f$ a、b、c、d、e、f分别表示各县5A级、4A级、3A级、2A级、A级和普通旅游景点数，5.0、2.5、1.5、0.75、0.25、0.15为各级旅游景区的权重赋值，乡村旅游示范点、农业旅游示范点和工业旅游示范点权重归于2A级景区权重，传统古村落点权重归于A级景区权重，节事活动点权重归于普通旅游点权重
	文化资源丰度（X_4）	$X_4 = 2*g+2*h+i+j$ g、h、i、j分别表示国家级非物质文化遗产、全国文物保护单位、省级非物质文化遗产和省级文物保护单位的数量，国家级权重赋值2、省级权重赋值1
	A级景区密度（X_5）	X_5表示县域每万平方千米的A级景区数量
	区位优势（X_6）	X_6表示县域旅游景点到市区的平均地理距离
社会经济	交通可达性（X_7）	$X_7 = 2*k+2*l+2*m+2*n+o+z$ k、l、m、n、o、z分别表示县域内机场、铁路站点个数、高速站点个数、国道数量、省道数量、地铁站数量，对机场、铁路、国道、高速权重赋值为2，省道、地铁站点赋值为1
	公路里程（X_8）	X_8为县域公路里程长度
	经济发展水平（X_9）	X_9为县域年度地方生产总值
	旅游收入（X_{10}）	X_{10}为县域年度旅游收入

因素	子因素	解释说明
游客关注 与体验	网络关注度（X_{11}）	X_{11}为县域年度的网络关注度，采用百度指数
	综合评价（X_{12}）	$G=（5*A+4*B+3*C+2*D+E）/S$ $X_{12}=G_1+G_2+G_3+G_4$ G表示满意度，A、B、C、D、E表示选择超棒、满意、不错、一般和不佳五个等级的数量，5、4、3、2表示对应赋分权重，S表示总数量 X_{12}表示综合评价指数，G_1、G_2、G_3、G_4表示口碑评价、趣味评价、景色评价和性价比
	游客情感感知（X_{13}）	$X_{13}=\dfrac{p-q}{r}$ p表示游客关注对象的积极情感评论之和，q表示消极情感评论之和，r表示县域评论数量
旅游产业集聚	旅游产业集聚度（X_{14}）	$X_{14}=\dfrac{s/t}{u/v}$ s表示县域年度旅游产业产值，t表示县域年度地方生产总值，u表示县域在市的旅游产业产值，v表示县域在市的地方生产总值
	旅游产业聚集效应（X_{15}）	$X_{15}=w/y$ w表示县域年度旅游产业产值，y表示县域面积

二、县域旅游消费空间差异的影响因素解释

1. 自然环境

旅游目的地的自然因素为县域旅游消费提供了良好的外部环境，优越的自然环境对县域旅游消费的发展具有拉动作用，反之则具有阻力作用。

这里选用的自然环境主要包含两种：一是空气质量，空气质量会影响旅游者的旅行满意度，尤其是较差的空气质量，如雾霾天气等，会对旅游者的旅行意愿造成负面影响。① 二是人均森林面积，森林被认为是"地球之肺"，森林能够净化空气、调节区域小气候和增加地区生物多样性，这对于改善地区生态环境具有重要作用；同时较高的森林覆盖率能够为地区营造良好的环境条件，也能够成为地区重要的森林景观资源。

2. 旅游资源

旅游地的旅游资源和区位条件是影响旅游消费产生的重要因素。据研究，旅游资源禀赋及其区位条件与旅游市场占有率呈直线相关关系②，也有将区位优势用县域景点到主要城市的平均地理距离替代的。③ A 级景区作为较为优质的旅游资源，其对县域旅游消费发展有着深刻的影响。因此，本节将旅游资源丰度、文化资源丰度、A 级景区密度和区位优势作为影响县域旅游消费的因素。

3. 社会经济

县域经济社会发展相关状况，如经济发展水平、交通设施与通达度、政策环境等，为旅游消费发展提供了经济基础、市场需求和可进入性，是影响其发展的重要因素之一。一般而言，经济发展水平高的地域，对周边旅游消费的发展具有深刻影响，旅游消费水平较高。即在经济较为发达的城市周围，会有明显的旅游集聚现象，形成较为发达的环城旅游带，这是城市发展"涓滴"效应影响的结果。经济发展水平、旅游收入、公路里程与交通通达度可作为影响县域旅游消费发展的社会经济类因素。

---

① 李静，PHILIP L P，吴必虎，等. 雾霾对来京旅游者风险感知及旅游体验的影响——基于结构方程模型的中外旅游者对比研究 [J]. 旅游学刊，2015，30（10）：48-59.
② 孙根年，冯茂娥. 西部入境旅游市场竞争态与资源区位的关系 [J]. 西北大学学报（自然科学版），2003（4）：459-464.
③ 何仁伟，李光勤，曹建华. 酒香真的不怕巷子深吗？——基于国家级风景名胜区的区位选择问题研究 [J]. 旅游学刊，2018，33（9）：94-107.

4. 游客关注与体验

旅游者的旅游行为可以分为旅游地选择、旅游发生阶段和旅游评价。对这三个环节产生影响的因素，必然也会对旅游消费产生影响。在互联网时代，旅游者通过不同的方式表达出对自己心仪景点的关注，这是旅游目的地选择阶段意愿的重要反映。百度指数是指某一时间内对某关键词的搜索量或关注度。① 这里选用县域内有关的景点、特产、县域名称、县域天气等与旅游消费相关的名词为关键词，整合为对县域旅游的网络关注度。在旅游行为完成后的反馈阶段，旅游者会对整个旅游行为内产生的各种情感做出一定的总结评价，形成在人群中传播的口碑评价指数，对景区这一评价指数主要由携程网中游客评价来完成。游客情感感知虽然是在游客旅游体验完成之后做出的评论文本中提取的，但其蕴含的情感态度是反映其旅游消费的重要因素。因此，将网络关注度、综合评价和游客情感感知三个因素整合到游客关注与体验的指标中。

5. 旅游产业集聚

旅游产业集聚是在一定的地域里，旅游相关产业要素在空间上的相互关联协作，形成规模优势。旅游产业集聚度是展现区域旅游产业集聚的重要指标，而旅游产业聚集效应是对旅游产业集聚效果的衡量指标。这两个因素从旅游产业的规模化、集聚化来考量其对旅游消费产生的影响。

第三节　石家庄县域旅游发展现状

一、石家庄县域旅游的范围界定与环境特征

石家庄市位于河北省中南部，是河北省省政府所在地，西依太行山，

---

① 王硕，曾克峰，童洁，等. 黄金周风景名胜区旅游客流量与网络关注度相关性分析——以庐山、华山、八达岭长城风景名胜区为例［J］. 经济地理，2013，33（11）：182-186.

与山西隔山相望，东临衡水市，北靠保定市，南接邢台市。现有 8 区 14 县（市），总面积为 14464 平方千米（含辛集市），人口 1087.99 万人。其中，长安区、桥西区、新华区和裕华区为市区，乡村特征较少。鹿泉区、藁城区、栾城区和井陉矿区虽属市区，但依旧拥有大量的乡村人口，县域特征明显。对此，只对具有明显县域特征的 4 区 14 县（市）来进行研究，如表 11-2 所示。

表 11-2　石家庄市县级行政区概况

县（市/区）	面积（平方千米）	乡镇（个）	县（市/区）	面积（平方千米）	乡镇（个）	县（市/区）	面积（平方千米）	乡镇（个）
平山县	2648	23	藁城区	836	13	无极县	524	11
井陉县	1381	17	元氏县	675	15	正定县	468	8
赞皇县	1210	11	赵县	674	11	栾城区	326	7
灵寿县	1066	15	晋州市	619	10	深泽县	296	6
行唐县	1025	15	鹿泉区	603	12	高邑县	222	5
辛集市	951	15	新乐市	525	11	井陉矿区	70	3

目前，石家庄市拥有山地和平原两大地形单元，西部位于太行山中部，东部在华北平原腹地。石家庄气候属于温带季风气候，四季分明；冬季寒冷干燥，夏季高温多雨，且夏冬两季长，春秋两季短。年降水量大于 400 毫米，且时空分布不均，表现为降水集中在夏季，西部山区降水多于东部平原。滹沱河穿境而过，沿线有岗南水库湿地和黄壁庄水库湿地。石家庄森林覆盖率为 18.01%，远低于河北省整体森林覆盖率 23.25%，森林资源主要集中在西部山区，如表 11-3 所示。

表 11-3　石家庄市各县域森林覆盖率统计表

县 （市/区）	面积 （平方千米）	覆盖率 （%）	县 （市/区）	面积 （平方千米）	覆盖率 （%）	县 （市/区）	面积 （平方千米）	覆盖率 （%）
晋州市	220.55	35.21	深泽县	50.30	13.09	元氏县	156.30	6.50
平山县	1831.69	33.60	行唐县	330.97	11.62	正定县	25.94	3.84
辛集市	295.98	29.70	井陉矿区	26.11	10.33	栾城区	13.38	2.96
赞皇县	525.76	29.29	鹿泉区	139.57	8.51	新乐市	32.27	2.63
灵寿县	496.85	23.56	藁城区	88.46	8.40	无极县	19.89	2.58
赵　县	152.05	22.36	井陉县	892.90	8.14	高邑县	9.42	1.85

注：数据来源于河北省林业和草原局官网

　　石家庄市由于历史上是以钢铁等重工业为主导产业的发展模式，对生态环境的破坏较为严重。加之特殊的地理位置，石家庄市的雾霾污染排名一直都在全国前列。随着淘汰落后的钢铁产业产能、产业转型和环境治理，石家庄市环境污染问题得到了明显的改善。2018 年，石家庄市空气质量综合指数为 7.53，PM2.5 浓度为 72 毫克/立方米，较 2017 年分别下降 13.6%、16.3%；各县域空气质量综合指数和 PM2.5 浓度较 2017 年都呈下降趋势，表明石家庄市各县域生态环境在逐渐改善，如表 11-4 所示。石家庄市西部空气质量综合指数和 PM2.5 浓度整体低于东部地区，南部低于北部地区，即石家庄市西部生态环境优于东部地区，南部优于北部地区。

表 11-4　2018 年石家庄市各县（市、区）空气质量情况

县 （市/区）	综合指数			PM2.5 平均浓度（毫克/立方米）		
	2018 年	2017 年	变化幅度（%）	2018 年	2017 年	变化幅度（%）
辛集市	7.28	8.63	-15.64	72	87	-17.24
赞皇县	7.29	8.44	-13.63	68	83	-18.07
栾城区	7.45	8.93	-16.57	71	87	-18.39
井陉县	7.56	8.85	-14.58	71	79	-10.13
鹿泉区	7.58	8.19	-7.45	70	78	-10.26

县	综合指数			PM2.5平均浓度（毫克/立方米）		
（市/区）	2018 年	2017 年	变化幅度（%）	2018 年	2017 年	变化幅度（%）
正定县	7.62	9.18	-16.99	73	93	-21.51
井陉矿区	7.62	8.49	-10.25	69	75	-8.00
平山县	7.69	8.88	-13.40	77	91	-15.38
深泽县	7.71	8.88	-13.18	83	92	-9.78
新乐市	7.72	8.83	-12.57	79	92	-14.13
藁城区	7.76	9.22	-15.84	80	94	-14.89
赵 县	7.81	9.24	-15.48	77	95	-18.95
行唐县	7.82	8.94	-12.53	80	93	-13.98
高邑县	7.86	8.89	-11.59	77	86	-10.47
灵寿县	7.89	9.32	-15.34	81	93	-12.90
元氏县	7.92	8.73	-9.28	78	82	-4.88
晋州市	7.96	9.00	-11.56	84	95	-11.58
无极县	8.16	8.94	-8.72	86	89	-3.37

注：数据来源于河北省生态环境厅《2018 年全省环境空气质量排名情况》

二、石家庄县域历史文化资源与经济发展状况

石家庄市历史文化悠久，是古中山国故地，汉朝属常山郡，清时期属真定府；民国时期设立石家庄市，后改为石门市；中华人民共和国成立后，重新改为石家庄市。悠久的历史为石家庄市积累了深厚的文化底蕴，拥有国家历史文化名城和国家级爱国主义教育示范基地。在石家庄各县域共拥有文物保护单位 128 个，其中，全国重点文物保护单位 25 个，省级文物保护单位 103 个；以各区县为申请单位的非物质文化遗产有 104 个，其中，国家级非物质文化遗产 6 个，省级非物质文化遗产 98 个，如表 11-5所示。

表 11-5 石家庄县域历史文化资源统计

县 (市/区)	文物保护单位			非物质文化遗产		
	国家级	省级	总数	国家级	省级	总数
井陉县	3	17	20	4	27	31
平山县	3	8	11	0	9	9
正定县	9	6	15	1	7	8
藁城区	1	6	7	1	6	7
灵寿县	1	3	4	0	7	7
赞皇县	1	2	3	0	7	7
赵 县	5	8	13	0	7	7
无极县	0	2	2	0	4	4
新乐市	0	6	6	0	4	4
高邑县	0	4	4	0	3	3
行唐县	0	8	8	0	3	3
晋州市	0	1	1	0	3	3
栾城区	0	4	4	0	3	3
井陉矿区	1	7	8	0	2	2
鹿泉区	0	8	8	0	2	2
元氏县	1	10	11	0	2	2
深泽县	0	3	3	0	1	1
辛集市	0	0	0	0	1	1

石家庄市位于我国黑河腾冲人口分布线（胡焕庸线）以东，是我国人口集中区域，人口极为稠密，2018 年年底已达到 1095 万人，其中城镇人口 691 万人，乡村人口 403 万人，城镇化率 63.16%，高于河北省整体平均水平。石家庄市在 2018 年生产总值实现 6082.6 亿元，占全省（36010.3 亿元）的 16.89%；全年人均可支配收入 26839 元，人民生活水平逐年提高，生活环境得到了极大的改善，如表 11-6 所示。

表 11-6 2018 年石家庄县域经济社会发展现状

县 （市/区）	地方生产总值 （万元）	年末常住人口 （万人）	城镇化率 （%）	县 （市/区）	地方生产总值 （万元）	年末常住人口 （万人）	城镇化率 （%）
藁城区	6078979	78.43	55.11	无极县	1712212	51.75	41.76
辛集市	4960442	63.67	52.25	元氏县	1583743	43.28	39.42
鹿泉区	3323507	46.96	59.77	井陉县	1661428	31.52	43.46
晋州市	2651809	55.14	45.14	行唐县	1049110	41.68	39.40
正定县	2767219	49.53	58.79	深泽县	832115	25.25	37.23
平山县	2189611	44.57	39.53	灵寿县	938077	34.04	39.51
赵　县	1364347	59.18	40.55	赞皇县	724057	25.12	33.36
新乐市	2145089	51.02	49.27	高邑县	780296	19.10	44.87
栾城区	1806140	36.19	61.20	井陉矿区	709920	10.02	82.44

旅游活动的开展离不开旅游基础设施的支持，2018 年河北省经济统计年鉴的数据显示，在 2017 年，石家庄市 18 个县域的公路里程达到 19843.12 千米。其中，平山县公路里程达到 3007 千米，位于各县域之首，藁城区、井陉县和行唐县等 8 个县域公路里程超过 1000 千米，鹿泉区、新乐市等 8 个县域超过 500 千米，交通条件得到了极大的改善，如表 11-7 所示。

表 11-7 石家庄市各县公路里程

县区	公路里程（千米）	县区	公路里程（千米）	县区	公路里程（千米）
平山县	3007.00	正定县	1123.00	无极县	842.00
藁城区	1673.00	元氏县	1047.54	栾城区	835.98
井陉县	1423.00	晋州市	1035.00	赵　县	830.76
行唐县	1420.00	鹿泉区	981.85	高邑县	618.00
辛集市	1265.71	新乐市	956.76	深泽县	505.38
灵寿县	1252.14	赞皇县	889.00	井陉矿区	137.00

三、石家庄县域旅游资源开发现状

石家庄市旅游资源丰富，类型多样且资源等级较高。依托利用网络爬虫搜集获取石家庄市各县域旅游景点数据，并综合国家文旅部官网和石家庄旅游官网上有关石家庄旅游资源的数据整理得出，截至 2020 年年底，石家庄市各县域有 A 级景区 35 家，主要分布在 13 个县域，其中平山县分布数量最多，有 12 家 A 级景区，其次是正定县有 4 家，鹿泉区、灵寿县和井陉县三县各有 3 家，如表 11-8 所示。其他旅游点有 358 个，其中，传统村落 52 个；乡村旅游示范点、农业旅游示范点、工业旅游示范点共有 46 个（剔除 A 级景区）；普通旅游点 194 个，如表 11-9 所示。根据资源和消费属性，可以将这些旅游资源分为六类，即自然景观类、历史文化类、度假休闲类、观光农业类、工业旅游类和节事活动类。

表 11-8　石家庄县域 A 级景区

县（区/市）	5A 级景区	4A 级景区	3A 级景区	2A 级景区	总数（个）
平山县	西柏坡景区	驼梁景区、西苑温泉度假村景区、白鹿温泉景区、天桂山景区、藤龙山景区、沕沕水风景区、佛光山景区、紫云山景区、黑山大峡谷景区、东方巨龟苑景区、银河洞景区			12
正定县		隆兴寺景区、荣国府景区	高远红木景区	赵云庙景区	4
鹿泉区		抱犊寨景区、双凤山景区、君乐宝乳业工业旅游区			3
灵寿县		水泉溪景区、秋山景区、五岳寨景区			3

县 (区/市)	5A 级景区	4A 级景区	3A 级景区	2A 级景区	总数 (个)
井陉县		苍岩山景区	仙台山景区、于家石头村景区		3
赞皇县		嶂石岩景区、棋盘山景区			2
辛集市			皮毛小镇景区	皮都工匠坊景区	2
藁城区		国御温泉度假小镇景区			1
赵　县		赵州桥景区			1
晋州市			周家庄农业特色观光园		1
新乐市			伏羲台景区		1
井陉矿区				清凉山景区	1
行唐县				神树湾景区	1
总数(个)	1	24	6	4	35

表 11-9　石家庄县域旅游资源类型统计

县 (区/市)	A 级景区 (个)	旅游示范点（乡村、农业和工业）(个)	传统村落 (个)	节事活动 (个)	普通旅游点（个）	总数 (个)
井陉县	3	1	44	2	22	72
平山县	12	6	4	1	48	71
鹿泉区	3	5	2	1	27	38

续表

县 （区/市）	A级景区 （个）	旅游示范点（乡村、 农业和工业）（个）	传统村落 （个）	节事活动 （个）	普通旅游 点（个）	总数 （个）
正定县	4	2	0	3	12	21
灵寿县	3	3	0	1	12	19
元氏县	0	4	0	3	13	20
藁城区	1	4	0	1	10	16
栾城区	0	5	0	5	6	16
辛集市	2	0	0	2	11	15
赵　县	1	3	0	4	6	14
赞皇县	2	1	0	2	6	11
晋州市	1	4	0	1	7	13
井陉矿区	1	4	2	3	1	11
行唐县	1	2	0	0	4	7
新乐市	1	1	0	1	3	6
深泽县	0	0	0	1	3	4
高邑县	0	1	0	0	1	2
无极县	0	0	0	0	2	2
总　数	35	46	52	31	194	358

　　以河北省博物馆为石家庄市区中心，利用经纬度计算各资源到市区中心的空间距离，如图11-1所示。并利用ArcGIS做核密度分析，从空间距离分布上来看，石家庄县域旅游资源的分布呈现出一定的距离衰减规律，在30千米到50千米范围内出现资源分布的高峰值，之后距离增加而数量减少；主要集中在50千米范围内，而70千米以外则出现数量锐减，这表明县域旅游资源的分布受到市场距离的影响。从中可以看出，石家庄县域旅游资源分布广泛，表明石家庄全域旅游发展较好，尤其是旅游资源集中分布的两个区域。一是西部山区，西部山区主要包括平山县、井陉县、灵

寿县、赞皇县4个县，自然景观类、传统村落和历史文化类集中分布在这一区域；二是环城带，主要包括正定县、鹿泉区、藁城区、栾城区，由于靠近市场，旅游业态多样化明显，包括历史文化、观光休闲、现代农业、自然风光等。

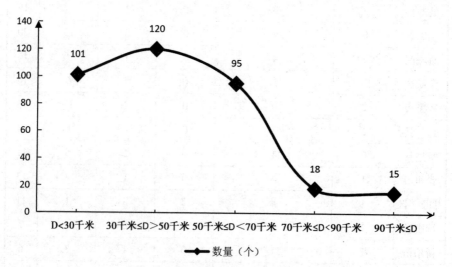

图 11-1　石家庄市县域旅游资源空间距离统计

第四节　石家庄县域旅游消费现状

一、石家庄县域旅游收入现状

丰富且类型多样的旅游资源为旅游发展提供了可能，加之合理的开发与政策条件支持，推动了石家庄县域旅游的快速发展。从2014年旅游者数量5796.1万人次、旅游收入436.4亿元，到2018年旅游者数量11059.8万人次、旅游收入1250.6亿元，5年间分别增长了90.81%和186.57%，如图11-2所示。

图 11-2　2014—2018 年石家庄市旅游业增长规模

通过利用各县政府官网、新闻信息、政府官网留言以及咨询相关旅游部门等手段，获得了石家庄市鹿泉区、藁城区、栾城区、平山县等 3 区 8 县（市）在 2018 年的旅游产业发展的相关数据，其中赞皇县 2018 年数据缺失，用 2019 年数据代替。新乐市、无极县、高邑县、深泽县、行唐县和井陉矿区 6 个县域的旅游产业数据较少，难以获取。因此，整理获得了石家庄市 12 个县域的旅游产业数据，如表 11-10 所示。以现有的 3 区 9 县（市）为例，12 个县域旅游人次达到 7433.24 万人次，旅游收入 331.22 亿元，分别占石家庄市旅游产业整体的 67.21% 和 26.48%，可以看出县域旅游对于旅游者有足够的吸引力，但是旅游消费的吸引力相对较弱。简单进行人均旅游消费计算，即以旅游收入除以游客人次的取值，12 个县域的人均旅游消费为 445.59 元，远低于石家庄市整体人均旅游消费 1130.76 元。

从各县域来看，根据旅游产业规模的大小，可以分为三个层次。第一个层次是平山县，其旅游产业规模远高于其他各县，旅游收入达到 129 亿元，旅游人次 1710 万人次。第二个层次是正定县、辛集市、灵寿县、鹿泉区、赵县和藁城区，其旅游产业规模相对较大，6 个县域的旅游收入都超过了 10 亿元。第三个层次是赞皇县、井陉县、元氏县、栾城区和晋州市，其旅游产业规模相对较小。以人均旅游消费状况来看，12 个县域的人均旅游消费额均没有超过石家庄市整体人均旅游消费额，仅有辛集市、灵寿县两地的人均旅游消费额超过1000元，较为接近全市平均水平；人均旅游消费额最低仅有100元，即鹿泉区、井陉县、栾城区3地。

表11-10 2018年石家庄市各县域旅游产业规模

县（区/市）	旅游收入（亿元）	游客人次（万）	平均每人次旅游消费（元）
平山县	129.00	1710.00	754.39
正定县	61.07	1295.60	471.36
辛集市	39.59	351.13	1127.50
灵寿县	30.90	290.00	1065.52
鹿泉区	17.00	1700.00	100.00
赵　县	15.20	253.40	599.84
藁城区	10.20	275.00	370.91
赞皇县	9.50	110.00	863.64
井陉县	8.00	800.00	100.00
元氏县	7.18	399.00	179.95
栾城区	2.00	200.00	100.00
晋州市	1.58	49.11	321.73
总　和	331.22	7433.24	445.59

二、石家庄县域旅游发展的民生政策

政府政策对旅游产业发展有着重要的导向作用。在中央支持供给侧改革、全域旅游、厕所革命和旅游扶贫等政策背景下，河北省决定自2016年起，每年举办一届河北省旅游产业发展大会，以推动河北从旅游资源大省向旅游产业强省转变。首届旅游产业发展大会在保定举办，打造京西百渡休闲度假区，建设涞易涞国家级度假区，推动了保定市以及河北省旅游项目、基础设施、环境整治等方面的提档升级，吸引了大批的游客来参观游玩。此后，河北省先后在秦皇岛市、承德市、石家庄市和张家口市共举办了五届河北省旅游产业发展大会。

在河北省政策的影响下，石家庄市响应省政府政策，决定自 2017 年起，举办石家庄市旅游产业发展大会，举办地在石家庄市各县域内。这一举措使得乡村旅游成为大会的主业态，这对乡村旅游有着极大的促进作用。石家庄旅游产业发展大会的举办，推动了乡村旅游在旅游项目立项开发、旅游基础设施建设、环境整治、村庄面貌、传统村落保护等方面的升级改造，尤其是井陉县太行天路的修建，全长 60 千米，将井陉大梁江村、吕家村、于家石头村和小龙窝村等 26 个传统古村落串联在一起，形成了一个乡村旅游带。

由于各种原因，政府的政策对旅游产业也有一定的抑制作用。石家庄市西部各县都处于太行山区，秋冬两季受山火灾害的影响较大，故每年都会在 10 月至次年 1 月进行封山防火育林。西部各县处于山区，众多乡村旅游景点分布在山区各处，封山防火育林使得这些景区的旅游人次和旅游收入锐减，这主要涉及平山县、井陉县、赞皇县、灵寿县、元氏县、行唐县、鹿泉区和井陉矿区 8 个县域。

乡村是县域的主要构成单元，也是旅游业发展的主要地域空间。旅游业以其独特的产业优势，为乡村地域发展提供了重要的产业支持。在乡村地域中，旅游业结合乡村自然景观风貌、历史文化、民俗文化风貌等，形成了独具地域特色的乡村旅游业态。在石家庄，乡村旅游发展方式主要包括景区驱动型、资源依托型、现代农业观光休闲型等。景区驱动型主要是利用乡村地缘优势，依靠景区核心吸引力，开展餐饮住宿、旅游商品制作与销售、导游讲解服务等，如西柏坡景区的西柏坡村、驼梁景区的前大地村、嶂石岩景区的嶂石岩村等；资源依托型主要是利用乡村本身的旅游资源，如传统村落、历史建设与文化、农业风貌和自然风光等，开发成独立的乡村景区，并提供餐饮住宿、旅游商品、导游讲解等衍生性旅游服务，如于家石头村、大梁江村等；现代农业观光休闲型主要是依托现代农业科学技术，发展现代农业、旅游观光休闲与研学旅行，如塔元庄村、周家庄等。

三、石家庄县域旅游消费的游客感知

利用爬虫软件，获取携程网上各县域旅游的游客评论文本及评价，剔除只有图片、重复评论、符号等无效评论，共有13445条评论，有64万余字，如表11-11所示。由于携程网上有评论的景区等级较高，而普通景点的评论较少，多低于5条，没有参考研究价值，故将其剔除。尤其是高邑县、无极县、行唐县、深泽县、栾城区5个县域，评论数量极少。

表11-11 石家庄市县域景区评论数量

县（区市）	数量（条）	县（区市）	数量（条）	县（区市）	数量（条）
平山县	4681	井陉县	563	辛集市	59
正定县	3318	藁城区	363	元氏县	42
赵　县	1612	赞皇县	131	晋州市	20
灵寿县	1301	井陉矿区	75	总　数	13445
鹿泉区	1209	新乐市	71		

对于游客评价的文本分析，采用ROST软件对文本进行分词、词频统计、生成情感语义网络结构图与情感倾向分析。通过文本处理、文本合并、词义替换、构建自定义词表、剔除无意义词、分词与词频统计等途径，筛选统计高频特征词，形成语义网络图，如表11-12、图11-3所示。

表11-12 石家庄县域旅游高频特征词统计（前100高频词）

词组	频次	词组	频次	词组	频次	词组	频次	词组	频次
景区	1612	建筑	606	下次	389	交通	275	景观	213
景色	1473	游玩	569	朋友	384	位于	275	态度	213
景点	1379	爬山	558	体验	383	便宜	268	文物	211
地方	1253	温泉	550	刺激	369	特色	264	公园	209
孩子	1067	时间	526	漂亮	369	夏季	262	凉快	209
门票	1034	中国	521	玻璃栈道	366	漂流	261	清新	205

续表

词组	频次	词组	频次	词组	频次	词组	频次	词组	频次
环境	1021	空气	497	河北	365	好地方	260	保存	203
值得一	1014	红楼梦	496	缆车	365	公里	255	自然	202
历史	986	好玩	483	文化	365	参观	252	古代	198
值得	985	旅游	479	总体	364	上去	248	讲解	198
风景	957	黄金寨景区	465	山上	340	不大	245	游览	198
石家庄	873	开心	453	寺庙	339	感受	244	赵县	196
很好	866	项目	451	人员	336	下山	243	各种	193
服务	836	优美	449	干净	330	进去	241	冬季	192
玩的	819	免费	445	游客	318	上山	232	索道	192
方便	811	隆兴寺	428	西柏坡	314	瀑布	227	停车场	190
正定	713	设施	427	荣国府	305	最好	222	收费	189
适合	682	建议	426	不多	303	门口	217	停车	185
赵州桥	666	山顶	426	老人	279	观光	216	一路	182
小时	608	挺好	417	性价比	277	下来	216	舒服	181

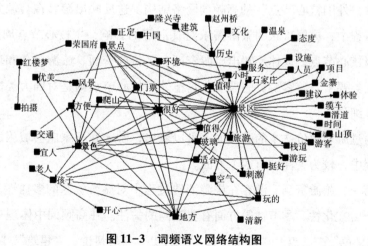

图 11-3 词频语义网络结构图

从表 11-12 中可以看出，这些高频特征词中有明显的积极情感词汇，也有消极情感词汇。游客在石家庄各县域旅游消费的过程，积极情感的优势明显优于消极情感。积极情感词汇的词频峰值最高的是"值得一"，其包含了"值得一去""值得一游""值得一来"等积极情感词汇，词频达到1014次；"舒服"一词排在第30位，其词频也达到了181次。通过这些积极词汇，能够反映出在旅游消费过程中，促进消费的因素集中在旅游服务、旅游体验、性价比、资源禀赋及丰富度、自然环境与卫生环境等。虽然消极情感词汇词频量不如积极情感词汇词频量，但同样不可忽视的是，消极词汇的频次大都排名在100名之后，但其峰值能达到426次，表明游客对于旅游消费体验有着相当程度上的不满意。在一定程度上，消极情感词频能够反映出阻碍游客进行旅游消费的因素。"收费""票价""太贵""停车费""小贵""不值"等，反映出门票价格会对游客的旅游体验产生消极影响；"人多""混乱""堵车""垃圾"等反映出旅游管理、交通、卫生方面需要进一步改进。

从图11-3中可以看出，以"景区"为主核心节点，延伸出"景色""景点""服务""很好""地方""孩子"6个二级核心节点，再延伸则是更次一级更为具体的次节点，形成"主核心节点—二级核心节点—三级核心节点—外围核心节点"的高频词网络结构。这反映出游客在县域旅游消费的过程中，成层次状的旅游需求对其消费的影响，主核心节点周边的6个二级核心节点，大体反映出旅游资源、区位与交通、旅游服务和环境氛围四大类要素对游客游览的需求；其他外围核心节点则是对四大类需求的进一步细化。

通过游客评价文本的高频词表可以看出，游客在石家庄县域旅游消费的过程中，较为关注的有四个方面。

第一，旅游资源。游客在旅游消费过程中对旅游资源的多样性、体验性、历史文化性、季节性等方面有着较高的关注。在高频词中体现在"景区""景色""景点""值得一去""历史""赵州桥""建筑""温泉""黄金寨景区""隆兴寺""山顶""玻璃栈道""西柏坡""荣国府"等特征词。相关评论如对赞皇县嶂石岩景区、平山县西柏坡景区和鹿泉抱犊寨景区的评价：

"不错的地方，在中国非常有名气！回音壁那里比较有特色，山挺高的。"

"新中国从这里走来，很值得去学习的地方。"

"不错，夏天尤其凉快，是个值得去的地方！"

第二，区位与交通。优越的区位条件使县域旅游景区成为游客的优先选择对象，而便利的交通增加了景区的可进入性，使得区位与交通条件成为游客在旅游消费中高度关注的因素，在高频词中体现为"石家庄""正定""中国""方便""小时""时间""交通""公里""河北""赵县""一路""位于"等特征词。

相关评论：

"离市近，交通方便，公交直达，周末休闲。"

"还行吧，在鹿泉。离石家庄市区最近的景点了。"

"赵州桥是一个古建筑，保存得非常完整，位于赵县县城内，比较好找。停车位比较多，停车方便。"

"有索道和滑道，树木茂盛，去的路上太堵，有的堵了12小时。"

第三，旅游服务。旅游服务是对游客旅游消费过程产生影响的重要因素，其中包含了对服务品质、门票与旅游商品价格、旅游服务设施三个方面。"门票""服务""玩的""适合""性价比""收费""停车""服务""态度"等高频特征词可以体现出游客对这些因素的关注。

相关评论：

"值得去，环境不错，服务周到，毛巾干净，饭菜点餐有特色。"

"景色很不错，性价比也很高，值得大家去看看。"

第四，环境氛围。自然环境、拥挤状况与卫生环境，这三种环境氛围因素是影响游客体验的重要因素之一。"空气""优美""漂亮""不多""不大""干净""凉快""清新"等高频特征词可以体现出游客对于游览环境氛围的关注。

相关评论：

"值得一去，空气非常清新，携程购票方便。"

"不错，阴天，山里还是挺凉的，景色美，空气好，除了人多景区接待力不足，其他都挺好。"

"整个景区凉爽怡人，景色优美，到处有可以休息的亭子，可以亲子游，也可以坐电瓶车游览，适合各个年龄段人群玩耍，景区的卫生间干净，还配有洗手液，非常愉快的旅行！"

游客评价是对县域旅游消费的体验感知，揭示了游客在旅游消费意愿上的情绪化表达，或开心愉悦，或悲愤恼怒，或两者皆有的矛盾心态，具体如表 11-13 所示。

表 11-13 游客网络文本情绪分析

情感倾向	数量（条）	比例	强度	数量（条）	比例
积极情绪	11422	84.95%	一般	4355	32.39%
			中度	3080	22.91%
			高度	3987	29.65%
中性情绪	362	2.69%			
消极情绪	1661	12.35%	一般	1365	10.15%
			中度	172	1.28%
			高度	124	0.92%

从整体上来看，积极情绪占绝对优势，比重达到 84.95%，表明了石家庄各县域旅游能够较好地满足游客在旅游消费中的需求。消极情绪占 12.35%，比重相对较小，说明石家庄县域旅游消费存在一定的问题和短板，不可忽视。中性情绪占比仅有 2.69%，说明大部分游客在评价中表达了自己对旅游消费体验的看法。这一结果基本与词频情感分析相吻合。从强度上来看，积极情绪中，强度一般占比 32.39%，中度占比 22.91%，高度占比 29.65%，从这一强度比重中可以看出，强度一般占比相对较高，存

在向中性情绪和消极情绪转变的风险；消极情绪中，强度一般占比 10.15%，中度占比 1.28%，高度占比 0.92%，强度一般的在消极情绪中占比最大，表明通过改进措施，可以促进游客消费情绪由消极向更好的情绪转变。

第五节　石家庄县域旅游消费空间差异的影响因素评价

一、数据来源与处理

数据来源于 2019 年中国县域统计年鉴、国家文化和旅游部、河北文化和旅游厅、河北林业和草原局、河北生态环境厅、石家庄统计局、河北文物局、河北非物质文化遗产中心、石家庄文化广电和旅游局、各县人民政府官网、百度网、携程网等官方网站，也有通过网站媒体、政府留言和电话查询获取的数据。游客的情感感知指标量化是通过网络文本的处理获取的，而网络文本主要是由携程网上有关石家庄县域景区的游客评论构成的。

利用 SPSS 软件，对数据进行标准化处理，经 KMO 值检验，发现各变量间具有显著的相关性。然后利用因子分析法提取主成分，得出石家庄县域旅游消费影响因素的总方差，如表 11-14 所示。

表 11-14　石家庄县域旅游消费影响因素的总方差解释

主成分	初始特征值			提取载荷平方和			旋转载荷平方和		
	共计	方差/%	累积/%	总计	方差/%	累积/%	总计	方差/%	累积/%
F1	6.552	43.683	43.683	6.552	43.683	43.683	4.833	32.221	32.221
F2	2.586	17.242	60.924	2.586	17.242	60.924	2.588	17.256	49.476
F3	1.708	11.386	72.310	1.708	11.386	72.310	2.268	15.117	64.594
F4	1.219	8.127	80.437	1.219	8.127	80.437	1.845	12.300	76.893
F5	1.096	7.310	87.747	1.096	7.310	87.747	1.628	10.854	87.747

二、石家庄县域旅游消费空间差异的评价结果

研究发现，空气质量综合指数、人均森林面积、区位优势度、旅游资源丰度、旅游产业集聚度、公路里程、旅游收入、网络关注度 8 个影响因素在主成分 $F1$ 上的载荷值较高，说明 $F1$ 基本能够反映出 8 个因素的信息，旅游产业聚集效应、A 级景区密度在主成分 $F2$ 上的值较高，文化资源丰度、交通可达性在主成分 $F3$ 上的值较高，经济发展水平在主成分 $F4$ 上的值较高，游客情感感知和综合评价在主成分 $F5$ 上的值较高。如表 11-15 所示。

表 11-15　石家庄旅游消费影响因素旋转后成分矩阵

指标	公因子				
	$F1$	$F2$	$F3$	$F4$	$F5$
$X1$	−0.02	−0.131	−0.058	−0.085	−0.902
$X2$	0.835	−0.145	0.247	−0.310	0.292
$X3$	0.883	0.127	0.328	0.030	0.126
$X4$	0.279	0.103	0.884	−0.180	0.090
$X5$	0.019	0.885	0.045	−0.152	0.207
$X6$	0.456	−0.307	−0.556	−0.396	0.225
$X7$	0.255	0.048	0.788	0.434	0.263
$X8$	0.893	−0.150	0.167	0.316	−0.025
$X9$	0.057	−0.018	0.048	0.934	0.179
$X10$	0.888	0.377	0.005	0.173	0.034
$X11$	0.582	0.491	0.299	0.279	0.087
$X12$	0.259	0.381	0.253	0.396	0.529
$X13$	0.388	0.388	0.428	0.279	0.464
$X14$	0.906	0.337	−0.023	−0.075	0.044
$X15$	0.193	0.911	0.125	0.144	0.071

以主成分的方差贡献率作为权重，对石家庄 18 个县域的旅游消费影响因素进行综合计算，以比较分析石家庄县域旅游消费影响因素差异。

计算公式：

$$F = \frac{32.221\%F1 + 17.256\%F2 + 15.117\%F3 + 12.300\%F4 + 10.854\%F5}{87.747\%}$$

（1）

（1）式中，F 为某县域旅游消费影响因素综合得分，$F1$、$F2$、$F3$、$F4$、$F5$ 分别代表 5 个公因子得分。

通过 Excel 对公式计算，可以直观看出石家庄县域旅游消费差异状况，如表 11-16 所示。

表 11-16　石家庄县域旅游消费差异、综合得分与排名

县域	F1		F2		F3		F4		F5		综合	
	得分	排名	得分	排名	得分	排名	得分	排名	得分	排名	得分	排名
平山县	17.22	1	4.54	2	4.05	3	1.51	5	3.23	1	8.53	1
正定县	4.13	3	7.77	1	5.17	2	3.40	2	2.14	5	4.68	2
井陉县	4.21	2	-0.03	8	5.89	1	0.10	8	2.58	3	2.89	3
鹿泉区	0.72	7	2.64	4	2.58	4	2.86	3	1.70	6	1.84	4
辛集市	1.30	5	0.78	5	-1.08	12	2.49	4	2.72	2	1.13	5
灵寿县	3.33	4	0.59	7	-0.70	10	-1.22	13	0.36	9	1.09	6
藁城区	-0.11	9	-0.38	9	2.18	5	4.36	1	0.91	7	0.98	7
赞皇县	0.76	6	-0.53	10	-0.08	7	-1.18	12	2.29	4	0.28	8
赵　县	0.09	8	0.72	6	0.68	6	-0.15	9	-0.24	11	0.24	9
井陉矿区	-3.42	14	3.80	3	-1.66	13	-2.15	15	0.53	8	-1.03	10
新乐市	-2.63	12	-0.85	11	-0.82	11	0.15	7	-0.41	12	-1.30	11
元氏县	-2.54	11	-1.55	13	-0.21	8	-0.18	10	-1.73	13	-1.51	12
栾城区	-3.82	15	-1.53	12	-0.56	9	0.35	6	-0.16	10	-1.77	13

续表

县域	F1		F2		F3		F4		F5		综合	
	得分	排名	得分	排名	得分	排名	得分	排名	得分	排名	得分	排名
晋州市	-2.71	13	-2.10	14	-2.33	14	-0.32	11	-1.75	14	-2.07	14
行唐县	-2.03	10	-3.17	15	-2.70	15	-2.43	16	-2.46	16	-2.48	15
高邑县	-4.77	17	-3.44	16	-3.07	16	-2.56	17	-2.99	17	-3.69	16
深泽县	-4.59	16	-3.68	18	-4.16	18	-3.11	18	-2.30	15	-3.85	17
无极县	-5.12	18	-3.58	17	-3.17	17	-1.91	14	-4.44	18	-3.95	18

可以看出，石家庄县域旅游消费发展水平综合得分最高的是平山县和正定县，处在第一梯度；平山县在 F1 上的得分最高，F2、F3、F5 的得分也在前三位，说明平山县在旅游资源丰度、旅游产业集聚度、公路里程、旅游收入、人均森林面积、网络关注度、旅游产业聚集效应、A 级景区密度、文化资源丰度、交通可达性、区位优势度、游客情感感知、空气质量综合指数和综合评价 14 个因素上发展优越，反映经济发展水平的主成分 F4 的发展水平相对较低。正定县 5 个成分表现都较为优越，表明正定县 15 个因素的发展水平较为均衡。与平山县相比，正定县在 F2、F3、F4 这 3 个主成分上的得分优于平山县，但在 F1 上，与平山县差距较大，造成综合得分落后于平山县。

井陉县、鹿泉区、辛集市、灵寿县、藁城区、赞皇县、赵县 7 个县域的综合得分处在第二梯度，说明这 7 个县域的旅游消费影响因素发展水平较好。井陉县在 F1、F3 上的表现不俗，但 F2、F4 的得分接近于 0，表现较差，整体来看，井陉县旅游消费发展水平较为接近第一梯度。鹿泉区、辛集市、灵寿县、藁城区、赵县、赞皇县在 F1 上的得分属于第二梯度；在 F2 上的得分，鹿泉区、灵寿县、辛集市、赵县处于第二梯度，藁城区、赞皇县属于第三梯度；鹿泉区、藁城区在 F3 上的得分属于第二梯度，其他属于第三梯度；鹿泉区、藁城区、辛集市在 F4 上的得分属于第一梯度，赵县属于第二梯度，灵寿县属于第三梯度；辛集市、赞皇县、鹿泉区在 F5

上的得分属于第一梯度，藁城区、赵县、灵寿县属于第二梯度。综合来看，7 个县域的各主成分全部在第三梯度以上等级，甚至在某些公因子上的表现优异。

井陉矿区、新乐市、元氏县、栾城区、晋州市、行唐县 6 个县域在综合得分上属于第三梯度，其旅游消费影响因素发展水平一般。井陉矿区、新乐市、元氏县、晋州市、行唐县在 F1 的得分上属于第三梯度，栾城区属于第四梯度；井陉矿区在 F2 上的得分属于第一梯度，行唐县属于第四梯度，其他属于第三梯度；井陉矿区、栾城区、元氏县、新乐市在 F3 上的得分属于第三梯度，晋州市和行唐县属于第四梯度；栾城区、元氏县、晋州市、新乐市在 F4 上属于第二梯度，井陉矿区和行唐县属于第四梯度；井陉矿区、栾城区、新乐市在 F5 上的得分属于第二梯度，晋州市、元氏县和行唐县属于第三梯度。

高邑县、深泽县和无极县 3 县的综合得分属于第四梯度，其各主成分得分基本都在第四梯度，说明 3 个县域的旅游消费影响因素发展水平较差。

总体来看，综合得分在第一梯度的平山县和正定县的旅游业发展成熟，各影响因素发展程度高，是石家庄各县域旅游消费发展的标杆。第二梯度的井陉县、鹿泉区等 7 个县域，旅游消费发展水平较好，各影响因素发展程度良好。第三梯度的井陉矿区、新乐市等 6 个县域，各影响因素发展程度一般。第四梯度的高邑县、深泽县、无极县 3 个县域，各影响因素发展程度较差，旅游消费发展基础薄弱。从空间上来看，处于第一、第二梯度的县域多处于西部山区带和环城地带，形成石家庄县域旅游消费影响因素发展水平的两个优势地带，其他区域有零星的高水平县域分布，形成所在区域的县域旅游消费次中心，典型的是东部的辛集市和南部的赵县。具体如表 11-17 所示。

表 11-17 石家庄县域旅游消费的差异分级

主成分	第一梯度	第二梯度	第三梯度	第四梯度
$F1$	平山县	井陉县、正定县、灵寿县、辛集市、鹿泉区、赞皇县、赵县、藁城区	行唐县、元氏县、新乐市、晋州市、井陉矿区、	栾城区、深泽县、高邑县、无极县
$F2$	正定县、平山县、井陉矿区	鹿泉区、辛集市、赵县、灵寿县	井陉县、藁城区、赞皇县、新乐市、栾城区、元氏县、晋州市	行唐县、高邑县、无极县、深泽县
$F3$	井陉县、正定县、平山县	鹿泉区、藁城区	赵县、赞皇县、元氏县、栾城区、灵寿县、新乐市、辛集市、井陉矿区	晋州市、行唐县、高邑县、无极县、深泽县
$F4$	藁城区、正定县、鹿泉区、辛集市	平山县、栾城区、新乐市、井陉县、赵县、元氏县、晋州市	赞皇县、灵寿县、无极县	深泽县、行唐县、高邑县、无极县
$F5$	平山县、辛集市、井陉县、赞皇县、正定县、鹿泉区	藁城区、井陉矿区、灵寿县、栾城区、赵县、新乐市	元氏县、晋州市、深泽县、行唐县、高邑县	无极县
综合	平山县、正定县	井陉县、鹿泉区、辛集市、灵寿县、藁城区、赞皇县、赵县	井陉矿区、新乐市、元氏县、栾城区、晋州市、行唐县	高邑县、深泽县、无极县

第六节 石家庄县域旅游消费环境优化的民生取向策略

一、树立旅游民生理念，挖掘县域旅游资源价值

旅游民生成为县域旅游发展的重要取向，石家庄拥有国家级全域旅游示范区平山县、省级全域旅游示范区正定县和鹿泉区，为石家庄旅游民生发展提供了良好的机遇。平山县依托丰富且高质量的旅游资源，发展红色旅游、乡村旅游、研学旅游、文化旅游、休闲观光游、温泉度假等旅游业态。正定县在利用古城、塔元庄、滹沱河等资源发展旅游的同时，更关注旅游设施与服务品质的提升；正定县在停车、厕所、饮食等方面实施了许多惠民措施，如政府机关和事业单位内的停车位、厕所等设施，满足了游客在旅游旺季的服务需求。

优化整合旅游资源，依托创新，促使旅游资源的丰富性与多样性。依托单一核心旅游资源发展旅游业，即便旅游资源价值非常高，但单一资源的单一性、可参观体验时间短等缺陷，使得旅游者的旅游消费体验感降低。通过人造景观园林、距离相近资源组团、县域特色产业旅游化、传统民俗文化活化、现代科学技术创新应用等方式，增强旅游资源的丰富性与多样性。

从石家庄县域旅游消费的现状与问题可以看出，具有历史文化性和教育性的旅游资源是旅游者消费的主要对象，但旅游者普遍反映这类旅游资源存在着拆旧建新、修旧成新、人为仿造不和谐、历史文物保护较差、缺失历史文化氛围等缺陷。旅游消费需求的反馈，是完善旅游供给与服务的发展方向。要加强对历史文化类旅游资源的管理与保护，依据相关法律法规，严格审查历史文物的修复情况，融合现代科学技术和采纳多学科知识经验，推动历史文化资源活化，营造良好的历史文化氛围，突出历史文化

的教育意义。在满足旅游消费者的同时，也能有效促进旅游民生的意义与价值。

二、秉承"两山理论"，优化乡村旅游消费环境

两山理论是推动县域旅游消费可持续发展的重要理论基石。绿水青山就是金山银山，良好的环境氛围是旅游者拥有良好的旅游消费活动体验的重要外部条件，直接影响到"回头客"的形成，因此需要构建完善的旅游消费环境保护体系。就石家庄县域旅游消费的现状而言，其中的参与者主要包括政府、旅游开发与管理者、餐饮住宿等经营者、旅游消费者和当地居民，在政府政策制定与监管、景区开发与管理维护、各类经营者的经营过程、游客消费体验等环节上，达到实现自然环境保护、游客量适中、旅游垃圾的合理处理、旅游设施干净整洁等目的。不同的参与者在不同环节上采取不同措施，构成可完善的旅游消费环境优化体系。要做好上游政策制定与监督管理，依据环境保护相关法律法规与环境保护规划，结合旅游景区产业特点，制定旅游景区相关环境保护管理标准，相关职能部门常态化履行自己的监管职责，并做好相关的宣传教育，积极引导游客绿色出游、文明出游。

景区开发与管理者在景区开发与运营的过程中，要保护旅游资源的完整性，修旧如旧，不进行拆旧建新、削山造景等破坏性开发，维护自然生态环境和原有的历史文化氛围。通过标识标语、新媒体宣传、服务人员现场劝导等途径，做好环境保护宣传，劝导游客在旅游消费过程中，自觉克制随手乱扔垃圾、乱刻乱画、随地吐痰等不文明行为。要合理布局垃圾桶、卫生间和引导标识等环境设施，定时进行垃圾清理，保证游客在消费过程中能够清晰地进行友好的环境保护行为，在必要的地方，要增加工作人员进行引导监督。要做好旅游资源和旅游服务设施的清洁维护，使游客在消费过程中能够愉悦地参观使用。要做好景区游客流量管控和景区参观路线多样化，通过新媒体、官网和互联网旅游销售终端等途径，联合监管

部门与百度地图等相关机构，实时向客户人群通报景区内游客拥挤程度、交通拥堵状况，还可以根据景区资源特色，向游客介绍景区**体验的最佳时**节，最大程度地实现景区旅游者人群及时知晓景区信息，避免节假日造成的景区拥挤和交通拥堵，给予游客舒适的消费环境。要依据相关法律法规，针对景区经营餐饮、住宿、旅游商品等经营者制定相关的卫生环境保护条例，并配合政府相关部门进行监管，可实行一定的奖惩措施，惩罚与取缔无证经营者与卫生环境不达标者。

　　餐饮、住宿等经营者要遵守相关法律法规，在食材、饮食环境、住宿环境、旅游商品制造等环节上维护好自身的卫生环境。旅游消费者要文明出游，自觉遵守景区管理，做到垃圾入桶、不随地吐痰、不破坏旅游资源与设施等文明行为，你我文明出游与文明消费的行为是旅游景区最美的景观。当地居民要有明确的主人翁意识，意识到保护自己家园环境，既能够为自己营造良好的生活环境，也能够让景区长久发展，保证收益的可持续性；积极主动地去做好环境监管员，督导游客文明出游。

三、完善县域旅游消费供给，提高服务质量

　　在旅游消费过程中，旅游服务质量是影响旅游者消费体验的重要因素。旅游服务体系由景区门票销售服务与价格、旅游商品服务与价格、服务品质与管理、旅游服务设施等组成。旅游标准化建设是促进县域旅游消费服务质量提升优化的重要途径，应积极制定县域旅游消费服务标准，推动旅游消费服务的标准化与规范化。

　　一直以来，门票收入是景区的主要收入来源，而景区门票价格也是游客关注的重点，尤其是门票价格与景区旅游体验之间是否匹配。性价比高低决定了游客是否会再次光顾，高门票且资源体验差，是游客极难接受的，而那些门票价格与体验价值匹配、高折扣与免费的景区，更受游客青睐。在生活水平显著提高的今天，人们的旅游消费需求开始发生转变升级。由传统的观光游向"吃、住、行、游、购、娱"旅游综合体转变，景

区的收入来源也由门票收入向娱乐、购物、餐饮等多种服务消费带来的收入转变，而这些带来的收入是门票收入的 7 倍。在石家庄县域旅游消费中，门票的销售服务主要有两种，一种是线上销售，主要通过携程、马蜂窝旅游等网站订票，然后多凭订单或短信等在线下售票处拿票进入景区，少数可以凭借电子票直接进入；另一种是线下销售，需要现场买票。对游客量较大的景区而言，线上销售的门票依旧需要到线下售票处拿票，极易造成售票处拥堵，应该简化流程，可以在门禁处验证直接进入或开辟电子票专用通道，方便游客的进入；一些景区线上的票在线下换的门票极为简易，对一些有收藏门票喜好的游客而言，是一种遗憾，对景区也是形象的损失，因此对这些特定群体应该满足他们的需求。对于线下售票处在节假日的购票拥挤现象，应该增加购票通道，减少游客进入景区的时间。

石家庄县域旅游景区周边的旅游商品多为地方特色产品、特色饮食、纪念品、工艺品、文创产品等，如赵县的冻梨、平山县西柏坡红色文创产品等。针对存在的摊贩管理混乱、旅游商品同质化等问题，要在制定旅游消费服务标准中对旅游商品的制造、销售以及售后服务等环节做出规范化要求；同时建立县域旅游品牌形象体系，深入解读每个县域、每个景区的资源特色与文化属性，融入现代元素，形成县域特色、景区特色的旅游民生商品。

四、借助旅游产业发展大会机制，推动县域旅游民生协同发展

河北省旅游产业发展大会和各市旅游产业发展大会是推动河北旅游民生协同发展的重要机制。这对举办地而言，是旅游设施、旅游知名度和旅游消费再上一个台阶的机遇。对石家庄县域而言，要加强与兄弟地市的沟通交流，尤其是省旅游产业发展大会在其他地市举办时，要主动走出去，学习省内兄弟地市在旅游发展上，新的设计理念、管理服务经验、新技术和新业态等方面；同时要根据河北省旅游整体规划，明确自身旅游发展定位，将自身的旅游要素融入全省旅游发展的大局中来，与其他地市资源互补、错位发展，以实现与省内其他区域的协同发展。在石家庄市域内，旅游消费发展的劣势县域要积极借鉴优势县域的发展经验，打破县域行政界限，以优势县域带劣势县域、强强联合等组团发展的形式，实现优势互补、资源共享、联合设计，尤其是在交通、信息、资源、客源、环境保护等要素上，要破解单打独斗而能力不足的现状；如一县一域的交通便利并不能实现真正的便利，只有将有关县域交通一体规划发展，打通断头路，改善整体路况条件，才能实现真正的便利。

五、认清旅游消费的空间差异，实施分区精准施策战略

第一梯度的平山县和正定县，其影响因素发展水平的综合得分最高，表明了两个县域旅游业发展水平高，旅游基础雄厚，是全市全域旅游发展的样本，其诸多影响因素都维持在较高水平上，旅游资源极为丰富，且资源禀赋高，旅游业发展时间长，有着丰富的经验。保持诸多影响因素发展的领先地位，利用好红色文化、自然风光、温泉文化、乡村文化、历史文化、现代农业等资源，做好旅游顶层规划设计；要丰富旅游业态，融入现代科技，挖掘和活化传统文化；创新与丰富旅游体验方式，加强景区之间的协同错位发展；迎合时代消费需求，逐步摆脱对于门票经济的依赖，建设集"吃、住、行、游、购、娱"于一体的旅游综合体；多措并举，保证游客拥有良好的旅游消费体验，在经济方面，要保证旅游业能够反哺其他行业，带动县域经济增长和居民收入水平的提高，以培育本土旅游市场。

第二梯度的井陉县和鹿泉区，拥有丰富的旅游资源，且鹿泉区是省级全域旅游示范区，井陉县有自然景观、传统村落、历史文化和非物质文化遗产等类型，但缺乏高等级景区；而鹿泉区拥有抱犊寨、双凤山、西部长青、君乐宝乳业等旅游景区，可分为自然景观、度假休闲、工业遗产、传统村落等类型。瞄准国家级全域旅游示范区建设要求，强化政策扶持，做好旅游规划和旅游功能分区，完善配套设施，提升区域旅游接待、设施服务、信息化建设水平。井陉县旅游资源遍及全县，有着较大的发展空间。

225

因此应该把平山县作为样本，在产品创新、游客服务、设施建设、口碑形象宣传、生态环境保护和产业协同共享等方面下功夫，努力把井陉县建设成为省级全域旅游示范区。辛集市的旅游购物产业发展成熟，但业态较为单一。针对这一现状，需要皮革产品、文化产业与旅游产业的融合，引进先进的设计理念，创新皮革产品，同时要适当地发展乡村旅游、农业观光等业态，扩大旅游产业的规模。灵寿县、赞皇县和赵县要加强交通基础设施建设，弥补区位短板；藁城和赵县要加强资源组团，藁城区应该把温泉度假、宫灯宫面等非物质文化遗产整合到一起，而赵县应该把赵州桥文化、佛教文化和梨文化组团发展，弥补资源短板。

第三梯度的6个县域与第一梯度和第二梯度有着较大差距。6个县域要营造良好的政策环境，吸引优秀旅游开发设计与管理人才，因地制宜，依据地方特色和市场需求，挖掘本地区旅游发展潜力，要错位发展。做好地方产业与旅游融合，发展特色小镇，栾城区的航空产业和三苏文化、晋州市梨产业、新乐市河北美术学院城堡建筑等。井陉矿区由于地域空间狭小，旅游资源匮乏，要转变发展思路，打破地域空间限制，与井陉县联合制订旅游开发规划，把段家楼、清凉山和传统村落等旅游资源纳入其中。新乐市、元氏县、栾城区、晋州市和行唐县，应利用自身的农业资源优势，发展冬季旅游项目，承接西部山区春冬季封山后的客源。

第四梯度的高邑县、深泽县和无极县3县，其旅游消费影响因素发展水平最低，主要因为旅游资源匮乏、没有A级景区，缺乏旅游产业发展基础，而在区位上又处于劣势。3县应该积极培育旅游产业，注重资源开发挖掘，鼓励民间资本参与旅游产业发展，把本地区及周边地区居民作为客源目标，首先满足本地区居民休闲需要，同时，加强基础设施建设与优化，尤其是交通、餐饮、住宿、购物、卫生等设施。

参考文献

一、中文文献

（一）著作类

［1］费孝通．江村经济［M］．南京：江苏人民出版社，1986．

［2］杨懋春．近代中国农村社会之演变［M］．台北：巨流图书公司，1980．

［3］金其铭，董昕，张小林．乡村地理学［M］．南京：江苏教育出版社，1990．

［4］丁元竹．社区的基本理论与方法［M］．北京：北京师范大学出版社，2009．

［5］费孝通．费孝通文集（第5卷）［M］．北京：群言出版社，1998．

［6］徐永祥．社区发展论［M］．上海：华东理工大学出版社，2001．

［7］刘君德，靳润成，张俊芳．中国社区地理［M］．北京：科学出版社，2004．

［8］张晓萍，李伟．旅游人类学［M］．天津：南开大学出版社，2008．

［9］孙久霞．旅游人类学的社区旅游与社区参与［M］．北京：商务出版社，2009．

［10］陈潴，徐越倩，许彬．社区公共事业管理［M］．北京：北京邮

电大学出版社，2007.

　　[11] 邹统钎. 乡村旅游—理论、案例 [M]. 天津：南开大学出版社，2008.

　　[12] 魏小安. 中国休闲经济 [M]. 北京：社会科学文献出版社，2005.

　　[13] 世界旅游组织. 旅游业可持续发展——地方旅游规划指南 [M]. 北京：旅游教育出版社，1997.

　　[14] 马波. 现代旅游文化学 [M]. 青岛：青岛出版社，1998.

　　[15] 费孝通. 社会学概论 [M]. 天津：天津人民出版社，1984.

　　[16] 国家发改委和原国家旅游局课题组. 中国旅游就业目标体系与战略措施研究 [M]. 北京：中国旅游出版社，2004.

　　[17] 李周，操建华. 旅游业对中国农村和农民的影响研究 [M]. 北京：中国农业出版社，2004.

　　[18] 周天勇. 劳动与经济增长 [M]. 上海：上海三联出版社，1995.

　　[19] 邹统钎. 中国旅游景区管理模式研究 [M]. 天津：南开大学出版社，2006.

　　[20] 郭华. 乡村旅游社区利益相关者研究 [M]. 广州：暨南大学出版社，2010.

　　[21] 王云才. 现代乡村景观旅游规划设计 [M]. 青岛：青岛出版社，2003.

　　[22] 刘黎明. 乡村景观规划 [M]. 北京：中国农业大学出版社，2003.

　　[23] 陈立旭. 都市文化与都市精神——中外城市文化比较 [M]. 南京：东南大学出版社，2002.

　　[24] 梁漱溟. 乡村建设理论 [M]. 上海：上海人民出版社，2006.

　　[25] 邹统钎. 北京市郊区旅游发展战略研究——经验、误区与对策 [M]. 北京：旅游教育出版社，2004.

　　[26] 吴必虎. 区域旅游规划原理 [M]. 北京：中国旅游出版社，

2001.

　　[27] 保继刚，等. 城市旅游：原理·案例［M］. 天津：南开大学出版社，2005.

　　[28] 孙中山选集（第2卷）［M］. 北京：人民出版社，1981.

　　[29] 毛泽东选集（第3卷）［M］. 北京：人民出版社，1991.

　　[30] 张辉，等. 转型时期中国旅游产业环境、制度与模式研究［M］. 北京：旅游教育出版社，2005.

　　[31] 原国家旅游局人教司. 旅行社经营管理［M］. 北京：旅游教育出版社，1999.

　　[32] 魏小安，韩健民. 旅游强国之路——中国旅游产业政策体系研究［M］. 北京：中国旅游出版社，2003.

　　[33] 曹诗图. 旅游哲学引论［M］. 天津：南开大学出版社，2008.

　　[34] 马克思恩格斯全集（第1卷）［M］. 北京：人民出版社，1956.

　　[35] 郑向敏. 旅游安全学［M］. 北京：中国旅游出版社，2003.

　　[36] 王健民. 聚焦旅游安全学［M］. 北京：旅游教育出版社，2007.

　　[37] 罗明义. 旅游经济学［M］. 北京：北京师范大学出版社，2009.

（二）期刊类

　　[1] 李蕾蕾. 城市旅游形象设计探讨［J］. 旅游学刊，1998（1）.

　　[2] 冷志明. 论体验经济时代的旅游体验［J］. 边疆经济与文化，2005（10）.

　　[3] 谢彦军. 旅游体验——旅游世界的硬核［J］. 桂林旅游高等专科学校学报，2005（6）.

　　[4] 乌恩，蔡运龙，金波. 试论乡村旅游的目标、特色及产品［J］. 北京林业大学学报，2002（3）.

　　[5] 傅桦. 京郊区村级旅游资源的开发［J］. 首都师范大学学报，1998（2）.

　　[6] 刘德谦. 乡村旅游、农业旅游与民俗旅游——关于乡村旅游、农

业旅游与民俗旅游的个人诠释 [J]. 昆明大学学报, 2005 (21).

[7] 刘红艳. 关于乡村旅游内涵之思考 [J]. 西华师范大学学报（哲学社会科学版）, 2005 (2).

[8] 杜江, 向萍. 关于乡村旅游可持续发展的思考 [J]. 旅游学刊, 1999 (1).

[9] 王秀红. 我国乡村旅游研究述评 [J]. 重庆工学院学报, 2006 (3).

[10] 唐顺铁. 旅游目的地的社区化及社区旅游研究 [J]. 地理研究, 1998 (2).

[11] 庄军. 旅游社区发展模式及其经济效益探讨 [J]. 高等函授学报（自然科学版）, 2002 (4).

[12] 王新建, 郑向敏. 旅游社区安全认知 [J]. 华侨大学学报, 2003 (4).

[13] 魏飚, 陈昌文. 旅游社区公共物品供给问题初探 [J]. 湖北经济学院学报（人文社会科学版）, 2007 (12).

[14] 孙诗靓, 马波. 旅游社区研究的若干基本问题 [J]. 旅游科学, 2007 (2).

[15] 吴必虎. 大城市环城游憩带（REBAM）研究 [J]. 地理科学, 2001 (4).

[16] 刘滨谊, 陈威. 关于中国目前乡村景观规划与建设 [J]. 城镇风貌与建筑设计, 2005 (9).

[17] 赵伟韬, 陈卉. 我国新型乡村景观发展模式研究 [J]. 黑龙江农业科学, 2010 (4).

[18] 李德建. 论文化视阈中的乡村文化资源开发 [J]. 农村经济, 2009 (6).

[19] 阳国亮. 多维视角旅游文化研究简论 [J]. 桂林旅游高等专科学校学报, 2004 (4).

［20］邹统钎. 乡村旅游的围城效应与对策［J］. 旅游学刊, 2006 (3).

［21］刘春兰. 新农村建设中乡土文化的价值开发与制度引导［J］. 理论界, 2008 (11).

［22］彭汉媛. 乡土文化对中国现代化模式确立的积极成因探析［J］. 湖南行政学院学报, 2003 (1).

［23］张丛军. 新农耕文化浅议［J］. 山东社会科学, 2011 (3).

［24］郭清霞. 旅游扶贫开发中存在的问题及对策［J］. 经济地理, 2003 (4).

［25］苏平, 党宁, 吴必虎. 北京环城游憩带旅游地类型与空间结构特征［J］. 地理研究, 2004 (3).

［26］吴必虎, 黄琢玮, 马小萌. 中国城市周边乡村旅游地空间结构［J］. 地理科学, 2004 (6).

［27］王声跃, 严舒红. 旅游系统的结构及其演化［J］. 玉溪师专学报, 1994 (21).

［28］吴必虎. 旅游系统：对旅游活动与旅游科学的一种解释［J］. 旅游学刊, 1998 (1).

［29］黎洁, 赵西萍. 社区参与旅游发展理论的若干经济学质疑［J］. 旅游学刊, 2001 (4).

［30］保继刚, 孙九霞. 雨崩村社区旅游：社区参与方式及其增权意义［J］. 旅游论坛, 2008 (4).

［31］邹统纤, 王燕华, 丛日芳. 乡村旅游社区主导开发模式研究——以北京通州区大营村为例［J］. 北京第二外国语学院学报, 2007 (1).

［32］罗勇常. 乡村旅游社区参与研究——以黔东南苗族侗族自治州雷山县郎德村为例［J］. 贵州师范大学学报, 2005 (4).

［33］郭华, 甘巧林. 乡村旅游社区居民社会排斥的多维度感知——江西婺源李坑村案例的质化研究［J］. 旅游学刊, 2011 (26).

［34］潘秋玲, 李九全. 社区参与和旅游社区一体化研究［J］. 人文

地理, 2002 (4).

[35] 邹统钎, 李飞. 社区主导的古村落遗产旅游发展模式研究——以北京市门头沟爨底下古村为例 [J]. 北京第二外国语学院学报, 2007 (5).

[36] 黄平芳, 朱美兰. 乡村旅游社区的民生需求及建设实证研究 [J]. 农林经济管理学报, 2014 (5).

[37] 王莎莎. 全域旅游的发展策略研究 [J]. 现代职业教育, 2016 (4).

[38] 厉新建, 张凌云, 崔莉. 全域旅游: 建设世界一流旅游目的地的理念创新 [J]. 人文地理, 2013 (3).

[39] 吕俊芳. 城乡统筹视阈下中国全域旅游发展范式研究 [J]. 河南科学, 2014 (1).

[40] 程锦, 陆林, 朱付彪. 旅游产业融合研究进展及启示 [J]. 旅游学刊, 2011 (4).

[41] 麻学锋, 张世兵, 龙茂兴. 旅游产业融合路径分析 [J]. 经济地理, 2010 (4).

[42] 徐虹, 范清. 我国旅游产业融合的障碍因素及其竞争力提升策略研究 [J]. 旅游科学, 2008 (4).

[43] 李锋, 陈太政, 辛欣. 旅游产业融合与旅游产业结构演化关系研究——以西安旅游产业为例 [J]. 旅游学刊, 2013 (1).

[44] 丁雨莲, 马大全. 旅游业与现代农业融合路径实证研究——以芜湖大浦乡村世界为例 [J]. 中国农学通报, 2012 (14).

[45] 丁雨莲, 赵媛. 旅游产业融合的动因、路径与主体探析——以深圳华强集团融合发展旅游主题公园为例 [J]. 人文地理, 2013 (4).

[46] 单元媛, 赵玉林. 国外产业融合若干理论问题研究进展 [J]. 经济评论, 2012 (5).

[47] 陈柳钦. 产业融合的发展动因、演进方式及其效应分析 [J]. 西华大学学报 (哲学社会科学版), 2007 (4).

[48] 戴学锋.全域旅游——实现旅游引领全面深化改革的重要手段[J].旅游学刊,2016(9).

[49] 钟洁,杨桂华.西部民族地区旅游社会冲突疏解研究——基于对四川旅游业发展的考察[J].西南民族大学学报(人文社会科学版),2014(4).

[50] 时少华.权力视角下社区居民在当地旅游发展中的参与困境与破解路径——基于京郊M村旅游拆迁征地事件的分析[J].理论导刊,2012(12).

[51] 伍百军.古村落旅游开发利益相关者冲突和模式选择——以郁南兰寨为例[J].国土与自然资源研究,2016(3).

[52] 李菁.少数民族社区农户参与旅游发展问题研究[J].昆明大学学报,2008(2).

[53] 李海军,谢继忠,周心圆.乡村振兴背景下旅游利益相关者对旅游业发展效益认知研究[J].泰山学院学报,2019(4).

[54] 张维,郭鲁芳.旅游景区门票价格调整的经济学分析——利益相关者理论视角[J].桂林旅游高等专科学校学报,2006(1).

[55] 阎友兵,肖瑶.旅游景区利益相关者共同治理的经济型治理模式研究[J].社会科学家,2007(3).

[56] 王纯阳,黄福才.村落遗产地利益相关者界定与分类的实证研究——以开平碉楼与村落为例[J].旅游学刊,2012(8).

[57] 晋秀龙,陆林.旅游废弃物研究进展与启示[J].地理研究,2009(6).

[58] 匡林.论旅游业极限容量及其确定问题[J].旅游经济,1995(4).

[59] 卢松,陆林,徐茗,等.古村落旅游地旅游环境容量初探——以世界文化遗产西递古村为例[J].地理研究,2005(4).

[60] 苗学玲.旅游商品概念性定义与旅游纪念品的地方特色[J].

旅游学刊, 2004 (1).

[61] 刘裕圭, 董爱萍, 余红娟. 有关旅游商品开发的几点随想 [J]. 武汉工业学院学报, 2000 (1).

[62] 卢凯翔, 保继刚. 旅游商品的概念辨析与研究框架 [J]. 旅游学刊, 2017 (5).

[63] 高素艳. 中国旅游商品行业的现状及对策研究 [J]. 首都师范大学学报 (自然科学版), 2008 (6).

[64] 陈刚, 白廷斌. 川滇泸沽湖地区民族文化旅游商品市场调查——以工商人类学为视角 [J]. 黑龙江民族丛刊, 2012 (3).

[65] 石美玉. 关于旅游购物研究的理论思考 [J]. 旅游学刊, 2004 (1).

[66] 陶伟, 陈慧灵, 蔡水清. 岭南传统民俗节庆重构对居民地方依恋的影响——以广州珠村乞巧节为例 [J]. 地理学报, 2014 (4).

[67] 何玲玲, 徐宏. 浅谈旅游商品在旅游业中的作用 [J]. 法治与社会, 2008 (8).

[68] 李贺. 如何打造农垦旅游的"后备厢经济"——以呼伦贝尔垦区为例 [J]. 中国农垦, 2017 (8).

[69] 高力群, 冀巧英. 河北旅游商品开发对策探析 [J]. 河北学刊, 2010 (6).

[70] 汪宇明. 彰显旅游民生价值, 提升旅游业发展质量 [J]. 旅游学刊, 2010 (8).

[71] 沈和江, 王雪晶, 王敏. "世界旅游日"主题理念及效应影响研究 [J]. 石家庄学院学报, 2007 (6).

[72] 向延平, 彭晓燕. 旅游扶贫开发的思考与建议 [J]. 宏观经济管理, 2012 (4).

[73] 段希铸. 马克思的需要理论在改善民生中的现实意义 [J]. 世纪桥, 2008 (11).

［74］王强.论民生问题中的政府责任［J］.湖北社会科学，2007（9）.

［75］肖小明.论民生视角下责任政府的构建［J］.中国井冈山干部学院学报，2010（3）.

［76］王晶.我国旅游统计现状分析［J］.内蒙古统计，2008（1）.

［77］刘文丽，阳晴，陈洁，等.中国非洲猪瘟疫情风险防控体系研究［J］.湖南农业大学学报（自然科学版），2019（3）.

［78］曾博伟.全域旅游发展观与新时期旅游业发展［J］.旅游学刊，2016（12）.

［79］厉无畏.文化创意的产业化与产业创新［J］.上海管理科学，2009（4）.

［80］文传浩，许芯萍.流域绿色发展、精准扶贫与全域旅游融合发展的理论框架［J］.陕西师范大学学报（哲学社会科学版），2018（6）.

［81］丁雨莲，马大全.旅游业与现代农业融合路径实证研究——以芜湖大浦乡村世界为例［J］.中国农学通报，2012（14）.

［82］韩卢敏.我国乡村旅游发展动力和价值取向［J］.滁州学院学报，2011（2）.

［83］黎祖交.“两山理论”蕴涵的绿色新观念［J］.绿色中国，2016（3）.

（三）报纸类

［1］石培华.如何认识与理解全域旅游［N］.中国旅游报，2016-02-03.

［2］石培华.全域旅游是新阶段旅游发展总体战略［N］.中国旅游报，2016-02-05.

［3］石培华.首个全域旅游示范省为何花落海南［N］.中国旅游报，2016-02-15.

［4］杨振之.全域旅游理论及其实践体系［N］.中国旅游报，2015-09-30.

[5] 张苗荧. 说说全域旅游的"生态圈" [N]. 中国旅游报, 2016-06-10.

[6] 吴必虎, 张栋平. 以五大发展理念引领全域旅游发展 [N]. 中国旅游报, 2016-02-03.

[7] 刘可. 环保意识强, 广场垃圾减量近一半 [N]. 北京日报, 2017-10-10.

[8] 习近平. 从"两座山"看生态环境 [N]. 浙江日报, 2006-03-23.

[9] 刘聪杰. "两山理论"的内涵和启示 [N]. 闽南日报, 2017-10-10.

[10] 薛瑞. 国庆节登泰山拿垃圾能"换钱" [N]. 齐鲁晚报, 2016-09-25.

[11] 李含琳. 旅游产业要与民生工程融合发展 [N]. 甘肃日报, 2013-06-24.

[12] 曹显钰, 刘振. 防控疫情, 人人尽一份责任 [N]. 安徽日报, 2020-01-26.

[13] 人民日报评论员. 坚定信心坚决打赢疫情防控阻击战 [N]. 人民日报, 2020-01-26.

[14] 李平. 扛起护卫人民健康的硬责任 [N]. 经济日报, 2020-01-25.

[15] 杨玉. 政府+市场全域打造共建共享 [N]. 河北日报, 2018-07-26.

[16] 蔡广清, 任英文. 河北：文旅融合为优质旅游添翼 [N]. 中国旅游报, 2018-05-22.

二、外文文献

（一）著作类

[1] 约翰·凯利. 走向自由——休闲社会学新论 [M]. 赵冉, 译. 昆

明：云南人民出版社，2000.

［2］弗兰克·豪伊. 旅游目的地的经营与管理 ［M］. 丁宁，姜婷婷，马瑾，译. 沈阳：辽宁科学技术出版社，2006.

［3］彼得·墨菲. 旅游社区战略管理：弥合旅游差距 ［M］. 陶犁，邓衡，张兵，译. 天津：南开大学出版社，2006.

［4］斐迪南·滕尼斯. 共同体与社会 ［M］. 林荣远，译. 北京：商务印书馆，1999.

［5］约翰·肯尼尔·加尔布雷恩. 富裕社会 ［M］. 赵勇，周定瑛，舒小昀，译. 南京：江苏人民出版社，2009.

［6］NISBET R. The Sociological Tradition ［M］. London：Routledge，1963.

［7］ROBERT E. P，ERNEST W. Introduction to the Science of Sociology ［M］. Chicago：University of Chicago Press，1921.

［8］MURPHY P. E. Tourism：A Community Approach ［M］. New York：Methuen Inc，1985.

［9］EBBE K. Building Community Benefits and Village Tourism Associations ［C］. An Anthology of Works From The 2006 International Forum on Rural Tourism，2006-9-5.

（二）期刊论文类

［1］KASARDA J D，JANOWITZ M. Community attachment in mass society ［J］. American Sociological Review，1974（3）.

［2］STINNER W F，VAN L M. Community Size，Individual Social Position and community attachment ［J］. Rural Sociology，1990（4）.

［3］BRöRING S，LEKER J. Industry Convergence and Its Implications for the Front End of Innovation：A Problem of Absorptive Capacity ［J］. Creativity and Innovation Management，2007（2）.

［4］KASEVA M E，MOIRANA J L. Problems of Solid Waste Management on Mount Kilimanjaro: A Challenge to Tourism [J]. Waste Manage Res, 2010 (8).

[5] KUNIYAL J C, JAIN A P, SHANNIGRAHI A S. Solid Waste Management in Indian Himalayan Tourists' Treks: A Case Study in and around the Valley of Flowers and Hemkund Sahib [J]. Waste Manage, 2003 (9).

[6] SWANSON K K, TIMOTHY D J. Souvenirs: Icons of meaning, commercialization and commoditization [J]. Tourism Management, 2012 (3).

[7] LITTRELL M A, PAIGE R C, SONG K. Senior Travellers: Tourism Activities and Shopping Behaviors [J]. Journal of Vacation Marketing, 2004 (4).

后 记

　　10 年前，笔者出版了《城乡交错带旅游发展研究》《区域乡村旅游发展表现形态研究》两本专著，曾对乡村旅游的区域发展进行过初步的探索与研究。转眼又过去了 10 个年头，笔者研究的兴趣与视野，由过去单纯的区域乡村旅游逐渐深化到了旅游与社区、旅游与民生、旅游与扶贫之间的关系等既有理论性又有现实性的社会问题。

　　在这期间，有两个问题始终萦绕在心头，一是发展旅游的终极目的是什么，二是旅游研究的责任在哪里。为此，结合以往对乡村旅游的初步研究与认知，笔者逐渐认识到了旅游与社区间的关系，开始了旅游发展对社区的影响研究。2011 年针对乡村社区主导旅游开发的行为模式与管理取向问题，申报了国家社会科学基金项目，虽未成功，却获得了河北省社会科学基金项目的资助。2012 年学校获批公共管理硕士专业学位授权点，其中，"旅游社区管理"作为该学位点的一个研究方向纳入了招生计划。为了培养旅游公共管理方向的高层次专门人才，我们充分发挥旅游学科专业骨干教师队伍的力量，结合自身的教学与研究优势，狠抓"旅游社区管理"学科方向建设，经过两年的努力，2014 年出版了《旅游社区管理的理论与实证》一书，成为该研究方向学科建设的重要成果。同年，结合自身对旅游社区的研究与思考，经过半年的精心准备，自 2015 年起，笔者为旅游管理与服务教育本科专业开设了一门《旅游社区管理》选修课，进一步完善和丰富了旅游社区的认知框架体系，并围绕我国旅游产业化的发育演进对民生影响问题，进行了专题研究，写了超过 2 万字的学术论文，提出了旅游不仅利"国计"更利"民生"的核心观点。至此，将旅游发展与提升改善社区民生进行深入研究和探讨，成了笔者近 10 年来研究的主要领域，并带领研究生围绕这一问题，积极开展相关问题的调研与分析，以此作为研究生毕业论文的重要选题方向。

如今，回答上述两个问题，已经有了明确的答案。旅游发展的终极目的是满足人们不断增长的美好生活需求，通过旅游发展有效改善旅游地社区居民的生活，是经济欠发达地区的乡村社区实现精准扶贫、富民的优势产业。因此，在多年的旅游研究中，结合旅游的产业优势，本能地将旅游与社区民生联系在一起，并作为研究的重要任务，积极探讨乡村社区适宜发展旅游的有效路径与方法，分析乡村旅游发展给当地带来的民生变化，找出乡村社区成为旅游社区的社会条件、障碍因素及优化策略，并将研究成果与调研地社区进行充分的反馈与沟通，力争使研究成果能够转化成为乡村社区旅游地改革发展和规划方向的重要参考依据。特别是进入"十三五"规划以来，我国提出的全面建成小康社会的战略目标，进一步坚定了旅游发展在精准扶贫、美丽乡村建设、乡村振兴等领域中将扮演重要角色的信心，进而充分认识到传统乡村社区向旅游社区转型的社会价值。笔者基于这一认知，近 10 年来，一方面加强旅游基础研究，并针对乡村旅游社区的内涵、形成条件及系统要素、民生功效与评价尺度等问题，形成较为完善的理论体系；另一方面结合地域优势，不断加强应用对策研究，产出了系列实证研究成果，对乡村旅游社区发展的民生观，有了坚实的思想认知与评判尺度。

因此，站在乡村旅游发展角度审视，乡村旅游与乡村社区、乡村旅游与社区民生、旅游发展的社区受益程度等，一定是旅游发展绕不开的问题。道理很简单，作为发生在广大乡村区域的旅游供给行为，自然要满足广大乡村旅游客源市场的需求，但从供给的过程及结果来看，乡村旅游与乡村社区的发展显然是密不可分的。实践已证明，在乡村社区旅游发展的演进过程中，社区、居民、开发主体间，利益的均衡机制，无疑是三者博弈的核心。由此决定了乡村旅游可持续发展的前提，必须把提高和改善社区民生纳入旅游发展的关键问题。忽视或轻视这一问题，在乡村旅游发展的过程中，将会出现与发展初衷不一的巨大偏差。更为重要的是，面对2020年突发的新冠肺炎疫情，乡村旅游作为我国国内旅游迅猛发展的重要体现，为广大乡村旅游社区地带来了严峻挑战。因此，大力发展乡村旅游，乡村社区的防疫环境、生态环境，对乡村社区旅游地的民生安全，显得尤为重要。如此等等，进一步印证了乡村旅游发展的民生功效应是衡量旅游发展成果的重要尺度和乡村社区居民的最大红利。

时间飞逝，光阴荏苒，旅游研学又10年。围绕乡村旅游与社区、民生等问题，笔者曾到亚洲大学（中国台湾）、玛拉拿达基督教大学（印度尼西亚）、广西桂林理工大学、海南大学等院校参加乡村旅游、生态旅游的学术研讨会，并在大会做主旨发言，阐明和交流阶段性的理论成果和立意观点。同时，到山东临沂和青岛、贵州黔东南、广东揭阳、黑龙江哈尔滨、河南林州、北京密云以及河北邯郸涉县、保定唐县、石家庄西部鹿泉、井陉和平山、承德围场、秦皇岛青龙等地的主要乡村旅游地、传统村落、民俗村进行调研考察，以获取更为丰富鲜活的案例素材，补充和完善书稿的内容。在完成定稿、即将出版之际，内心既有不安，也感欣慰。不安之处，成果仍显稚嫩，欣慰之处，只因坚持了初心。

沈和江

2021 年初夏于石家庄旭城花园旭华园